Finanzierung

Reihe *Betriebswirtschaft & Management*, Band 8

Die Reihe *Betriebswirtschaft & Management* richtet sich an Studierende der Betriebswirtschaftslehre an Berufsakademien, Fachhochschulen und Universitäten. Sie vermittelt allgemeines und bereichsspezifisches betriebswirtschaftliches Grundlagenwissen kompakt und pragmatisch. Theorien und Typologien wurden aufgenommen, sofern sie für die Praxis der Betriebsführung relevant sind. Die praktische Nutzbarmachung des Fachwissens wird anhand von Fällen und Beispielen veranschaulicht.

Herausgeber: Prof. Dr. Ottmar Schneck, European School of Business Reutlingen

Prof. Dr. Ottmar Schneck lehrt am ESB (Europäisches Studienprogramm Betriebswirtschaft) an der Hochschule Reutlingen International Finance and Banking. Darüber hinaus veranstaltet er Führungskräftetrainings und ist Entwickler von Unternehmensplanspielen sowie Autor und Herausgeber zahlreicher Veröffentlichungen zur Praxis der Unternehmensführung.

Ottmar Schneck

Finanzierung

Eine praxisorientierte Einführung
mit Fallbeispielen

Campus Verlag
Frankfurt/New York

Die Deutsche Bibliothek – CIP Einheitsaufnahme

Ein Titeldatensatz für diese Publikation ist bei
Der Deutschen Bibliothek erhältlich.
ISBN 3-593-36814-5

Das Werk einschließlich aller seiner Teile ist urheberrechtlich geschützt. Jede Verwertung
ist ohne Zustimmung des Verlags unzulässig. Das gilt insbesondere für Vervielfältigungen,
Übersetzungen, Mikroverfilmungen und die Einspeicherung und Verarbeitung in
elektronischen Systemen.
Copyright © 2001 Campus Verlag GmbH, Frankfurt/Main
Umschlaggestaltung: Warminski, Büchingen
Satz: Satzspiegel, Nörten-Hardenberg
Druck und Bindung: Druckhaus Beltz, Hemsbach
Gedruckt auf säurefreiem und chlorfrei gebleichtem Papier
Printed in Germany

Besuchen Sie uns im Internet: www.campus.de

Vorwort

Finanzierung ist ein klassisches Lehrgebiet der Wirtschaftswissenschaften. Ohne Wissen über die finanzielle Situation des Unternehmens ist wirtschaftliches Handeln undenkbar. So werden in dieser Einführung in die Welt der Finanzmärkte, Finanzierungsarten und Finanzplanung zunächst die finanzwirtschaftlichen Ziele und Kennzahlen ausführlich besprochen. Daran schließt sich eine Darstellung der Anlässe der Finanzierung, von der Gründung bis zur Sanierung, an. Die Darstellung der Finanzplanung und der Instrumente eines internationalen Finanzmanagements sowie der modernen Aspekte eines finanzwirtschaftlichen Risikomanagements sind ebenso Bestandteil des Buches wie eine Einführung in die vielfältigen Finanzierungsarten. Alle Möglichkeiten der Eigen- und Fremd- sowie der Außen- und Innenfinanzierung werden hier vorgestellt und mit Übungsfällen vertieft. Dazu gehören die klassischen Kreditformen, die Möglichkeiten der Aufnahme von Kapital an Finanzmärkten sowie Kreditsubstitute wie Leasing und Factoring. In einer Welt zunehmender Risiken wie zum Beispiel Währungs- und Zinsänderungsrisiken spielen natürlich auch Absicherungsinstrumente wie zum Beispiel Optionen, Swaps und Futures eine Rolle.

Das Buch wendet sich an alle Studierenden der Wirtschaftswissenschaften im Haupt- und Nebenfach an Universitäten, Fachhochschulen und Berufsakademien. Praktikern in Fortbildungsveranstaltungen wird ebenso ein Übungsbuch geboten wie Theoriesuchenden, die sich mit den verschiedenen Modellen der Finanzierungslehre beschäftigen wollen. Durch Fallbeispiele kann der Leser den Lehrstoff unmittelbar umsetzen und testen. Die Beispiele sind meist aus der betrieblichen Beratungspraxis entlehnt und daher als Anschauungsmaterial für den realen Einsatz der Instrumente bestens geeignet.

Besonders danken möchte ich dem Campus Verlag und hier insbesondere Frau Dr. Ute Gräber-Seißinger und Frau Karin Eigl für die Begleitung bei

der Bucherstellung. Für Anregungen und Kritik steht Ihnen ottmar.schneck
@fh-reutlingen.de zur Verfügung.

Rottenburg im Herbst 2001 *Prof. Dr. Ottmar Schneck*

Inhalt

1 Grundbegriffe der Finanzierung 11
   1.1 Finanzierung aus externer und interner Sicht 11
   1.2 Shareholder-Value versus Stakeholder-Value 13
   1.3 Grundbegriffe des Rechnungswesens 16
   1.4 Überblick über die Anlässe, Ziele und Arten der Finanzierung 18

2 Finanzwirtschaftliche Ziele und Kennzahlen 22
   2.1 Liquidität als Basis des Wirtschaftens 23
   2.2 Rentabilität als Anreiz für den Kapitaleinsatz 24
   2.3 Finanzielle Sicherheit durch Substanzerhaltung 28
   2.4 Unabhängigkeit in finanzwirtschaftlichen Entscheidungen 29
   2.5 Produktivität, Wirtschaftlichkeit und die Finanzziele 30

3 Finanzmathematische Grundlagen 35
   3.1 Auf- und Abzinsung von Zahlungsströmen 35
   3.2 Renten, Tilgung, Annuität und Kursrechnung 42

4 Wertorientierte Finanzbetrachtung 46
   4.1 Ansätze der wertorientierten Unternehmensbetrachtung 46
   4.2 Die Berechnung des Discounted Cash Flow (DCF) 48
   4.3 Weighted Average Cost of Capital und Capital Asset Pricing Model 50
   4.4 Economic Value Added und Market Value Added 52
   4.5 Value at Risk als Wertbetrachtung bei maximalem Risiko 53
   4.6 Due Diligence mit weiteren Bewertungsverfahren 57
   4.7 Fallstudie zur Unternehmensbewertung mit finanzwirtschaftlichen
       Kennzahlen 60

5 Die Finanzmärkte – Arten, Funktionen und Teilnehmer 65
   5.1 Arten und Segmente von Finanzmärkten 65
   5.2 Die Teilnehmer auf den Finanzmärkten 68
   5.3 Funktionen und Realität auf den internationalen Finanzmärkten . . 72
   5.4 Die zunehmende Bedeutung der Euromärkte 75

6 Anlässe der Finanzierung 78
6.1 Gründung und Wahl der Rechtsform 79
6.1.1 Start-up und Businessplan 79
6.1.2 Die Wahl der Rechtsform unter finanziellen Gesichtspunkten 83
6.2 Wachstumsfinanzierung durch Kapitalerhöhung 95
6.2.1 Ordentliche Kapitalerhöhung 96
6.2.2 Genehmigte und bedingte Kapitalerhöhung 100
6.2.3 Kapitalerhöhung aus Gesellschaftsmitteln 101
6.3 Kapitalherabsetzung zur Abdeckung von Verlusten 103
6.3.1 Ordentliche und vereinfachte Kapitalherabsetzung 104
6.3.2 Kapitalherabsetzung durch Einzug von Aktien 105
6.4 Sanierung, Umwandlung, Vergleich und Insolvenz 107
6.4.1 Sanierung und Turnaround 107
6.4.2 Insolvenztatbestände und -verfahren 108

7 Möglichkeiten der Außenfinanzierung 112
7.1 Einlagen- und Beteiligungsfinanzierung 112
7.1.1 Einlagen- und Beteiligungsfinanzierung für Unternehmen ohne Börsenzugang 112
7.1.2 Einlagen- und Beteiligungsfinanzierung über die Börse 115
7.1.3 Beteiligungsfinanzierung mit Venture-Capital und Business Angels 120
7.1.4 Beteiligungsfinanzierung durch Mitarbeiter und das Management 124
7.1.5 Investor Relations und Finanzmarketing 126
7.2 Langfristige Kreditfinanzierung und Kreditsicherheiten 128
7.2.1 Kreditcharakteristika und Kreditarten 128
7.2.2 Kreditfähigkeits- und Kreditwürdigkeitsprüfung 129
7.2.3 Kreditsicherheiten 132
7.3 Das Darlehen als langfristiger Kredit von Kreditinstituten 142
7.3.1 Bankdarlehen und Kreditklemme 142
7.3.2 Kapitalkosten von Darlehen 144
7.4 Langfristige Fremdfinanzierung über den Kapitalmarkt 147
7.4.1 Fremdfinanzierung mit Schuldverschreibungen 147
7.4.2 Emissionsverfahren bei Schuldverschreibungen 150
7.5 Kurzfristige Kreditfinanzierung 155
7.5.1 Übersicht über kurzfristige Kreditinstrumente 155
7.5.2 Kurzfristige Bankkredite 156
7.5.3 Kurzfristige Handelskredite 163
7.5.4 Certificates of Deposit 167
7.6 Kreditsubstitute 168
7.6.1 Factoring 168
7.6.2 Leasing 171

    7.6.3 Asset Backed Securities 174
    7.6.4 Forfaitierung im Außenhandel 176
  7.7 Franchising als Finanzierungsmodell 177

8 Möglichkeiten der Innenfinanzierung 181
  8.1 Selbstfinanzierung 181
    8.1.1 Selbstfinanzierung durch Bildung offener Rücklagen 181
    8.1.2 Selbstfinanzierung durch Bildung stiller Rücklagen 183
    8.1.3 Vorteile der Selbstfinanzierung 186
  8.2 Finanzierung aus Abschreibungen 187
    8.2.1 Abschreibungsarten 187
    8.2.2 Der Kapazitätserweiterungseffekt nach Lohmann-Ruchti . . . 192
  8.3 Finanzierung aus Rückstellungen und Vermögensumschichtungen . . 195
    8.3.1 Arten und Risiken von Rückstellungen 195
    8.3.2 Finanzierung durch Vermögensumschichtungen 198

9 Finanzplanung und internationales Finanzmanagement 200
  9.1 Traditionelle Finanzplanung 200
    9.1.1 Finanzplanungsmethoden 202
    9.1.2 Kapitalbedarfs- und Liquiditätsplanung mit Tabellen 205
    9.1.3 Finanzplanung mithilfe der Balanced Scorecard 210
    9.1.4 Maßnahmen bei ungeplanten Finanzereignissen 212
  9.2 Verschuldungspolitik 214
    9.2.1 Verschuldung und Leverage-Effekt 214
    9.2.2 Verschuldungsanalyse und das Modigliani-Miller-Theorem . . 216
  9.3 Internationales Finanzmanagement 219
    9.3.1 Aufgaben und Organisation 219
    9.3.2 Voraussetzungen und Elemente 222
    9.3.3 Cash-Management durch Leading, Lagging, Netting und
        Pooling 223
    9.3.4 Corporate Governance und Audit Committees 228

10 Risikomanagement und derivative Finanzinstrumente 230
  10.1 Grundlagen des Risikomanagements 230
  10.2 Währungsrisiken 233
    10.2.1 Arten von Währungsrisiken 233
    10.2.2 Instrumente zur Absicherung gegen Währungsrisiken . . 234
  10.3 Zinsänderungsrisiken 239
    10.3.1 Arten von Zinsänderungsrisiken 239
    10.3.2 Instrumente zur Absicherung gegen Zinsänderungsrisiken 240
  10.4 Überblick über die Vielfalt von Derivaten 247
    10.4.1 Derivate auf der Basis von Anleihen 248
    10.4.2 Warrants 249

	10.4.3 Swaps	250
	10.4.4 Caps, Floors und Collars	250
	10.4.5 Forward Rate Agreements	251
11	Sonderformen der Finanzierung	252
	11.1 Dokumentenakkreditiv und -inkasso im Außenhandel	252
	11.2 Projektfinanzierung	256

Literatur und weiterführende Quellen 259
   Bücher 259
   Internet-Links 261
   Software 261
Verzeichnis der Abbildungen 262
Verzeichnis der Tabellen 264
Register 265

1. Grundbegriffe der Finanzierung

1.1 Finanzierung aus externer und interner Sicht

Innerhalb der Betriebswirtschaftslehre gehört die Finanzierung zu einem der traditionsreichsten und zugleich am intensivsten erforschten Themengebiete. Finanzierung, angelehnt an den lateinischen Begriff *finantia*, bedeutet ursprünglich abschließende Schuldzahlung, Zahlungsbefehl oder schlicht Zahlung. Daraus wurde in der Betriebswirtschaftslehre eine Lehre von Zahlungsströmen abgeleitet, bei der die Finanzierung mit einem Zahlungseingang beginnt, der in einen Zahlungsausgang (Investition) mündet.

Inzwischen erschwert eine Vielzahl von Wortverbindungen mit dem Begriff Finanzierung, wie zum Beispiel Finanzmarketing oder Finanzpsychologie, den Überblick über das Themengebiet. Aber auch wenn Finanzierung klassischerweise als die Lehre von den Zielen, Anlässen und Arten der Kapitalbeschaffung eines Unternehmens verstanden wird, so soll dies nicht die externe Betrachtungsweise aus Sicht der Kapitalmärkte ausschließen. Während im deutschsprachigen Raum Finanzierungsliteratur vornehmlich aus interner, insbesondere bilanzorientierter Perspektive die Möglichkeiten der Eigen- und Fremdfinanzierung für Unternehmen aufzeigt, sind englischsprachige Bücher meist aus Sicht der Kapitalgeber, das heißt des Kapitalmarktes verfasst. Beinahe alle englischsprachigen Standardlehrbücher beginnen mit der Berechnung des Net Present Value, des Gegenwartswertes einer Zahlungsreihe, und führen dann über die Cost of Capital (Finanzierungskosten) zum Thema Mergers & Acquisitions (Bewertung und Realisierung des Kaufes und Verkaufes von Unternehmen oder Unternehmensteilen). Während die deutschsprachige interne Sicht schlicht von Finanzierung bzw. Finanzmanagement spricht, werden englischsprachige Bücher mit Corporate Finance überschrieben. Dabei ist zu beachten, dass diese Bücher aus der Perspektive der Finanziers, das heißt der Investmentbanken geschrieben sind, die Corporate Finance als Sparte ihrer Dienstleistungen für Unternehmen verstehen.

Die ausführliche Beschreibung der besten Zugangsmöglichkeiten an den Kapitalmarkt zeugt auch von einer anderen Finanzierungssicht bzw. einem anderen Finanzierungsportfolio angelsächsischer Unternehmen. Unternehmen im deutschsprachigen Raum sind mit sehr viel Fremd- und wenig Eigenkapital finanziert, für angelsächsische Unternehmen hingegen stellt der Zugang zum Markt für Eigenkapital die Hauptfinanzierungsquelle dar. Während für die überwiegend fremdfinanzierten Unternehmen die Frage nach den Kapitalkosten und Kreditsicherheiten für Darlehen wichtig ist, wollen die stärker eigenfinanzierten Unternehmen den eigenen Wert steigern, um ihre Attraktivität für aktuelle und potenzielle Anleger zu erhöhen (Shareholder-Value).

Zu beachten ist bei dieser *Polarisierung der Betrachtungen*, dass durch die Globalisierung der Märkte und damit auch der Kapitalmärkte sowie die damit einhergehende Internationalisierung von Unternehmen eine Vermischung der Finanzierungseinstellungen feststellbar ist. Auch deutsche große Unternehmen geben zunehmend Anleihen aus, statt sich bei Banken Darlehen zu beschaffen, und selbst kleinere und mittlere Unternehmen gehen verstärkt an Börsen, um sich mit Eigenkapital zu versorgen.

Die Polarisierung der Finanzbetrachtung einerseits und die aktuelle Vermischung der Einstellungen zum Finanzierungsprozess andererseits sind nicht ohne die Abbildung der Zahlungsströme im Rechnungswesen eines Unternehmen zu verstehen. Unternehmen haben Bilanzen, Gewinn-und-Verlust-Rechnungen aufzustellen und je nach Größe und Rechtsform weitere Berichtsinstrumente vorzulegen. Wir wissen, dass die Gesetzeslage im deutschsprachigen Raum derzeit noch eine vorsichtige Bilanzierung fördert, die sich im Aufzeigen historischer Anschaffungs- und Herstellungskosten äußert, während im angelsächsischen Raum die Darstellung der Unternehmensdaten nach dem Prinzip der »true and fair view« erfolgt, was einer marktorientierten Bewertung entspricht. Davon ausgehend wird deutlich, dass je nach Bewertungs- und Bilanzierungspraxis eines Unternehmens auch die Finanzierungsphilosophie eine andere ist. Eine vorsichtige, sicherheitsorientierte versus shareholderorientierte, marktbezogene Betrachtung drückt sich natürlich auch im Finanzgebaren aus.

Wenn wir davon ausgehen, dass sich die international vereinheitlichenden Standards der Rechnungslegung durchsetzen und bei börsennotierten Unternehmen künftig vorgeschrieben werden, so wird sich zwangsläufig die angelsächsische Betrachtungsweise auch bei der Finanzierung bzw. in der Finanzierungsliteratur niederschlagen. Es werden dann weniger die Ziele der Liquidität, Rentabilität, Wirtschaftlichkeit und die vielen Arten der Finanzierung mit Eigen- und Fremdkapital im Vordergrund stehen, als vielmehr die Bewertungsansätze und Zugangsmöglichkeiten zu den verschiedenen Segmenten der Kapitalmärkte.

Diese wertorientierte Sicht eines Unternehmens drückt sich seit einigen Jahren auch in der Diskussion um die so genannte Corporate Governance, also die Möglichkeiten einer umfassenden Finanzkontrolle vonseiten der Aufsichtsräte, Eigentümer und Investoren, aus. Ein anlegerorientiertes Finanzmanagement ist dadurch gekennzeichnet, dass vermehrt Finanzanalyse und Bewertungen der Unternehmen vorgenommen und publiziert werden und dass Audit Commitees neben den klassischen Aufsichtsrat treten, die die Unternehmen regelmäßig einschätzen und überwachen. Dabei stehen der Artenreichtum und der Einsatz der Instrumente zur finanzwirtschaftlichen Unternehmensüberwachung in Verbindung damit, ob einzig die Eigentümer (Shareholder) oder auch die übrigen Interessengruppen (Stakeholder) davon profitieren.

1.2 Shareholder-Value versus Stakeholder-Value

Bewegt sich die Finanzierungstheorie und -lehre zunehmend zu einer kapitalmarktorientierten Betrachtung hin, so treten die Interessengruppen eines Betriebes verstärkt in den Blickwinkel. Einen Überblick über die verschiedenen Interessengruppen und deren Einfluss auf die Finanzierungsentscheidung eines Betriebes gibt Abbildung 1.

Die dargestellten Interessengruppen werden in der englischsprachigen Literatur auch als Stakeholder bezeichnet. Aus deren Kreis wurde in den letzten Jahren besonders der Shareholder herausgestellt. Dessen Rolle muss allerdings in Abhängigkeit von dem Anteil des Eigenkapitals an der Gesamtfinanzierung relativiert werden. Beträge wie in amerikanischen Unternehmen der Eigenkapitalanteil an der Gesamtfinanzierung durchschnittlich 80 Prozent, so hätten die Interessen des Shareholders sicher eine herausragende oder bevorrechtigte Rolle zu spielen. Wenn allerdings, wie in vielen kleinen und mittleren Unternehmen in Deutschland, die Eigenkapitalquote im

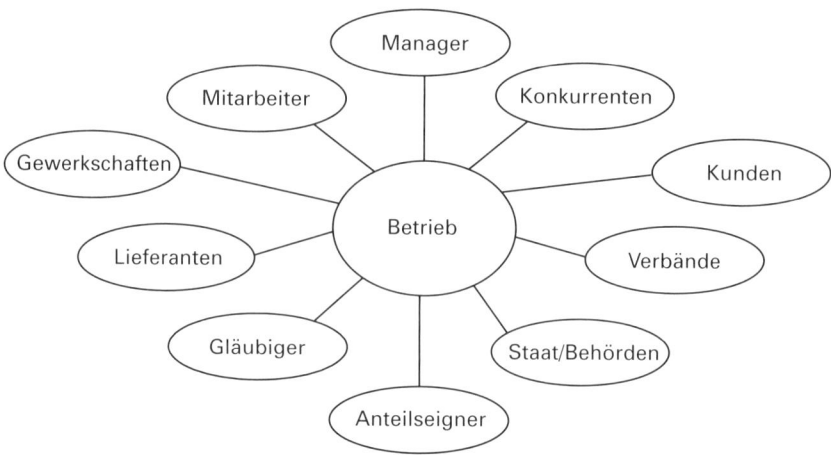

Abbildung 1: Die Interessengruppen eines Betriebes

Durchschnitt nicht über 20 Prozent liegt, so werden die Interessen der Gläubiger dominieren.

Weiterhin darf nicht verkannt werden, dass die Finanzierung des Unternehmens allgemein nur einen Beitrag zur Güterproduktion darstellt. Waren und Dienstleistungen werden nicht nur von finanzierten Maschinen erstellt, sondern bedürfen motivierter Mitarbeiter und kreativer Manager, die die Planung und Realisierung des Gütererstellungsprozesses übernehmen. Den Shareholder also als den einzig wichtigen, weil kapitalgebenden Partner zu sehen, würde als Einstieg in das Finanzierungsthema zu kurz ausfallen.

Die Interessenkonflikte zwischen den Stakeholdern werden in der Literatur auch unter dem Thema *Principal-Agent-Beziehung* beschrieben. Solche Beziehungen entstehen durch Verträge zwischen zwei Parteien, wobei untersucht wird, wie die Entscheidung einer Partei (Agent) deren Nutzen ebenso wie den der Gegenpartei (Principals) beeinflusst. So wird die Entscheidung eines Investors (Agent) nicht nur seine eigenen Ziele beeinflussen, sondern auch die Ziele und Risiken der Betroffenen im Umfeld der Investition. Der Principal wird bei Kenntnis seiner Vermögensverschiebungen oder der zu erwartenden Risiken Gegenmaßnahmen treffen wollen, um die Nachteile zu verhindern oder im anderen Fall seinen Nutzen zu mehren.

Insbesondere die Informationsasymmetrie zwischen Agent und Principal führt häufig zu unvorhergesehenen Gegenreaktionen in einem Finanzierungsfall. So wird eventuell ein konkurrierendes Unternehmen beim Auftreten von Gerüchten, dass der Wettbewerber eine Investition in eine neue

Tabelle 1: Die finanziellen Interessen der Stakeholder

Stakeholder	Finanzielle Interessen
Management, sofern keine Eigentümerunternehmer	Einfluss auf Investitionsprojekte, hohes Einkommen, evtl. Einfluss auf Eigentümerstruktur bezüglich der Wiederwahl und Mandatsübertragung
Mitarbeiter	Sicheres Einkommen, Liquidität des Unternehmens
Anteilseigner bzw. Eigenkapitalgeber (Shareholder)	Hohe Gewinne und damit entweder Wertsteigerung der Anteile oder Maximierung der Ausschüttung
Fremdkapitalgeber (Gläubiger)	Hohe und sichere Verzinsung der Ausleihungen, sicherer Rückfluss / Tilgung, Minimierung der Risiken bei der Verwendung der Finanzmittel, Möglichkeit der Liquidierung der Kapitalverwendung
Lieferanten	Einhaltung der vereinbarten Zahlungsziele, ausreichende Liquidität
Kunden	Zahlungsfähigkeit bei Garantieansprüchen und Gewährleistungen
Behörden/Staat	Hohe Ertragsteuereinnahmen durch Gewinnerzielung der Unternehmen

Produktionsanlage beabsichtigt, ebenfalls Anstrengungen unternehmen, um eine solche technische Neuerung zu finanzieren. Obgleich es sich hier um eine verborgene Information über eine Handlung des Wettbewerbers dreht (Hidden Information, Hidden Action im Sinne der Principal-Agent-Theorie), die sich nachträglich auch als falsch herausstellen kann, werden gegebenenfalls bedeutende Finanztransaktionen ausgelöst.

Die Theorie spricht außerdem von einem moralischen Risiko (Moral Hazard), das sich dadurch ergibt, dass sich der Agent nach seiner Aktion bzw. dem Abschluss von Verträgen anders verhält als zu erwarten war oder vertraglich vereinbart wurde.

Um all diese Risiken auszuschließen, entstehen dem Principal Informations- und Kontrollkosten, die zusammenfassend auch als Transaktionskosten bezeichnet werden.

1.3 Grundbegriffe des Rechnungswesens

Da Finanzierung mit Zahlungsströmen in Verbindung steht, sind die Begriffe aus dem Rechnungswesen, die diese Zahlungsströme beschreiben, relevant. Abbildung 2 gibt zunächst eine Übersicht über die verschiedenen Grundbegriffe, die anschließend erläutert werden.

Von Auszahlungen/Einzahlungen spricht man, wenn ein effektiver Abfluss/Zufluss von Bargeld (Kasse) oder Buchgeld (Girokonto) zu verzeichnen ist. Ausgaben/Einnahmen verändern den Geldmittelbestand insgesamt, das heißt die Kassen- und die Forderungsbestände. Aufwendungen/Erträge sind Veränderungen im Gesamtvermögen, ein so genannter Werteverzehr oder -zuwachs für das Unternehmen. Kosten/Leistungen bedingen einen Verzehr bzw. eine Entstehung von Gütern oder Dienstleistungen im Betrieb, die unmittelbar mit dem Betriebszweck zusammenhängen.

Wenn sich Auszahlung/Einzahlung und Ausgabe/Einnahme decken (b/2), so liegt eine Bezahlung fälliger Schulden/Forderungen mit Barmitteln vor.

Ausgaben/Einnahmen, die keine Auszahlungen/Einzahlungen darstellen (c/1), liegen vor, wenn wir/die Kunden die fälligen Verpflichtungen nicht bar, sondern durch ein Zahlungsversprechen begleichen, wodurch eine Verbindlichkeit/Forderung entsteht.

Ausgaben/Einnahmen, die keine Aufwendungen/Erträge sind (d/6), verändern nicht den Gesamtwert des Unternehmens; die Ausgaben/Einnahmen dienen in diesem Fall dazu, Sachvermögen zu kaufen/verkaufen. Geld-

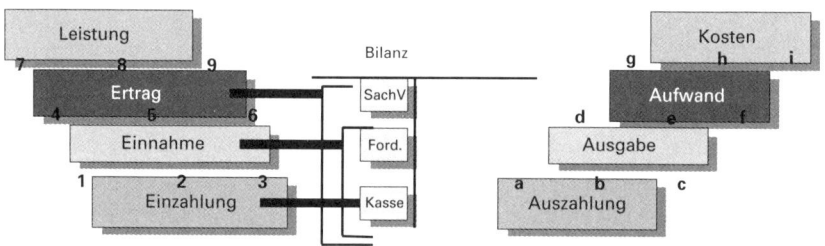

– Ein-, Auszahlungen verändern den Zahlungsmittelbestand (Kasse/Bankguthaben)
– Einnahmen, Ausgabenziele verändern den Geldvermögensbestand (Kasse/Bankguthaben + Forderungen – Verbindlichkeiten)
– Ertrag, Aufwand verändern den Reinvermögensbestand (Geldvermögen + Sachvermögen)
– Leistung, Kosten verändern das betriebsnotwendige Vermögen
  (Reinvermögen – neutrales Vermögen)

Abbildung 2: Grundbegriffe der Finanzierung

vermögen wird somit gegen Sachvermögen getauscht, ohne dass das Gesamtvermögen sich verändert.

Ausgaben/Einnahmen die auch Aufwendungen/Erträge darstellen (e/5), sind Geldmittelabflüsse/-zuflüsse, die aus dem Unternehmen/in das Unternehmen fließen und das Geldvermögen, nicht aber das Sachvermögen verändern, zum Beispiel Lohnzahlungen/Zinseinnahmen.

Wenn Aufwendungen/Erträge keine Ausgaben/Einnahmen sind (f/4), dann vermindert/erhöht sich das Gesamtvermögen des Betriebes, ohne dass Geldvermögen abfließt, was nur durch Abwertung von Sachvermögen erfolgen kann (Abschreibungen/Zuschreibungen oder auch Wertaufholung genannt).

Die Unterscheidung zwischen Aufwands-/Ertragsbegriffen und Kosten-/Leistungsbegriffen hat kalkulatorische Gründe, das heißt, hier ist die Fragestellung maßgeblich, ob Finanzströme im externen oder lediglich im internen Rechnungswesen erscheinen. Bei der Kosten- und Leistungsrechnung besteht im Gegensatz zu den Elementen der externen Rechnungslegung (Bilanz, Gewinn-und-Verlust-Rechnung) keine gesetzliche Pflicht zur Erstellung; sie dient lediglich internen Steuerungszwecken. So wird als Kosten auch nur derjenige Güterverbrauch definiert, der sachzielorientiert, das heißt für den Betriebszweck in einer Abrechnungsperiode anfällt. Beispielsweise sind Kosten, die keine realen Aufwendungen darstellen, lediglich als kalkulatorische Kosten für interne Zwecke zu ermitteln (kalkulatorische Miete für die betrieblich genutzte eigene Wohnung). Umgekehrt können Aufwendungen entstehen, die nicht als Kosten in die eigene Kalkulation einfließen. So wird zum Beispiel eine vom Eigentümer des Betriebs aus Sentimentalität getätigte Spende an Greenpeace zwar den Kassenbestand und damit ohne Sachvermögenszuwachs auch den Gesamtwert des Unternehmens verringern, es wäre allerdings unsinnig, diese einmalige Ausgabe auch als Kostenfaktor in die Preiskalkulation der Produkte des betreffenden Jahres einfließen zu lassen.

Weitere in der Finanzwirtschaft gebräuchliche Begriffe für einzelne Tatbestände sind entsprechend der oben genannten Abbildung 2 neutraler Aufwand (g) oder neutraler Ertrag (6), die ausdrücken, dass hier erfolgswirksam Güter verbraucht oder entstanden sind, die aber nicht dem Betriebszweck zuzuordnen sind, also keine Kosten oder Leistungen darstellen. Beispiele für solche neutralen Aufwendungen können Spenden oder Subventionen sein. Wenn von neutralem Aufwand/Ertrag die Rede ist, kann zusätzlich unterschieden werden zwischen den Kategorien betriebsfremd (Spenden), periodenfremd (Steuernachzahlung) oder außerordentlich (Feuerschaden).

Von Grundkosten (h) und Betriebsertrag (8) spricht man, wenn die erfolgswirksamen Güterverbräuche und -entstehungen auch dem Betriebszweck zuzuordnen sind, also Kosten und Leistungen darstellen. Dies dürfte der häufigste Fall sein, wie zum Beispiel Personalaufwendungen oder Umsatz durch den Verkauf erstellter Güter. Von kalkulatorischen Kosten (i) und kalkulatorischen Leistungen (7) spricht man, wenn keine Erfolgswirksamkeit vorliegt, obgleich für die Preiskalkulation Kostenelemente angesetzt werden. So kann ein Unternehmer eine kalkulatorische Miete für sein privates Arbeitszimmer ansetzen, die aber nicht als Aufwand in die Erfolgsrechnung einfließt. Oder es lassen sich kalkulatorische Zinsen und Wagnisse vorstellen.

1.4 Überblick über die Anlässe, Ziele und Arten der Finanzierung

Bevor eine Entscheidung hinsichtlich der Wahl einer Finanzierungsart oder der Art und Weise eines Auftrittes auf Kapitalmärkten getroffen werden kann, sind die eigenen finanzwirtschaftlichen Ziele abzustecken. Hierbei kommen die in Kapital 2 ausführlich dargestellten Ziele Liquidität, Rentabilität, Sicherheit des Kapitaleinsatzes, Risikoabsicherung sowie Unabhängigkeit in der Kapitalverwendung infrage.

Finanzierungsentscheidungen hängen auch von den Anlässen ab, zu denen Kapital benötigt wird. So sind – wie in Kapital 6 ausführlich dargestellt wird – für eine Gründungsfinanzierung andere Ziele und Alternativen von Bedeutung als bei einer Wachstumsfinanzierung oder der Finanzierung einer Sanierung bzw. Liquidation.

Die Vielzahl der Finanzierungsarten, die in Kapital 7 ausführlich dargestellt werden, ist in Abbildung 3 zusammengefasst. Letztlich lassen sich alle Finanzierungsmöglichkeiten finanzmarktorientiert nach Innen- und Außenfinanzierung oder aber bilanzorientiert nach Eigen- und Fremdfinanzierung unterscheiden.

Die für dieses Buch wichtige Unterteilung bildet diejenige in Außen- und Innenfinanzierung. Wenn Kapital von außen zugeführt wird, kann dies durch Einlagen der Eigentümer oder durch Kreditaufnahme von Gläubigern geschehen. Außen- und Innenfinanzierung korrelieren also nicht mit den Be-

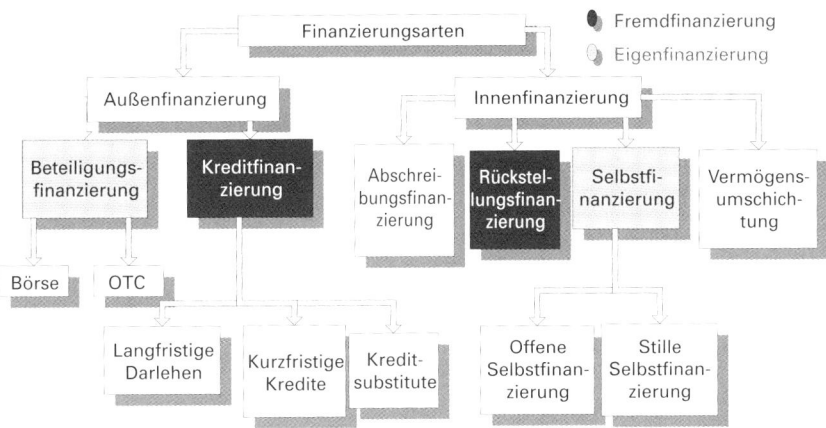

Abbildung 3: Überblick über die Finanzierungsarten

griffen Fremd- und Eigenfinanzierung, vielmehr liegt dieser Unterscheidung ein abweichendes Konzept zugrunde, das auf die Mittelherkunft abhebt.

Eigen- und Fremdfinanzierung unterscheiden sich hinsichtlich der gewährten Rechte an die Finanziers. Diese Differenzierung wird in Tabelle 2 näher ausgeführt.

Finanzierung kann nun nicht nur bezüglich der Herkunft in Außen- und Innenfinanzierung bzw. bezüglich der Rechte in Eigen- und Fremdfinanzierung eingeteilt werden. Maßgeblich für die verschiedenen Konzepte und Methoden in der Finanzierungspraxis ist die Blickrichtung, das heißt der Ansatz, unter dem die Finanzierungsaktionen betrachtet werden (vgl. Abbildung 4).

So ist zunächst eine zahlungsorientierte Sichtweise, die traditionell mit dem Begriff Kameralistik verbunden wird, zu nennen (Ziffer 1 in Abbildung 4). Hier wird Finanzierung als Mittelherkunfts- und Mittelverwendungsplanung unter reinen Kassenflussüberlegungen respektive Cashflow-Aspekten betrachtet. Zweitens (2) kommt die kapitalorientierte Betrachtung der Finanzierung im Sinne der jeweils spezifischen Rechte der Kapitalgeberin Betracht. Hier wird die Vorteilhaftigkeit der Eigen- im Vergleich zur Fremdfinanzierung eines Betriebes untersucht. Während Eigenkapital mit Gewinn- und Liquidationserlösansprüchen ausgestattet ist, tritt der Fremdkapitalgeber mit Zins- und Tilgungsansprüchen an. Erfolgsabhängige Kapitalüberlassung mit dem Ziel der Wertsteigerung und -partizipation und erfolgsunabhängige Kapitalüberlassung mit festen Rückzahlungsansprüchen können

Tabelle 2: Gegenüberstellung Eigen- und Fremdfinanzierung

Kriterium	Eigenkapital	Fremdkapital
Verfügbarkeit	In der Regel unbegrenzt	Begrenzt auf die Laufzeit
Haftung	Eigentümer haftet für Verluste	Gläubiger haftet nicht für Verluste
Preis der Kapitalüberlassung bzw. Ertragsanteil	Gewinnbeteiligung als Gegenleistung zum Beispiel in Form von Dividende oder Wertzuwachs der Anteile	Zinsen als Gegenleistung für die Kapitalüberlassung ohne Gewinnanspruch und ohne Anspruch auf Teilhabe an der Wertsteigerung des Unternehmens
Mitspracherecht	Stimmrechte je nach Anteilsart	Keine Mitspracherechte, abgesehen von Bedingungen zum Beispiel bei der Besicherung des Fremdkapitals
Finanzierungsmöglichkeit	Einlagen der Alteigentümer oder Aufnahme neuer Anteilseigner, bei Kapitalgesellschaften Emission von Anteilsscheinen	Kredite und Darlehen in Abhängigkeit von der Marktsituation und Besicherung
Steuerliche Aspekte	Dividenden werden nach Steuerabzug gewährt	Zinsen sind als Betriebsausgaben steuerwirksam absetzbar, sodass Fremdkapital tendenziell günstiger ist als Eigenkapital
Vermögensanspruch	Anspruch auf den Liquidationserlös	Anspruch auf Rückzahlung in voller Höhe der Gläubigerforderung

heutzutage in Finanzierungsmischformen gemeinsam vorkommen. Die dritte, vermögensorientierte Betrachtungsweise (3) wird zwar meist als Investition bezeichnet, da sie die Frage nach der optimalen Kapitalverwendung bzw. Kapitalallokation stellt, wird in der Literatur aber auch zum Thema Finanzierung gezählt. Als vierter Ansatz (4) ist der entscheidungsorientierte Ansatz zu nennen, der ganzheitlich alle bereits genannten Themen unter dem Blickwinkel einer zielorientierten Alternativenauswahl untersucht. Dabei wird mithilfe einer verhaltensorientierten Erweiterung, das heißt unter Einbezug der Betrachtung des Verhaltens der Finanzmanager selbst (Financial Behavior), aus der Entscheidungs- eine Spieltheorie. Hier wird nicht nur die optimale Wahl der Finanzierung und der Kapitalverwen-

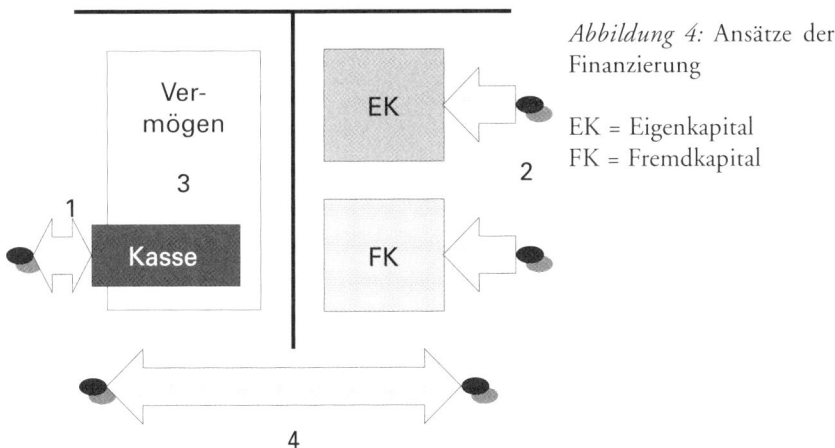

Abbildung 4: Ansätze der Finanzierung

EK = Eigenkapital
FK = Fremdkapital

dung untersucht, sondern auch die Palette der möglichen Reaktionen der Stakeholder, nicht zuletzt der Konkurrenten, welche wiederum auf die eigenen Entscheidungen maßgeblichen Einfluss nehmen können.

2. Finanzwirtschaftliche Ziele und Kennzahlen

Aus Sicht des Betriebes wie der Finanzmärkte sind zahlreiche Motive und Ziele vorstellbar, aufgrund derer Finanzmittel nachgefragt bzw. angeboten werden. Betriebe benötigen Liquidität, um Zahlungsverpflichtungen nachzukommen, und Gläubiger werden kritisch vor dem Rückzahlungstermin die Liquidität des Schuldners beobachten respektive einfordern.

Ein Betrieb braucht Finanzmittel, um rentable Transaktionen durchzuführen, und wird die Entscheidung über den Einsatz von Eigen- oder Fremdmitteln oder die Entscheidung bezüglich der noch akzeptablen Kapitalkosten aufgrund der Rendite der Investition treffen.

Das Risiko oder die Sicherheit der Finanzmittelverwendung wird immer dann eine bedeutende Rolle spielen, wenn diese Finanzmittel als Engpass bzw. knappe Ressource für ein bestimmtes Vorhaben empfunden werden. Dass in Dienstleistungsgesellschaften nicht immer die Finanzen, sondern allzu häufig das Humankapital den Engpass darstellt, sei hier am Rande erwähnt.

Insbesondere kleine und mittlere Unternehmen legen Wert auf möglichst unabhängige Entscheidungen und überdenken daher einen Kapitaleinsatz auch hinsichtlich der damit verbundenen Mitspracherechte oder Einflussnahmen über Aufsichtsratsmandate, Beiratsfunktionen oder einfach Kreditbedingungen. Die nachfolgenden Abschnitte sind der Erläuterung der klassischen Finanzierungsziele gewidmet.

2.1 Liquidität als Basis des Wirtschaftens

Der Begriff der Liquidität wird in der betriebswirtschaftlichen Literatur aus verschiedenen Perspektiven beleuchtet. Grundsätzlich bedeutet Liquidität die Zahlungsfähigkeit eines Unternehmens oder einer natürlichen Person oder konkreter gesprochen die Fähigkeit, allen Zahlungsverpflichtungen termingerecht und vollständig nachzukommen.

Neben dieser Grunddefinition wird auch die Eignung eines Vermögensobjekts als Liquidität verstanden, sich ohne Wertverluste in Geld umwandeln zu lassen (Liquidierbarkeit). Hier handelt es sich also um eine potenzielle Monetisierung des Anlage- bzw. Umlaufvermögens, beispielsweise um den Verkauf von Produktionsanlagen oder Warenbeständen.

Basierend auf diesen Überlegungen lassen sich verschiedene Liquiditätsgrade unterscheiden. Je nachdem in welchem Maße liquidierbares Vermögen einbezogen wird, spricht man von der Liquidität ersten, zweiten oder dritten Grades (vgl. Abbildung 5). Allerdings gibt es keine feste Regel, nach der diese Grade zu berechnen wären. Dies wäre auch wenig sinnvoll, da sich die Betriebe in verschiedenen Branchen hinsichtlich ihrer liquidierbaren Vermögensobjekte deutlich unterscheiden.

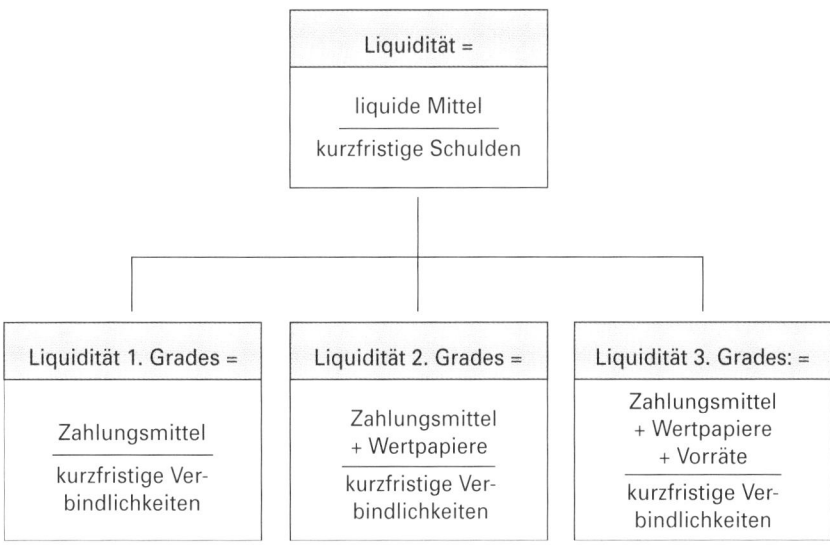

Abbildung 5: Mögliche Liquiditätsgrade

2.2 Rentabilität als Anreiz für den Kapitaleinsatz

Unter dem Begriff Rentabilität verstehen wir das Ergebnis einer unternehmerischen Handlung, zum Beispiel einer Investition, in Relation zu dem dafür eingesetzten Kapital. Kauft beispielsweise ein privater Investor eine Aktie zu 50 Euro und verkauft er diese nach einem Jahr zu 55 Euro, so erzielt er einen Wertzuwachs von 5 Euro. Sein Geschäft war rentabel, denn bezogen auf seine Einlage von 50 Euro bedeutet dies eine Rendite in Höhe von 10 Prozent. Anders gesagt hat sein derart eingesetztes Kapital 10 Prozent Gewinn abgeworfen.

Die Rentabilität (Rendite) variiert entsprechend der Definition des Erfolges respektive der jeweils verwendeten Bezugsgröße. Wird als Erfolg einer Finanztransaktion der erzielte Gewinn vor oder nach Steuerzahlung definiert, so erhalten wir als Kennzahlen für die Rentabilität die Umsatzrenditen vor oder nach Steuern.

Hinsichtlich der Art des eingesetzten Kapitals haben wir bereits eingangs von Eigen- und Fremdkapital gesprochen. Entsprechend können Eigenkapitalrendite und Gesamtkapitalrendite unterschieden werden.

Die gebräuchlichsten Definitionen zur Renditeberechnung lauten:

Eigenkapitalrendite = Gewinn/Eigenkapital
Gesamtkapitalrendite = (Gewinn + Fremdkapitalzinsen)/Gesamtkapital
Umsatzrendite = Gewinn/Umsatz
Cashflow-Rendite = Cashflow/eingesetztes Kapital
Betriebskapitalrendite *(return on capital employment)* = Gewinn/betriebsnotwendiges Kapital

In der internationalen Finanzliteratur wird zunehmend von *Return-Kennzahlen* gesprochen, so von Return on Equity (ROE bzw. Eigenkapitalrendite), Return on Investment (ROI bzw. Gesamtkapitalrendite) oder Return on Capital Employment (ROCE bzw. Rendite des eingesetzten betriebsnotwendigen Kapitals).

Eine Zusammenstellung der verschiedenen Renditeberechnungen finden wir in Abbildung 6. Vorab sei noch darauf hingewiesen, dass insbesondere bei der Gesamtkapitalrendite im Gegensatz zur international gebräuchlichen ROI-Definition die Zinszahlungen zum Gewinn zu addieren sind, sobald sich ein Unternehmen in erheblichem Umfang mit Fremdkapital finanziert. Da der Gewinn als Erfolg aufgrund des Eigenkapitaleinsatzes und die Zinszahlung als erwirtschafteter Erfolg aufgrund des Fremdkapitaleinsatzes zu

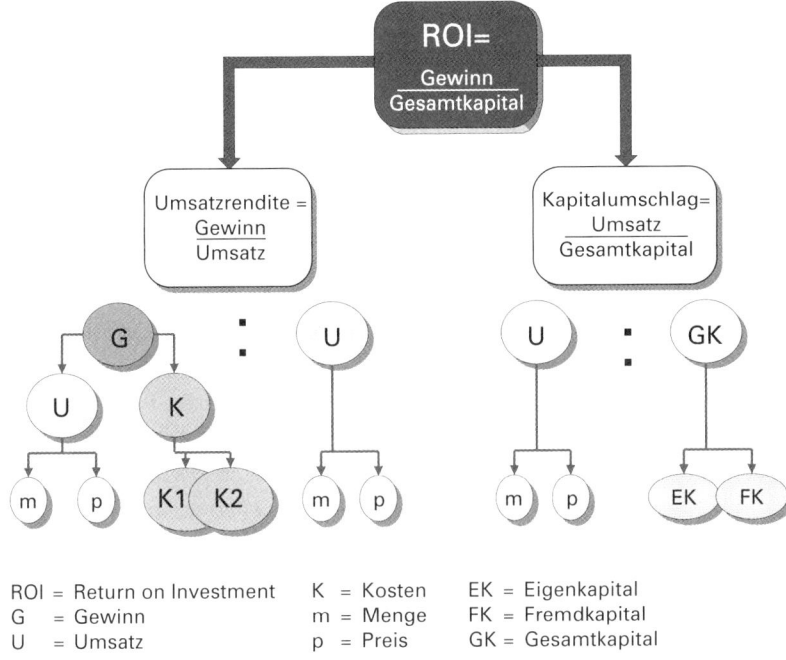

Abbildung 6: ROI-Kennzahlenbaum

verstehen sind, ist es logisch, dass zur Summe aus Eigen- und Fremdkapital die zugehörigen Erfolgsbeiträge Gewinn und Zinsen in Relation gesetzt werden. Wenn dies bei der weit verbreiteten ROI-Formel nicht geschieht, so liegt dies daran, dass sie ursprünglich aus dem amerikanischen Finanzraum stammt, wo sich Unternehmen üblicherweise überwiegend mit Eigenkapital finanzieren. Das erklärt, warum dort die Zinsaufwendungen bei der Berechnung der erwirtschafteten Rendite weniger von Bedeutung sind.

Der ROI wird häufig auch benutzt, um einzelne Investitionsprojekte zu kalkulieren. Weiterhin kann die Herleitung der Rendite über einen solchen, in der Praxis viel verästelten und detaillierten Kennzahlenbaum die Herkunft der Rendite besser erklären. So kann durch Simulation die Sensitivität der Rendite im Hinblick auf Änderungen von Preisen, Mengen, Kosten oder Kapitalaufbringungsmöglichkeiten getestet werden.

Selbstverständlich können neben dem Gewinn auch andere Erfolgsgrößen wie beispielsweise das Betriebsergebnis zur Ermittlung individueller Finanzkennzahlen herangezogen werden. Dabei ist auch zu beachten, ob die Erfolgskennzahlen mit einer Erfolgsgröße vor oder nach Steuern berechnet werden.

Immer häufiger wird hierzu der EBITDA (Earnings before Interest, Tax, Depreciation and Amortisation), das heißt das Betriebsergebnis vor Abzug von Steuern und Abschreibungen, verwandt. Manche Unternehmen setzen in den Zähler der Rentabilitätskennzahl auch eine Cashflow-Größe ein.

Die Wahl der »richtigen« Kennziffer erweist sich in der Praxis oftmals als problematisch, da die mittels unterschiedlicher Berechnungsgrößen gewonnenen Ergebnisse signifikant voneinander abweichen können. Wer also über die Rentabilität insbesondere als Maß für die Attraktivität einer Kapitalanlage zu entscheiden hat und dabei Vergleiche zwischen Betrieben oder Branchen anstellen will, sollte stets zuvor die Berechnungsgrundlage der Daten und deren Aussagegehalt prüfen.

Zur Berechnung der Rentabilität wird in Unternehmen zunehmend auf standardisierte Werte wie zum Beispiel das *DVFA-Ergebnis* zurückgegriffen. DVFA steht für Deutsche Vereinigung für Finanzanalyse und Anlageberatung. Dies ist der Berufsverband der Kapitalmarktexperten, in dem rund 800 Mitglieder aus Banken, Versicherungen und Kapitalanlagegesellschaften organisiert sind. Da dieser Verband durch seine Seminare zu Abschlüssen qualifiziert, die im Finanzmarkt inzwischen anerkannt und für bestimmte Berufsbilder Voraussetzung und Standard sind, gewinnt die Vereinheitlichung von Begriffen und Formeln durch die DVFA zunehmend an Gewicht.

Das DVFA-Ergebnis – oder bei Erweiterung um die Vorschläge der Schmalenbach Gesellschaft, des Verbandes der wirtschaftswissenschaftlichen Hochschullehrer in Deutschland, auch als DVFA/SG-Ergebnis bezeichnet – soll als standardisierte Erfolgsgröße die Rentabilitätsberechnungen im Finanzbereich vergleichbar machen. Zur Ermittlung werden ausgehend von dem ausgewiesenen Ergebnis bzw. Überschuss/Fehlbetrag des Unternehmens zahlreiche Zu- und Abschläge vorgenommen. Ziel ist die Bereinigung des Ergebnisses von außergewöhnlichen Belastungen oder Begünstigungen, um ein »normales« vergleichbares Ergebnis zu errechnen. Die Bereinigung um Sondereinflüsse soll ungewöhnliche Aufwendungen und Erträge, dispositionsbedingte Aufwendungen und Erträge, Ergebnisanteile Dritter und Verwässerungseffekte eliminieren.

Derartige Bereinigungen können sich unter anderem ergeben aufgrund

- der Aufgabe wesentlicher Geschäftsbereiche, Produktlinien oder Funktionen;
- gravierender Veränderungen der Aufbau- und Ablauforganisation;
- der Stilllegung von Werken;

- des Verkaufs großer Beteiligungen;
- des Abgangs von wesentlichen Teilen des Sachanlagevermögens;
- von Fusionen und Verschmelzungseffekten;
- außergewöhnlicher Schadensfälle;
- von Aufwendungen für Börseneinführung, Kapitalerhöhungen, Sanierungsmaßnahmen;
- von Kosten durch Anlauf, Vorleistungen, Erschließung, Ingangsetzung, Kapazitätserweiterung;
- von Änderung in den Bewertungsmethoden;
- von Änderung in der Abschreibungs- und Rückstellungspolitik.

Das offizielle Berechnungsschema des DVFA/SG-Ergebnisses je Aktie ist in der folgenden Übersicht wiedergegeben.

---

1) *Konzernjahresergebnis wie ausgewiesen*
2) Anpassungen des Konzernergebnisses aufgrund von Änderungen des Konsolidierungskreises
3) Latente Steueranpassungen
4) = Angepasstes Konzernergebnis
5) Bereinigungspositionen in den Aktiva
6) Bereinigungspositionen in den Passiva
7) Bereinigung nicht eindeutig zuordnungsfähiger Sondereinflüsse
8) Fremdwährungseinflüsse
9) Zusammenfassung der zu berücksichtigenden Bereinigungen
10) = *DVFA/SG-Konzernergebnis für das Gesamtunternehmen*
11) = Ergebnisanteile Dritter
12) DVFA/SG-Konzernergebnis für Aktionäre der Muttergesellschaft
13) Anzahl der zugrunde zu legenden Aktien
14) = *Ergebnis nach DVFA/SG je Aktie (Basisergebnis)*
15) Adjustiertes Ergebnis nach DVFA/SG je Aktie bei Veränderungen des gezeichneten Kapitals nach dem Bilanzstichtag

---

Abbildung 7 zeigt die Zusammenhänge zwischen den verschiedenen Konzepten zur Ergebnisermittlung im Überblick auf.

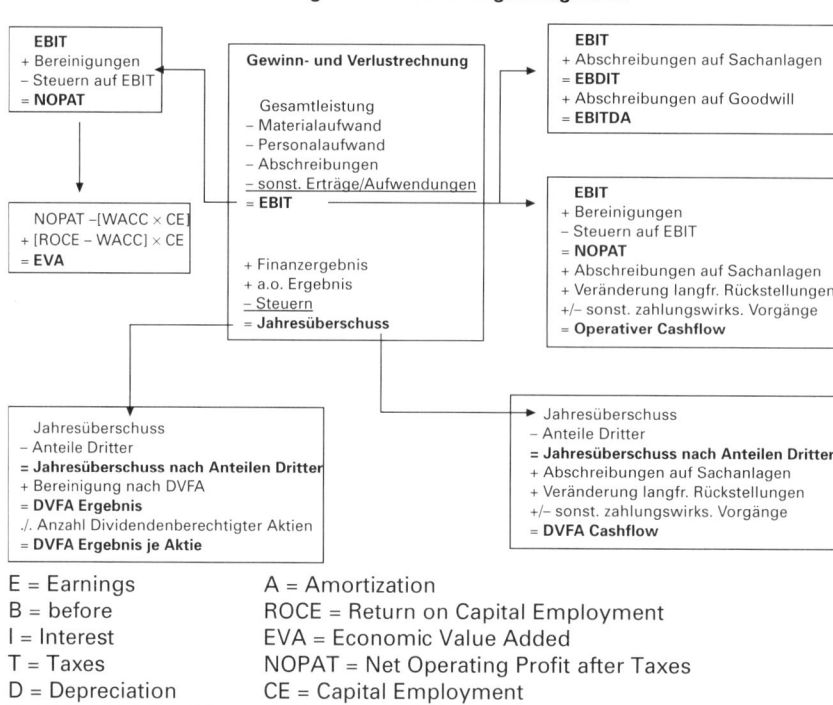

E = Earnings
B = before
I = Interest
T = Taxes
D = Depreciation
A = Amortization
ROCE = Return on Capital Employment
EVA = Economic Value Added
NOPAT = Net Operating Profit after Taxes
CE = Capital Employment
WACC = Weighted Average Cost of Capital

Abbildung 7: Finanzkennzahlen nach angelsächsischen und deutschen Rechenstandards

2.3 Finanzielle Sicherheit durch Substanzerhaltung

Das Ziel der Sicherheit im Sinne der Vermeidung von Risiken und Ungewissheiten ist in enger Verbindung mit den Zielen Liquidität und Rentabilität zu sehen. Verschiedene Faktoren beeinträchtigen die Sicherheit. Als Beispiel sind hier die wachsende Verschuldung von Unternehmen, die immer stärkeren Turbulenzen in der Unternehmensumwelt sowie Marktrisiken zu nennen.

Auch bei dem Kriterium der Sicherheit sind unterschiedliche Ausprägungen denkbar. So kann ein Unternehmen, um Engpässe in der Produktion auszuschließen und so Sicherheit für die Gütererstellung zu gewährleisten, zunächst darauf bedacht sein, seine Produktionskapazität zu erhalten. Dies wird als reproduktive Substanzerhaltung bezeichnet. Bei der relativen Substanzerhaltung ist das Unternehmen darauf bedacht, die Substanz im Vergleich zur Konkurrenz zu erhalten. Wird die Substanz an den technischen Fortschritt angepasst, sprechen wir schließlich von einer leistungsäquivalenten Kapital- bzw. Substanzerhaltung.

In diesem Zusammenhang wird in der Finanzwirtschaft stets auch die Frage aufgeworfen, ob es eine bestmögliche Betriebsgröße, das heißt eine optimale Kapitalmenge bzw. Substanz gibt. Die Thesen hierzu sind vielfältig, aber wenig verallgemeinerungsfähig. So ist bereits je nach Branche eine andere Substanz respektive Kapitalbindung notwendig.

Viel wichtiger als die Menge des Kapitals sollte die Kapitalherkunft sein: Soll das Kapital als Eigen- oder Fremdkapital zur Verfügung gestellt werden? So ist unter dem Aspekt der finanziellen Sicherheit für einen anlagenintensiven Betrieb sicher eine stärker eigenfinanzierte Kapitalausstattung zu empfehlen als für einen Betrieb mit einem hohen Anteil liquidierbaren Umlaufvermögens.

Zieht man andererseits den Gesichtspunkt der Rentabilität heran, so wird deutlich, dass mit Eigenkapital finanzierte Unternehmen oder Vermögen anders als unter dem Sicherheitsaspekt im Nachteil sind. Beachtet man die Steuerwirkung, so ist nämlich die Fremdfinanzierung günstiger, da die entsprechenden Finanzierungskosten, das heißt die Zinsen, steuerwirksam absetzbar sind, während die Dividenden als Finanzierungskosten für Eigenkapital aus dem versteuerten Gewinn zu bezahlen sind.

Die Gewichtung der Ziele finanzielle Sicherheit und Rentabilität bleibt letztlich den Präferenzen der Entscheider überlassen. Diese wiederum hängen davon ab, welche Risiken in der Finanzierung und Kapitalverwendung zu erwarten sind und welches Maß an Entscheidungsautonomie ein Unternehmer oder Manager im Verhältnis zu seinen Kapitalgebern anstrebt. Die Frage nach den Risiken wird in Kapitel 10 eingehend besprochen, die Frage nach der Unabhängigkeit als Variable für die Finanzierungsentscheidung wird im Folgenden erörtert.

2.4 Unabhängigkeit in finanzwirtschaftlichen Entscheidungen

Auch die Unabhängigkeit muss in Verbindung mit den bereits dargestellten Zielsetzungen betrachtet werden. Prinzipiell geht es hierbei um die Wahrung der Dispositionsfreiheit und der Flexibilität der unternehmerischen Entscheidungen. Steht man vor der Frage, ob neues Kapital aufzunehmen ist, so muss neben Rentabilitäts- und Sicherheitsgesichtspunkten auch darauf geachtet werden, dass es je nach Art des aufgenommenen Kapitals zu Veränderungen des Mitspracherechts und zu einer Beeinträchtigung der unternehmerischen Unabhängigkeit kommen kann.

Im Rahmen einer Eigenkapitalaufnahme kommt es zur Schaffung neuer Mitspracherechte, da Eigenkapital im Allgemeinen das Recht auf Mitbestimmung über die Führung des Unternehmens beinhaltet. Dies drückt sich bei einer Aktiengesellschaft wie bei allen anderen Gesellschaftsformen in den Stimmrechten der Kapitalgeber aus, die diese in der Haupt- oder Gesellschafterversammlung ausüben können. Eine unabhängige Kapitalverwendung wird der Shareholder, das heißt der Anteilseigner, der Kapital zur Verfügung stellt, sicher nicht zulassen. Dafür sorgen bereits die gesetzlichen Bestimmungen, nach denen Manager nach Ablauf eines Geschäftsjahres Rechenschaft über die Kapitalverwendung abzulegen haben.

Aber auch aus der Aufnahme von Fremdkapital, beispielsweise in Form eines Kredites, können Restriktionen erwachsen. So ist hier zwar gesellschaftsrechtlich kein Mitspracherecht bei der Kapitalverwendung möglich, faktisch werden Gläubiger aber mittels Absprachen oder Vorbedingungen für eine Kapitalgewährung die Unabhängigkeit der Kapitalverwendung einengen. Bereits bei der Besicherung eines Kredites oder Darlehens durch Sicherheiten wie eine Hypothek oder Grundschuld wird durch Abtreten von Rechten auf Dritte im Falle einer Nichtrückzahlung des Fremdkapitals die Unabhängigkeit der finanziellen Entscheidungen eingeengt.

Wird dem Prinzip der Unabhängigkeit oberste Priorität eingeräumt, so kann dies im Extremfall dazu führen, dass geplante Investitionen verschoben oder unterlassen werden, da eventuell nicht ausreichend Kapital aufgebracht werden kann.

2.5 Produktivität, Wirtschaftlichkeit und die Finanzziele

Nachdem ein Betrieb bisher lediglich unter finanzwirtschaftlichen Gesichtspunkten betrachtet wurde, soll in diesem Abschnitt der Zusammenhang zwischen dem Produktionsziel und den finanziellen Zielen hergestellt werden, um zu zeigen, wie mengenmäßige und finanzielle Betrachtungen des Wirtschaftens zusammenhängen.

Zunächst können wir festhalten, dass sich sämtliche wirtschaftlichen Aktivitäten vom Prinzip der Rationalität ableiten lassen. Die Wirtschaftswissenschaftler argumentieren hier mit dem so genannten Ökonomischen Prinzip, bei dem ein gegebenes Ziel mit möglichst geringem Einsatz bzw. ein gegebener Einsatz zu einem möglichst hohen Ergebnis im Sinne der Zielsetzung führen soll.

So kann zunächst unter Mengenaspekten Produktivität als Relation zwischen mengenmäßigem Output und mengenmäßigem Input definiert werden. Erstellt beispielsweise ein Unternehmen ein Gut in drei Stunden und will es seine Produktivität erhöhen, so kann es versuchen, die Stundenzahl zu verringern oder die Gütermenge in den zur Verfügung stehenden drei Stunden zu steigern. In der älteren Literatur wird dieses Prinzip auch als Technizität bezeichnet (Konrad Mellerowicz). Die Ansätze der Produktivitätssteigerung (Rationalisierung, Automatisierung) sind Gegenstand der Produktionstheorie.

Wird die Produktivität, also die Relation zwischen Ausbringungs- und Einsatzmenge an Produktionsfaktoren, mit den jeweiligen Preisen multipliziert, so erhalten wir die Wirtschaftlichkeit (Umsatz im Verhältnis zu den Kosten). Die Differenz aus Umsatz und Kosten wiederum ergibt den Erfolg bzw. Gewinn des Unternehmens. Setzen wir ihn in Relation zum eingesetzten Kapital, so ergeben sich letztlich die verschiedenen Rentabilitätskenngrößen, die bereits besprochen wurden. Dieser Zusammenhang ist in Abbildung 8 zusammengefasst.

Wie kann nun ein Unternehmen beispielsweise unproduktiv, aber wirtschaftlich und wiederum wenig rentabel sein, oder wie kann ein Unternehmen sehr produktiv, aber überhaupt nicht wirtschaftlich, geschweige denn rentabel sein? Die Antwort lässt sich durch Simulation der oben genannten Relationen leicht ermitteln. So ist bei einer schlechten Produktivität – multipliziert mit einer Preisrelation, bei der die Outputpreise hoch und die Inputpreise niedrig sind – durchaus eine hohe Wirtschaftlichkeit erreichbar. Aber mit hoher Wirtschaftlichkeit und damit hohem Gewinn muss die Rentabilität bei einem überaus hohen Kapitaleinsatz nicht unbedingt hoch sein.

Ein Beispiel soll den Zusammenhang nochmals verdeutlichen: In Automobilwerken wird Produktivität häufig in benötigten Arbeitsstunden (Inputmenge) je produziertem Auto (Outputmenge) gemessen. Die Relation sei in unserem Beispiel ein Auto/30 Stunden Arbeitszeit – eine bis Anfang

32 Finanzwirtschaftliche Ziele und Kennzahlen

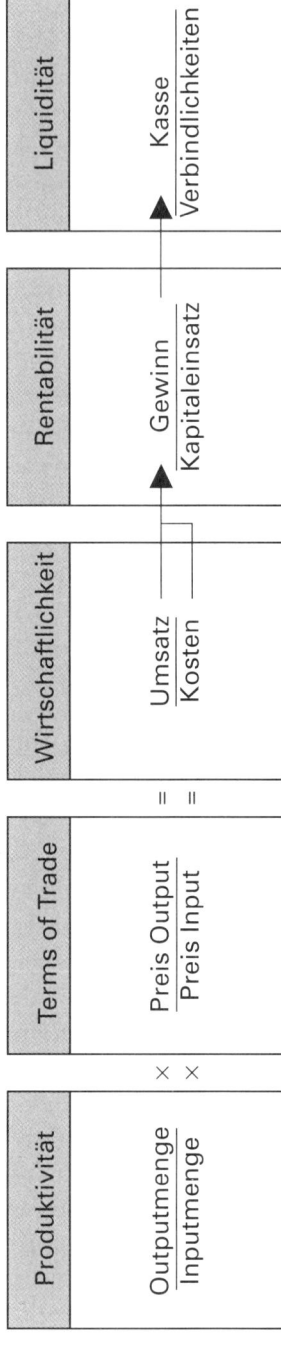

Abbildung 8: Zusammenhang zwischen Mengenrelationen und Finanzzielen

der neunziger Jahre für deutsche Verhältnisse realistische Durchschnittsrelation. Verglichen mit anderen Automobilwerken sei diese Produktivität äußerst schlecht. In Japan beispielsweise soll die Relation 1/15 betragen. Wie kommt es nun, dass das deutsche Automobilwerk dennoch wirtschaftlicher ist als sein japanischer Konkurrent?

Die Erklärung liegt in der Preisrelation. Während der deutsche Autohersteller seine Produkte teuer verkaufen kann (60 000 Euro), muss der japanische Hersteller trotz einer günstigeren Relation zwischen Absatz- und Einsatzgütern mit einem niedrigeren Absatzpreis zufrieden sein (24 000 Euro). Problematisch wird es für den deutschen Hersteller, wenn er seine Produktivität nicht verbessert und angesichts zunehmender Konkurrenz mit geringeren Absatzpreisen rechnen muss (24 000 Euro bei 1/30). Damit liegt er dann auch gemessen an der Wirtschaftlichkeit hinter dem japanischen Konkurrenten.

In vielen Branchen wurde bis Anfang der neunziger Jahre unproduktiv gearbeitet, und dies wurde nicht problematisiert, da die Wirtschaftlichkeit angesichts sehr hoher Inlandspreise für die Absatzgüter und sehr niedriger Weltmarktpreise für die Einsatzgüter gesichert schien. Durch einen dramatischen Einbruch der Absatzpreise und eine Erhöhung der Einfuhrpreise aufgrund von international steigenden Lohnkosten, Ressourcenknappheiten und internationalen Abkommen ab Anfang der neunziger Jahre wurden aber schlagartig aus wenig produktiven Betrieben auch unwirtschaftliche Betriebe. Zu lösen ist dieses Problem sicher nicht durch ein Zurückdrehen der betrieblichen Terms of Trade (Preisrelation zwischen Input und Output). Weder werden die Konsumenten ein Zurück zu höheren Absatzpreisen akzeptieren, noch können die Importeure von Rohstoffen auf erneut sinkende Einfuhrpreise hoffen. Es ist daher festzuhalten, dass der Schlüssel zur Lösung des Problems in vielen Branchen ausschließlich in einer Verbesserung der Pro-

Produktivität × Preisrelation= Wirtschaftlichkeit (terms of trade)			
$\frac{\text{Outputmenge}}{\text{Inputmenge}}$	× $\frac{\text{Preis Absatzgüter}}{\text{Preis Einsatzgüter}}$	=	$\frac{\text{Outputwert (Umsatz)}}{\text{Inputwert (Kosten)}}$
1/30	60 000 Euro/100 Euro	=	20
1/15	24 000 Euro/100 Euro	=	16
1/30	24 000 Euro/100 Euro	=	8

duktivitätskennziffern liegt. Dies gilt nicht nur für den Arbeitseinsatz, sondern auch für die Ausbeute oder die Ergiebigkeit des Materialeinsatzes.

Um die Wirtschaftlichkeit eines Unternehmens im weiteren Sinne zu beurteilen, ist neben den bereits vorgestellten Größen auch die Art und Weise, wie ein Unternehmen sein Kapital einsetzt, zu beurteilen. Nicht nur das Resultat des Kapitaleinsatzes im Sinne eines Gewinns und damit die Berechnung der Rendite ist ausschlaggebend für den jetzigen und vor allem künftigen Erfolg eines Unternehmens, sondern auch die Bilanzstruktur. Gerade in letzter Zeit wurde deutlich, dass noch so rentable und liquide Unternehmen insolvenzgefährdet sind, wenn sie ihr Kapital zu langfristig gebunden oder zu riskant angelegt haben.

Die *Anlagenintensität* zeigt den Anteil des Anlagevermögens am Gesamtvermögen und kann als Hinweis auf die Langfristigkeit der Kapitalbindung dienen. Diese Kapitalbindung verhält sich branchenabhängig unterschiedlich hoch. So wird die Anlagenintensität eines Maschinenbaubetriebes bereits aufgrund des höheren Maschinenbedarfs weit über derjenigen eines Dienstleistungsunternehmens liegen.

Die *Eigenkapitalquote* gibt an, wie viel am Unternehmensvermögen dem Unternehmer selbst bzw. dessen Anteilseignern gehört. Eine durchschnittliche Eigenkapitalquote der verarbeitenden Wirtschaft von 18 Prozent bedeutet, dass Unternehmen zu über 80 Prozent von Gläubigern, wie zum Beispiel Banken, abhängig sind. Hier muss allerdings jede Branche für sich betrachtet werden: Banken und Versicherungsunternehmen beispielsweise operieren mit Eigenkapitalquoten von teilweise unter 5 Prozent.

Der *Verschuldungsgrad* schließlich gibt die Relation von eigenem zu fremdem Kapital an.

Bei der Beurteilung der langfristigen Wirtschaftlichkeit von Unternehmen ist zu bedenken, dass branchenbezogene Kennziffern zu Investitionsquote, Lieferbereitschaft im Handel, Liefergeschwindigkeit der Zulieferindustrie oder Reklamationszahlen im Dienstleistungsbereich entscheidender sein können als die genannten allgemeinen Zielsetzungen. Daher ist es in jedem Fall notwendig, eine betriebsoptimale Kombination der verschiedenen möglichen Zielsetzungen und Kennzahlen zu erreichen, die die individuelle Situation und die Rahmenbedingungen des betrachteten Unternehmens berücksichtigt.

3. Finanzmathematische Grundlagen

3.1 Auf- und Abzinsung von Zahlungsströmen

Finanzierung lässt sich traditionell als Zahlungsstrom interpretieren, der mit einer Auszahlung beim Finanzier beginnt und mit einer Einzahlung bzw. Rückzahlung endet. Diese Aus- und Einzahlungsströme zu vergleichen, wenn ihre einzelnen Komponenten in verschiedenen Perioden anfallen, ist problematisch. Die Zahlungen einfach gegenüberzustellen, ohne zu bedenken, dass zum Beispiel ein Euro heute dem Investor mehr wert sind als ein Euro in zwei Jahren und dass darüber hinaus auch durch Inflation Geld entwertet wird, würde also einer »Milchmädchenrechnung« gleichkommen. Wer rational kalkuliert, der wird daher spätere Zahlungen durch so genannte Abzinsungen auf den heutigen Zeitpunkt vergleichbar machen bzw. umgekehrt durch Aufzinsungen den künftigen Wert von Zahlungen berechnen (vgl. Abbildung 9).

Da finanzmathematische Formeln in den späteren Kapiteln, insbesondere bei der Berechnung wertorientierter Kennzahlen, aber auch bei allen Finanzierungsarten, bei denen es um Zins und Tilgung geht, eine Rolle spielen,

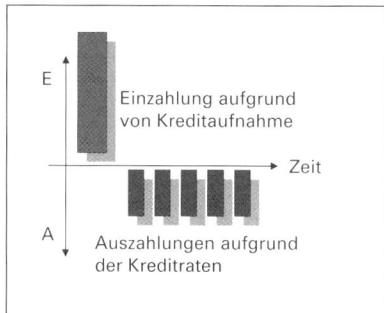 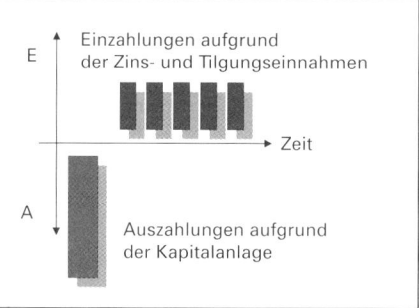

Abbildung 9: Finanzierung als Vergleich von Zahlungsströmen

sollen nun vorab die Grundlagen der Finanzmathematik gelegt werden. Ausgehend von der einfachen Verzinsung, wird zunächst die Kapitalentwicklung bei Zinseszinsen und Ratenzahlungen besprochen.

Der Preis für die Überlassung von Geld und Kapital wird als *Zins* Z bezeichnet, wobei die Differenzierung zwischen Geld und Kapital im Sinne der in Kapitel 5 dargestellten Finanzmärkte auf einer einfachen Unterscheidung nach der Fristigkeit der Überlassung der Finanzmittel beruht. Kurzfristige Überlassung entspricht Geld und langfristige Überlassung Kapital, entsprechend der Unterscheidung in Geld- und Kapitalmarkt.

Üblicherweise wird ein bestimmter Prozentsatz des Kapitals als Zins vereinbart; diesen Prozentsatz bezeichnet man als *Zinsfuß* p. Statt des Zinsfußes p wird häufig auch vom Zinssatz i gesprochen, der häufig mit p gleichgesetzt wird, präziser aber als ein Hundertstel von p zu bezeichnen ist. Als Zinsperiode wird ohne weitere Angaben meist ein Jahr verstanden, sodass wir von einem jährlichen Zinsfuß, sprechen. Werden Zinsen nicht für ein ganzes Jahr festgelegt bzw. ist die Kapitalüberlassung über Tage oder Monate vereinbart, so müssen die Zinsen entsprechend zeitanteilig berechnet werden.

Ein Sparer, der bei seiner Bank 500 Euro zu einem Zinsfuß von 3 Prozent anlegt, erhält nach Ablauf eines Jahres 15 Euro Zinsen. Allgemein formuliert bedeutet dies

$$Z = (K \times p) / 100$$

Zahlt dieser Sparer den Betrag erst am 1. Mai ein, so kann er auch nur 2/3 der Jahreszinsen erwarten, also 10 Euro. Allgemein formuliert bedeutet dies, dass die Tage der Kapitalüberlassung in Relation zu den Tagen des gesamten Jahres gesetzt werden, wobei Kaufleute mit 360 Tagen und 30 Tagen je Monat, unabhängig von den Kalenderdaten rechnen. Demgemäß gilt als allgemeine Zinsformel:

$$Z = \frac{K \times p \times t}{100 \times 360}$$

Z = Zins
p = Zinssatz in Prozent (p. a.)
i = 0,01 × p
t = Anzahl der Tage der Kapitalüberlassung
K = Kapital
K_t = Kapital am Ende von Jahr t
K_0 = Anfangskapital zu Beginn des Jahres 1

Zum Nachrechnen werden zwei Fälle vorgestellt. Ein Unternehmer, der 50 000 Euro für 270 Tage, also ein Dreivierteljahr, anlegt und 8 Prozent Zinsen erhält, kann 3 000 Euro erwarten. Ein Unternehmer, der 6 000 Euro auf einem Festgeldkonto vom 15. März bis zum 5. Mai anlegt und dafür 6 Prozent Zinsen erhält, kann für die 50 Tage Kapitalüberlassung von seiner Bank 50 Euro Zinsen verlangen.

Hebt ein Anleger sein Kapital und die erhaltenen Zinsen am Jahresende nicht ab, sondern lässt beide Beträge liegen, so erhält er auch auf den angefallenen Betrag an Zinsen wiederum Zinsen, was als *Zinseszinseffekt* bezeichnet wird. Betrachten wir hierbei zunächst, dass das Kapital zu Beginn eines Jahres zur Verfügung steht und die Zinsen am Ende des Jahres, also nicht unterjährig anfallen, so kann für einen festen Betrag, der eine gewisse Zeit angelegt wird, der Endbetrag durch Aufzinsung wie folgt ermittelt werden: Werden 50 Euro für zwei Jahre zu 10 Prozent angelegt, so gilt:

Kapital am Ende des 1. Jahres: $50 + 0{,}1 \times (50) = 50 \times (1 + 0{,}1)^1 = 55$

Kapital am Ende des 2. Jahres: $50 \times (1 + 0{,}1)^1 + 0{,}1 \times 50 \times (1 + 0{,}1) = 50 \times (1 + 0{,}1)^2 = 60{,}50$

Allgemein gilt: $K_t = K_0 \times (1 + i)^t$

oder wenn $(1 + i) = q$: $K_t = K_0 \times q^t$

Wird also ein Betrag von 1 000 Euro zu 8 Prozent für fünf Jahre angelegt, so erhält man durch Aufzinsung ein Endkapital von

$$K_t = 1\,000 \times (1{,}08)^5 = 1\,469{,}33 \text{ Euro.}$$

Der Faktor q^t bzw. $(1 + i)^t$ wird als Aufzinsungsfaktor bezeichnet.

Soll nicht das End-, sondern das Anfangskapital eines Betrages berechnet werden, der nach einem gewissen Anlagezeitraum mit Zins und Zinseszins entstanden ist, so ist der Betrag nicht auf-, sondern abzuzinsen. Bei der Abzinsung wird errechnet, welcher Betrag zum Zeitpunkt 0 eingesetzt werden muss, um einen Betrag K im Zeitpunkt t zu besitzen. Dabei wird die oben genannte Zinsformel $K_t = K_0 q^t$ einfach nach K_0 aufgelöst, und man erhält

$$K_0 = K_t/q^t$$

bzw. als Abzinsungsfaktor

$1/q^t$ oder $1/(1 + i)^t$.

Ein Unternehmer, der 1 469,33 Euro in fünf Jahren für eine Investition benötigt, muss also im Zeitpunkt null

$$1\,469{,}33 \times 1/(1 + i)^t = 1\,000 \text{ Euro}$$

zu 8 Prozent anlegen, um das notwendige Kapital zu erhalten. Für den Begriff Abzinsen kann man auch den Terminus Abdiskontieren verwenden.

Fallen nun Rückflüsse am Ende mehrerer Jahre in jeweils gleicher Höhe an, so kann ihr Gegenwartswert bzw. *Barwert*, das heißt der abgezinste Wert der gesamten Zahlungsreihe (Renten), ermittelt werden, indem der zurückfließende Betrag mit dem Rentenbarwertfaktor multipliziert wird. Umgekehrt ist eine gleichmäßige Zahlungsreihe mit dem Wiedergewinnungsfaktor zu multiplizieren, um zu einem Endwert zu gelangen (Aufzinsung).

Rentenbarwertfaktor: $(q^t-1)/q^t \times (q-1)$
Wiedergewinnungsfaktor: $q^t \times (q-1)/(q^t-1)$

Ein Unternehmer, der in den nächsten fünf Jahren jährlich 1 Million Euro Überschuss erwirtschaftet, will den Gegenwartswert dieser Überschüsse errechnen, um einen Anhaltspunkt für Preisverhandlungen bezüglich seines Unternehmenswertes zu erhalten. Er multipliziert 1 Million Euro mit dem Rentenbarwertfaktor und erhält so bei einem angenommenen Verzinsungssatz von 8 Prozent einen Gegenwartswert der Zahlungsreihe von 3,993 Millionen Euro.

Will ein Anleger diesen Betrag von 3,993 Millionen Euro, der ihm heute zur Verfügung steht, auf fünf gleich hohe Rentenzahlungen in den nächsten fünf Jahren unter Berücksichtigung von Zinseszinsen verteilen, so ergibt die Multiplikation mit dem Wiedergewinnungsfaktor als Umkehrung des Rentenbarwertfaktors einen Betrag von 1 Million Euro pro Jahr.

Bisher sind wir bei den Bar- und Endwertberechnungen von jährlichen Zinsgutschriften ausgegangen. Häufig wird in der Praxis aber auch eine unterjährige Verzinsung vereinbart, das heißt, dem Anlagekonto werden zum Beispiel monatlich oder vierteljährlich Zinsen gutgeschrieben, und damit potenziert sich der Zinseszinseffekt. Für den Fall, dass diese Zinserträge zum gleichen Zinssatz wiederanlegbar sind, ergibt sich für die Auf- wie die Abzinsung eine Modifizierung der Formel um den Faktor m, der aussagt, wie viele Zinstermine pro Jahr vereinbart werden.

Aufzinsungsfaktor: $(1 + i/m)^{t \times m}$
Abzinsungsfaktor: $1 / (1 + i/m)^{t \times m}$

Vereinbart also ein Anleger monatliche Zinszahlungen bei einer Einmalanlage von 100 Euro für zwei Jahre zu 8 Prozent, so ergibt sich ein Endkapital von $100 \times (1 + 0{,}08/12)^{2 \times 12} = 117{,}38$ Euro.

Natürlich kann im Laufe einer Geldanlage auch der Zinssatz variieren. Dies ist bei Anlagen wie bei Krediten häufig der Fall und muss bei den Auf- und Abzinsungen entsprechend berücksichtigt werden. Da kontinuierliche Zinszuwächse kaum vereinbart werden, erscheint es auch müßig, hier weitere mathematische Verteilungsfunktionen einzuführen. Vielmehr sollte der Anwender die unterschiedlichen Zinshöhen bei seinen Auf- und Abzinsungen einzeln berücksichtigen, wie zum Beispiel beim Abzinsen durch Multiplikation der verschiedenen Zinsfaktoren:

$$1/ (1 + i_1) \times (1 + i_2) \times \ldots \times (1 + i_t)$$

Fassen wir die bisherigen Auf- und Abzinsungsformeln mit unterjähriger und ohne unterjährige Verzinsung sowie die Renten- und Wiedergewinnungsrechnung in einer Formelsammlung zusammen:

Vermögensendwert → Aufzinsungsfaktor = $(1 + i)^t$
Barwert → Abzinsungsfaktor = $1 / (1 + i)^t$
Regelmäßige gleich bleibende Auszahlung (Rente) →

$$\text{Rentenbarwertfaktor} = \frac{(1+i)^t - 1}{(1+i)^t \times [(1+i)-1]} = \frac{q^t - 1}{q^t \times (q-1)}$$

$$\text{und Wiedergewinnungsfaktor} = \frac{q^t (q-1)}{q^t - 1}$$

Unterjährige Abzinsung → modifizierter Abzinsungsfaktor = $1/(1 + i/m)^{m \times t}$
Unterjährige Aufzinsung → modifizierter Aufzinsungsfaktor = $(1 + i/m)^{m \times t}$

mit
i = Zinssatz
t = Anzahl der Jahre bis zum Ende der Laufzeit
m = Anzahl der Zinstermine pro Jahr

Neben der Berechnung des Anfangs- oder Endkapitals von Zahlungsreihen kann auch die Berechnung des Zinsfußes oder der Zinsperioden von Interesse sein. Durch entsprechende Auflösungen der Grundformel lässt sich jeweils auf die gesuchte Variable schließen.

Den Ausgangspunkt bildet die Barwertformel

$$K_0 = K_t / q^t$$

Die Auflösung nach dem Zinsfuß ergibt

$$q = (K_t/K_0)^{1/t} \text{ bei } p = 100 \times (q-1)$$

Die Auflösung nach den Zinsperioden ergibt

$$t = [\log(K_t/K_0)] / \log q$$

So fragt sich ein Unternehmer, wie hoch die Verzinsung sein muss, um nach 18 Jahren einen Endbetrag von 20 Millionen Euro zu erhalten, wenn er heute einen Überschuss von 8 Millionen Euro anlegen würde. Bei der Anwendung der oben genannten Formel ergibt sich ein Zinssatz p von 5,22 Prozent.

Die Frage, in welcher Zeit sich ein Kapital bei einer Verzinsung zu 8 Prozent verdoppelt, kann durch Anwendung der zweiten Formel ermittelt werden. Das Ergebnis beträgt 9 Jahre.

Abschließend sei noch darauf hingewiesen, dass die Berechnung von Bar- bzw. Endwerten den Vergleich verschiedener Zahlungsströme, insbesondere bei der Gegenüberstellung unterschiedlicher Anlage- oder Finanzierungsformen, ermöglicht. Vergleicht man die Zahlungsströme durch Abzinsen (Barwertermittlung), dann spricht man von der *Kapitalwertmethode*. Werden künftige Ein- und Auszahlungen aus einer Investition auf den Gegenwartswert abgezinst und zieht man die Investitionshöhe von diesem Wert ab, so muss der Kapitalwert größer als null sein, damit die Finanztransaktion ökonomisch sinnvoll ist.

Wenn beispielsweise ein Unternehmer den Nutzen einer Investition von 80 000 Euro prüft, von der er künftige Einzahlungen in Höhe von 19 000 Euro im ersten Jahr, 22 000 Euro im zweiten Jahr, 27 000 Euro im dritten Jahr, 30 000 Euro im vierten Jahr und 11 000 Euro im fünften Jahr erwartet, und wenn er weiterhin nur dann investieren will, wenn seine Investition mindestens 8,5 Prozent Gewinn abwirft, dann kann er mit dieser erwarteten Rendite seine Zahlungsreihe abzinsen, um zu prüfen, ob die abgezinsten künftigen Überschüsse abzüglich der Anfangsinvestition zu einem positiven Kapitalwert führen. In unserem Beispiel ergeben sich 6 301 Euro, und er wird die Investition tätigen.

Eine Alternativrechnung macht deutlich, dass je nach der Höhe des gewählten Zinssatzes die Finanztransaktion vorteilhaft oder unvorteilhaft sein kann. Bei einer erwarteten Rendite von 20 Prozent anstelle der oben angesetzten 8,5 Prozent ergäbe sich ein negativer Kapitalwert in Höhe von 14 390 Euro und damit eine unrentable Transaktion. Die Vorteilhaftigkeit einer Investition hängt also von der subjektiven Renditeerwartung bzw. dem eingesetzten Kalkulationszinsfuß ab.

Möchte unser Unternehmer nun wissen, bei welcher Renditeerwartung sich seine geplante Investition nicht lohnen würde, aber auch nicht nachteilig wäre, dann stellt er die Frage nach dem *internen Zinsfuß*. Um ihn zu ermitteln, setzen wir die Kapitalwertformel $K_0 = K_t / q^t$ gleich null und lö-

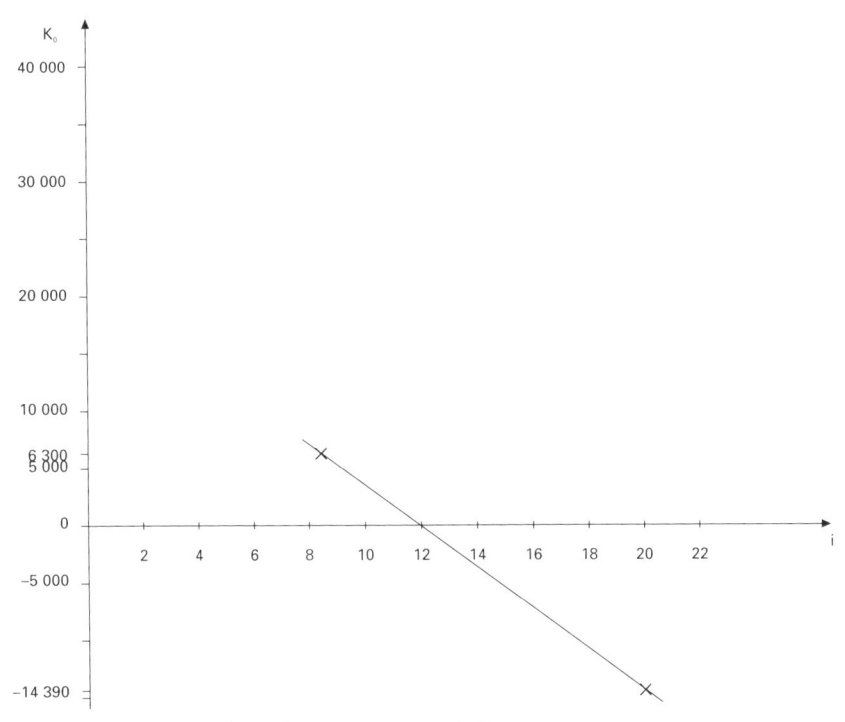

Abbildung 10: Ermittlung des internen Zinsfußes

sen die Gleichung nach dem Zinssatz i auf. Ohne exakte Berechnung gemäß den Daten unseres Beispiels können wir zumindest erkennen, dass der interne Zinsfuß für unseren Unternehmer irgendwo zwischen 8,5 und 20 Prozent liegen muss.

Die Methode des internen Zinsfußes wird insbesondere zur Berechnung des Zinses für gebundenes Kapital angewandt. Wer hier eine mathematische Berechnung umgehen will, kann die Aufgabe auch grafisch durch Einsetzen zweier fiktiver Zinssätze in die Barwertformel und Abtragung in einem Koordinatensystem mit linearer Verbindung der zwei Koordinatenpunkte lösen (vgl. Abbildung 10). Dort, wo die Gerade die Zinsachse schneidet, beläuft sich K_0 auf null, und wir erhalten einen internen Zinsfuß von circa 12 Prozent. Das Ergebnis ist zwar nicht exakt, aber als Näherungslösung ausreichend.

3.2 Renten, Tilgung, Annuität und Kursrechnung

Wird zu einem angelegten Anfangskapital jeweils am Jahresende eine Rate r hinzugefügt, so muss die Endwertformel wie folgt erweitert werden:

$$_t = K_0 \times (q^t) + r/i \times (q^t - 1)$$

Wird zum Beispiel ein Betrag von 1 000 Euro zu 8 Prozent für fünf Jahre angelegt und werden jeweils am Jahresende 100 Euro auf das Anlagekonto eingezahlt, so erhält man nach zwei Jahren, also zweimaliger Ratenzahlung jeweils am Ende des Jahrs,

$$K_2 = 1\,000 \times (1{,}08)^2 + (100/0{,}08) \times (1{,}08^2 - 1) = 1\,374{,}40 \text{ Euro}$$

Vor Einzahlung der zweiten Rate ergibt sich der Wert der Anlage einfach aus der Addition des verzinsten Anfangskapitals und der der verzinsten ersten Rate:

$$K_2 = 1\,000 \times (1{,}08^2) + r \times (1{,}08^1) = 1\,274{,}40 \text{ Euro}$$

Wird die Rate nicht am Ende (nachschüssig), sondern zu Beginn der Zinsperiode einbezahlt (vorschüssige Zahlungsweise), so ist die Formel entsprechend um eine weitere Aufzinsungsperiode anzupassen:

$$K_t = K_0 \times (q^t) + r \times q/i \times (q^t - 1)$$

Wird nun bei dieser Anlage umgekehrt regelmäßig eine Rate, so lässt sich dieser Vorgang durch ein entsprechendes Minuszeichen bei der Rate r einfangen. Diese Art der regelmäßigen Entnahme kann auch als *Rente* bezeichnet werden, sodass die oben genannte Formel auch als Rentenformel gilt.

In der Vergangenheit haben Finanzanalysten zur Vereinfachung ihrer Bewertungen eine so genannte *ewige Rente* berechnet. Dem liegt die Annahme zugrunde, dass die betrachteten Zahlungsströme unendlich lange fließen. Wird die Formel der Abzinsung entsprechend angepasst, so ergibt sich die einfache Abzinsung der ewigen Rente mit:

$$K_0 = r/i$$

Würde ein Unternehmen unendlich oft 100 Euro jährlich verdienen, so beliefe sich deren Barwert bei einem Zinssatz von 8 Prozent auf 1 250 Euro. Da diese Betrachtung allerdings jeder Realität entbehrt und niemand Finanztransaktionen für die Ewigkeit plant, ist diese Rechenmethode kaum noch gebräuchlich.

Neben der Rentenberechnung ist in der Finanzmathematik die Frage nach der Rückzahlung von Geldern, insbesondere von Fremdkapital zu beantworten. *Tilgungen*, also Rückzahlungen werden bezüglich der Rückzahlungsbeträge und -termine unterschiedlich vereinbart. So können Einmalzahlungen am Laufzeitende oder Ratentilgungen vorkommen. Davon hängen natürlich die Zinslasten ab, da getilgte Beträge nicht mehr zu verzinsen sind und damit die eventuell eingesparten Zinsen für eine möglicherweise höhere Tilgung verwandt werden können. Die Summe aus Tilgung und Zinszahlung wird auch als Annuität bezeichnet.

Gehen wir zunächst von einer gleichmäßigen Tilgung über die Laufzeit aus. Hier wird die jährliche Tilgung durch Division des Rückzahlungsbetrags mit der Laufzeit n ermittelt. Für die am Ende eines jeweiligen Jahres noch fälligen Zinsen bzw. die Jahresrate gilt daher:

$$T_t = K_0/n$$
$$Z_t = (K_t - 1) \times i \text{ oder } Z_t = K_0 \times [1 - (t-1)/t] \times i$$
$$A_t = T_t + Z_t = K_0/n \times [1 + (n-t+1) \times i]$$

Ein Unternehmer, der ein Darlehen von 150 000 Euro für drei Jahre aufnimmt und jährlich 50 000 Euro tilgt, erhält bei einem Zinssatz von 10 Prozent folgende Tabelle:

Jahr	Restschuld	Zinsen	Tilgung in t	Jahresrate
0	150 000			
1	100 000	15 000	50 000	55 000
2	50 000	10 000	50 000	60 000
3	0	5 000	50 000	55 000

Soll die Jahresrate in jedem Jahr gleich hoch ausfallen *(Annuität)*, so sind die Formeln entsprechend zu modifizieren.

$$T_t = (A_t - K_0 \times i) \times q^{t-1}$$
$$Z_t = A_t - T_1 \times q^{t-1}$$
$$A_t = T_t + Z_t = K_0 \times I \times q^t/q^{t-1}$$

Damit ergibt sich für den Unternehmer folgende Annuitätentabelle:

Jahr	Restschuld	Zinsen	Tilgung in t	Annuität
0	150 000			
1	104 682,78	15 000	45 317,22	60 317,22
2	54 833,83	10 468,27	49 848,95	60 317,22
3	0	5 483,38	54 833,83	60 317,22

Besonderheiten wie tilgungsfreie Zeiten oder Sonder- bzw. Annuitätentilgungen mit Restzahlungen können in einer Finanzierungsübersicht ebenfalls eingebaut werden. Die mathematischen Formeln hierzu sollen jedoch nicht vertieft werden. Entsprechendes gilt für unterjährige Tilgungs- und Zinszahlungen, die wiederum, wie bei der unterjährigen Auf- und Abzinsung oben, mittels Ergänzung des Zinsfaktors durch den Faktor m zu berücksichtigen sind.

Als letzte Grundrechenart der Finanzmathematik betrachten wir die Berechnung von Kursen für Wertpapiere. Da sich die am Kapitalmarkt erzielbaren Zinserträge ändern können, werden sich die für ein festverzinsliches

Wertpapier geltenden Kurse ebenfalls ändern, wenn der Anleger die festgelegten Zinszahlungen mit dem Wertpapier verkauft. Bei steigenden Zinsen verliert ein Wertpapier mit festgelegten Zinszahlungen an Wert, während es umgekehrt bei sinkenden Zinsen an Wert gewinnt. Analog gilt dieser Zusammenhang auch für übertragbare Darlehen.

Wenn beispielsweise eine Bank einem Unternehmer eine verbriefte Schuldverschreibung in Höhe von 50 000 Euro abgekauft hat und diese Bank die Forderung gerne an eine andere Bank verkaufen oder abtreten will, so wird die Käuferbank in Abhängigkeit von ihrer Zinserwartung überlegen, wie viel sie für dieses Wertpapier zu zahlen bereit ist. Wenn ursprünglich eine 4-prozentige Verzinsung geplant war und die Zinsen derzeit bei 6 Prozent liegen, wenn weiterhin eine noch zweijährige Restlaufzeit zweimal Zinszahlungen auslöst, so wird der Kaufpreis bzw. der Kurs nur 96,33 Prozent betragen.

Zur Berechnung von Wertpapierkursen gilt folgende Formel:

$$\text{Marktkurs} = (1 + i)^n / (1 + r)^n \times 100$$

mit:
i = vertraglich festgelegter Zinssatz
r = aktuell geltender Marktzinssatz
n = Laufzeit bis zur Fälligkeit des Wertpapiers

4. Wertorientierte Finanzbetrachtung

4.1 Ansätze der wertorientierten Unternehmensbetrachtung

Die im zweiten Kapitel dargestellten finanzwirtschaftlichen Zielsetzungen waren von der klassischen Sichtweise einer Finanzierung als Zahlungsstrom mit möglichst sicheren und rentablen Rückflüssen geprägt. Seit Ende der achtziger Jahre hat sich hingegen in der Finanzierungstheorie eine so genannte wertorientierte Perspektive durchgesetzt, bei der das Hauptaugenmerk auf die konsequente Maximierung des Unternehmenswertes (Value) speziell für die Anteilseigner (Shareholder) gelegt wird. Als Begründer dieses Ansatzes gilt *Alfred Rappaport*. Hat sich eine Unternehmung dem Grundprinzip des Shareholder-Value verschrieben, so bedeutet dies eine Absage an alle Bestrebungen, die unterschiedlichen Interessen weiterer mit dem Unternehmen in Beziehung stehenden Gruppen wie Arbeitnehmer, Kunden, Gläubiger und Bevölkerung gleichberechtigt zu befriedigen. Vielmehr soll der Unternehmenswert für die Anteilseigner, das heißt die Eigenkapitalgeber gesteigert werden. Die optimale Mischung aus Ausschüttung (Einkommen für Shareholder) und Erhöhung des Unternehmens- und damit Anteilswertes soll gefunden werden.

Dieser Ansatz verbreitete sich sehr schnell, zumal in Kapitalgesellschaften angestellte Topmanager von den Anteilseignern in den Gesellschafterversammlungen zu wählen sind und eine Bevorrechtigung von Shareholder-Interessen gegenüber den anderen Stakeholdern für eine Wiederwahl im Amt als Vorstand oder Geschäftsführer stets förderlich ist.

Während in der angloamerikanischen Literatur diese Sichtweise aufgrund der hohen Eigenkapitalquoten der Unternehmen weiterhin vorherrschend ist, lässt sich in der europäischen Praxis eine Ausweitung auf alle Interessengruppen, so genannte Stakeholder, beobachten. Sowohl die Fähigkeit zur Zahlung von Zinsen, Löhnen und Lieferantenverbindlichkeiten wie auch die Ausschüttungsmaximierung oder Werterhöhung für Eigenkapitalgeber werden hier betrachtet. Die Macht von Gewerkschaften und Gläubigern sowie der Einfluss der Politik und Öffentlichkeit sind dafür maßgeblich. Eine singuläre Orientierung an nur einer Interessengruppe ist außerdem im Sinne der klassischen ökonomischen Gleichgewichtsbetrachtung als Voraussetzung für ein Optimum wenig sinnvoll.

Bevor die Ansätze einer wertorientierten Finanzbetrachtung im Einzelnen vorgestellt werden, vermittelt die folgende Übersicht einen ersten Einstieg in die Begriffe und Grundthesen.

Wertorientierte Finanzziele

EVA (Economic Value Added)
- Wertsteigerung aufgrund einer Investition bzw. eines Projektes
- EVA = eingesetztes Kapital × Spread
- Spread = erzielte Rendite abzüglich der geforderten Rendite
- Maß für die geforderte Rendite: zum Beispiel WACC oder CAPM:
    - WACC (Weighted Average Cost of Capital) = r × EK × (EK/GK) + I × (FK/GK)
    - CAPM (Capital Asset Pricing Model): Eigenkapitalkosten = r_f + rp(β) mit: r_f = risikofreier Zinssatz; β = Risikofaktor; rp = Risikoprämie

MVA (Market Value Added)
- Vom Markt bestimmter Mehrwert eines Unternehmens
- Differenz zwischen Marktwert und Geschäftswert eines Unternehmens
- Marktwert zum Beispiel als Marktkapitalisierung (Anteilsscheine × Börsenkurs)

DFCF (Discounted-Free-Cash-Flow-Methode)
- Ökonomischer Zukunftswert des Unternehmens
- Zukunftswert als Summe der abgezinsten freien künftigen Cashflows
- Cashflow (direkte Methode) = betriebliche Einzahlungen – Auszahlungen
- Cashflow (indirekte Methode) = Gewinn + Abschreibungen + Rückstellungsänderungen

4.2 Die Berechnung des Discounted Cash Flow (DCF)

Bei der Methode des Discounted Cash Flow (DCF) wird der in Zukunft zu erwartende Cashflow einer Unternehmung abdiskontiert, um den so genannten Barwert zu bestimmen. Aus Abbildung 11 gehen die verschiedenen Cashflow-Begriffe hervor.

Ausgehend von der Summe der betrieblichen Einzahlungen werden sukzessive verschiedene Auszahlungen subtrahiert, was zu unterschiedlichen Cashflow-Begriffen führt. Zur Bestimmung des *Operating Cash Flow* werden zunächst von den gesamten betrieblichen Einzahlungen (Cash Inflows) die betrieblichen Auszahlungen, die Ersatzinvestitionen sowie fällige Steuerzahlungen (Cash Outflows) abgezogen. Zum *Netto-Cashflow* gelangt man, indem man zusätzlich vom Operating Cash Flow Erweiterungsinvestitionen subtrahiert und Desinvestitionen addiert. Nach weiterem Abzug von Zinszahlungen, Tilgungen sowie Zahlungen zur Befriedigung sonstiger Ansprüche gelangt man zum *freien Cashflow* (Free Cash Flow), welcher den Eigenkapitalgebern frei zur Verfügung steht.

In der Praxis wird oftmals der Cashflow nicht mittels einer Einzahlungs-Auszahlungs-Rechnung, sondern indirekt über die Erfolgsrechnung, das heißt die Gewinn-und-Verlust-Rechnung des Unternehmens ermittelt. Die Deutsche Vereinigung für Finanzanalyse und Anlageberatung sowie die Schmalenbach Gesellschaft (DVFA/SG) schlagen zur indirekten Ermittlung des Cashflows ein standardisiertes Verfahren vor. Hierbei dient der aus der Gewinn-und-Verlust-Rechnung (GuV) stammende Jahresüberschuss/-fehlbetrag als Ausgangspunkt; alle nicht auszahlungswirksamen Aufwen-

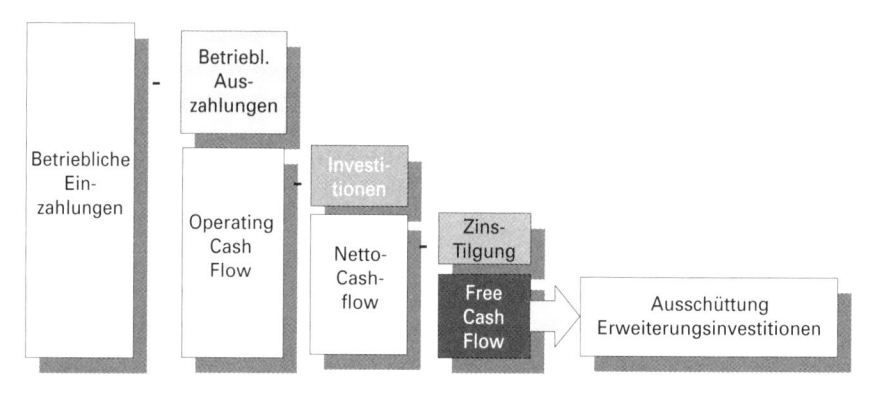

Abbildung 11: Ableitung verschiedener Cashflow-Begriffe

Tabelle 3: Cashflow nach DVFA/SG

	Jahresüberschuss/-fehlbetrag
+	Abschreibungen auf Gegenstände des Anlagevermögens
–	Zuschreibungen auf Gegenstände des Anlagevermögens
+/–	Zunahme/Abnahme der Rückstellungen für Pensionen und anderer langfristiger Rückstellungen
+/–	Zunahme/Abnahme des Sonderpostens mit Rücklageanteil
+/–	Andere nicht zahlungswirksame Aufwendungen und Erträge von wesentlicher Bedeutung
+/–	Bereinigung ungewöhnlicher zahlungswirksamer Aufwendungen und Erträge von wesentlicher Bedeutung
=	Cashflow nach DVFA / SG

dungen werden zu diesem Betrag addiert, alle nicht einzahlungswirksamen Erträge werden subtrahiert. (Zur DVFA-Methodik vgl. auch Abschnitt 2.2.)

Während die DVFA bei den Ab- und Zuschreibungen nur diejenigen des Anlagevermögens berücksichtigt, sollten streng genommen alle Ab- bzw. Zuschreibungen einbezogen werden. Wenn also ein Unternehmen Forderungen abschreibt oder nach einer Neubewertung den Bilanzansatz von Wertpapieren des Umlaufvermögens aufholt respektive zuschreibt, sollten auch diese gewinn- aber nicht kassenwirksamen Veränderungen in die Cashflow-Betrachtung eingehen. Bei den Sonderposten mit Rücklageanteil handelt es sich um buchhalterische Korrekturposten, die durch Bewertungsunterschiede zwischen der Handels- und Steuerbilanz auftreten. Andere nicht zahlungswirksame Aufwendungen sind zum Beispiel maßgeblich die Änderungen der Rückstellungen. Bildet ein Unternehmen beispielsweise Pensionsrückstellungen, schmälert es damit zwar den Gewinn, aber durch die erst in späteren Jahren anfallenden Auszahlungen nicht den Kassenbestand. Der Gewinn ist also um diese Rückstellungsänderungen zu bereinigen, um zum Cashflow zu gelangen.

Bei der DCF-Methode wird zwischen Entity- und Equity-Methode unterschieden. Bei der so genannten *Entity-Methode* wird zunächst der Gesamtwert der Unternehmung bestimmt (Entity = Einheit), indem man den Netto-Cashflow – dies ist der Zahlungsmittelüberschuss, der sowohl Eigen- als auch Fremdkapitalgebern zur Verfügung steht – mit den gewichteten Gesamtkapitalkosten abdiskontiert. Zieht man von diesem Gesamtwert der Unternehmung das Fremdkapital ab, so erhält man den Wert des Eigenkapitals. Die *Equity-Methode* hingegen bestimmt den Wert des Eigenkapitals direkt, indem der Free Cash Flow, das heißt der Cashflow nach Fremdkapitalkostenzahlung, mit dem Eigenkapitalkostensatz abdiskontiert wird.

Unabhängig von der Berechnungsmethode und der Anwendung eines der Cashflow-Begriffe wird die Prognose des künftigen Cashflows problematisch sein. Wie Finanzpläne gestaltet werden können, wird in Kapitel 9 vorgestellt.

4.3 Weighted Average Cost of Capital und Capital Asset Pricing Model

Wenn der Wert des eingesetzten Eigenkapitals (Shareholder-Value) entscheidend vom abgezinsten Cashflow abhängt, so ist nicht nur die Kenntnis der Abzinsungsmethode, sondern auch eine realistische Annahme über den Abzinsungsfaktor notwendig. Zur Bildung der Abzinsungsfaktoren wurden im Kapitel 3 finanzmathematisch zunächst mehr oder weniger willkürliche Zinssätze verwandt.

Soll für ein gesamtes Unternehmen der Wert bestimmt werden, so wird nicht nur Eigenkapital, sondern auch Fremdkapital eingesetzt. Während beim Fremdkapital unabhängig von den verschiedenen Modalitäten und Usancen der Zinszahlung die Zinshöhe meist in einem Zinssatz zum Ausdruck kommt und damit bekannt ist, werden die Kosten für Eigenkapital erst durch die Ausschüttungspolitik der Aktionäre nach einem Geschäftsjahr deutlich. Häufig hängt die erwartete Rendite für das Eigenkapital aus Eignersicht von einer Opportunitätsbetrachtung ab, das heißt davon, was er für sein eingesetztes Kapital bei einer alternativen, opportunen Betrachtung oder Anlage erhalten hätte.

Wenn nun für einen Abzinsungsfaktor die *durchschnittlichen Kapitalkosten*, das heißt die Kosten der Bereitstellung von Eigen- und Fremdkapital verwandt werden, so sind der Zinssatz für Fremdkapital und die erwartete Eigenkapitalrendite nach Maßgabe der Kapitalrelationen zu gewichten. Der gewichtete Kapitalkostensatz (WACC) wird damit wie folgt bestimmt:

$$WACC = r_{EK^*} \times \frac{EK}{FK} + i \times \frac{FK}{GK}$$

EK = Eigenkapital
FK = Fremdkapital
GK = Gesamtkapital
r_{EK} = Eigenkapitalkosten bzw. geforderte Eigenkapitalrendite
i = Zinssatz für das Fremdkapital

Die Höhe der von den Eigenkapitalgebern geforderten Eigenkapitalrendite kann auch mithilfe des so genannten CAPM (Capital Asset Pricing Model) berechnet werden. Das CAPM beschreibt eine funktionale Beziehung zwischen Rendite und Risiko; je mehr Risiko einer Anlage innewohnt, desto mehr Rendite muss sie auch erzielen.

Wird als Zins für risikolose Anlagen rf (risikofreier Zins) definiert und eine Prämie oder ein Aufschlag für das Risiko mit rp (Risikoprämie) bezeichnet, so wird in Abhängigkeit vom Risiko, das Analysten mithilfe des so genannten Betafaktors messen (β), die erwartete Eigenkapitalrendite r_{EK^*} für einen Anleger wie folgt bestimmt:

$$r_{EK^*} = r_f + rp(\beta)$$

Wenn beispielsweise ein Investor eine Million Euro anlegen will und von einer Bank für ein risikoloses fest verzinsliches Wertpapier 5 Prozent Verzinsung erhalten kann, so wird er bei einem hohen Risiko ($\beta = 4$) und einem selbst gewählten Risikozuschlag von 2 Prozentpunkten eine Eigenkapitalrendite von 13 Prozent verlangen. Diese 13 Prozent gehen in die WACC-Formel ein und ergeben bei einem Eigenkapitalanteil der Anlage in Höhe von 20 Millionen Euro sowie einem Zinssatz für das Fremdkapital von 10 Prozent ein WACC von 10,6. Ändern sich die Variablen der Gleichung (Zinssatz, Risiko, Kapitalrelationen), so lässt sich leicht die Veränderung des WACC berechnen.

Ausgangspunkt unserer Betrachtung war die Suche nach einem fairen oder möglichst aussagekräftigen und realistischen Abzinsungsfaktor. Der WACC, der sowohl die Gläubiger- als auch die Shareholder-Interessen einbezieht, bietet dazu eine tragfähige Lösung.

4.4 Economic Value Added und Market Value Added

Neben der Ermittlung des Shareholder-Value über das DCF-Verfahren haben sich in den letzten Jahren zwei weitere Maßzahlen zur Beurteilung der Werthaltigkeit einer Unternehmung durchgesetzt. Es handelt sich dabei um den Economic Value Added (EVA) und den Market Value Added (MVA).

Der *Economic Value Added* ist eine Kennzahl, die angibt, ob eine einzelne Investition, ein Projekt oder die Unternehmung als Einheit eine Wertsteigerung für die Anteilseigner gebracht hat oder ob sie vielmehr zu einer Wertvernichtung führte. Die von *Stern* und *Stewart* entwickelte Formel zur Berechnung des EVA lautet wie folgt:

EVA = eingesetztes Kapital × (erzielte Rendite − geforderte Rendite)

Aus dieser Formel wird ersichtlich, dass letztendlich unabhängig von der Höhe des Kapitals eine positive Kennzahl nur zu erreichen ist, wenn die erzielte Rendite über der Renditeerwartung liegt. Dieser Unterschied wird auch als *Spread* bezeichnet. Wird die geforderte Rendite nicht erreicht, so findet eine Wertvernichtung statt. Ein EVA von null impliziert weder Wertsteigerung noch -vernichtung, die geforderte Rendite wurde erreicht.

Zwei Faktoren sind maßgeblich für die Höhe des EVA: zum einen das eingesetzte bzw. betriebsnotwendige Kapital und zum anderen die Renditeforderung. Während Letztere im Kontext des vorigen Kapitals einfach durch die CAPM-Betrachtung ermittelt werden kann, ist die Frage, wie viel Kapital notwendig war, um diese Rendite zu erzielen, häufig strittig. Zahlreiche Unternehmen haben so genanntes Reservekapital oder als Sachleistungsunternehmen Finanzanlagen, die eventuell zum Erfolg des Unternehmens beitragen, für die eigentliche Gütererstellung aber nicht notwendig sind. Um die absolute Höhe des betriebsnotwendigen Kapitals zu bestimmen, ist weiterhin der Abzug von zinslos zur Verfügung stehenden Mitteln oder von erhaltenen Anzahlungen notwendig. Ausgehend von der Bilanzsumme, sind ohnehin die Verbindlichkeiten auszuklammern.

In Abhängigkeit davon, ob der EVA für das eingesetzte Eigen- oder Gesamtkapital berechnet werden soll, unterscheidet man zwischen zwei EVA-Kategorien. Sinnvollerweise muss bei der Renditegegenüberstellung entsprechend im ersten Fall die Eigenkapitalrendite und im zweiten Fall die Gesamtkapitalrendite zugrunde gelegt werden.

Manche Unternehmen versuchen gar, die EVA einzelner Geschäftsbereiche oder Abteilungen zu berechnen. Dies setzt voraus, dass das dort eingesetzte Kapital definierbar und die geforderte Rendite bekannt sind und darüber hinaus auch die aufgrund der bereichsspezifischen Aktivitäten erzielte Rendite ermittelt werden kann.

Der *Market Value Added* (MVA) hingegen lässt sich nur für eine gesamte Unternehmung errechnen, die zudem an einer Börse gehandelt sein muss. Diese Bedingungen sind leicht nachvollziehbar, wenn wir uns die Berechnung des MVA vor Augen führen:

MVA = Marktwert eines Unternehmens – Geschäftsvermögen eines Unternehmens

Der Marktwert des Unternehmens ergibt sich aus der Anzahl der Unternehmensanteile (zum Beispiel Aktien), multipliziert mit dem Kurs eines Anteils. Der Geschäftswert oder das Geschäftsvermögen kann entweder aus der Bilanz oder aus separaten Bewertungen entnommen werden. Übersteigt die externe Marktbewertung die interne Bewertung, so können wir von einem durch den Markt geschätzten Mehrwert des eingesetzten Vermögen sprechen. Für jeden Investor dürfte diese Kennzahl, sofern sie auf der Basis realistischer Prämissen errechenbar ist, von Interesse sein.

4.5 Value at Risk als Wertbetrachtung bei maximalem Risiko

Eine wertorientierte Betrachtung von Unternehmen stützt sich heutzutage nicht nur auf Zahlungsströme (Cashflow), Kapitalkosten und Renditeerwartungen (WACC, CAPM) oder auf Differenzen zwischen bilanzierten Werten und den Erwartungen bzw. Marktpreisen (EVA, MVA), sondern zunehmend auch auf Risikoaspekte. Risikomanagement wird in diesem Buch in Kapitel 10 gesondert beschrieben, wenn es um die Absicherung gegen Zins- und Währungsrisiken geht. Bei der Betrachtung des Unternehmenswertes hingegen kann das Risikomanagement durch eine Maßzahl, den Value at Risk (VAR), ausgedrückt werden, der den maximal zu erwartenden Verlust aus dem Ausfall von Vermögen (Aktiva) sowie aus der gleichzeitigen

Veränderung von Zinsen, Währungen und Kursen, die diese Aktiva betreffen, unter Annahme bestimmter Wahrscheinlichkeitsverteilungen ausdrückt. Hier wird also das maximale Risiko unter bestimmten Marktbedingungen simuliert. Andere bei Banken insbesondere gebräuchliche Maßgrößen sind RORAC (Return on Risk Adjusted Capital) oder FMaR (Financial Mobility at Risk).

Die Maßgröße VAR wird zunehmend in Geschäftsberichten von Unternehmen vermerkt, um aktuellen und potenziellen Investoren deren Risiko aufzuzeigen. Seit der Einführung des Gesetzes zur Kontrolle und Transparenz von Unternehmen (KonTraG) im Jahre 1999 ist eine derartige Maßgröße für börsennotierte Unternehmen im Rahmen eines Risikoüberwachungssystems vorgeschrieben (§§ 91 ff. AktG). So muss im Lagebericht dieser Unternehmen eine Aussage über Risikofelder zum Beispiel durch so genannte Risk Maps erfolgen, die Einzel- und Gesamtrisiken unterscheiden und Risikohierarchien oder -bereiche beschreiben. Weiterhin sind eine Risikoanalyse und die Möglichkeit der Risikoerkennung zu dokumentieren, welche die Einführung von Frühwarnsystemen nahe legen. Vorstand und Aufsichtsrat haben für die korrekte Dokumentation zu sorgen und haften bei Zuwiderhandlungen. Schließlich haben auch die Wirtschaftsprüfer diese Risikoberichte zu bestätigen.

Berechnet ein Unternehmen seinen Wert bei maximalem Risiko mit der VAR-Methode, so ist zunächst das so genannte Risikovolumen zu bestimmen. Dies sind beispielsweise Wertpapieranlagen mit hoher Volatilität (Schwankungsbreite), oder Forderungen, die ausfallen können, oder Anlagen, die störungsanfällig sind. Dieses Risikovolumen ist anschließend mit einem spezifischen Risikofaktor zu multiplizieren bzw. zu gewichten, wodurch ausgedrückt werden soll, mit welchem potenziellen Verlust gerechnet werden kann. Der Risikofaktor hängt von der Wahrscheinlichkeit des Schadenseintritts und der prozentualen Risikoeinschätzung ab. Werden letztlich alle so gewichteten Risikopotenziale des Unternehmens addiert, so ist das Ergebnis eine Größe nach VAR.

Betrachten wir zur Verdeutlichung dieses Vorgehens ein einfaches Beispiel für den VAR: Einem Kunden wurde ein Kredit in Höhe von 1 000 Euro für ein Jahr gewährt. Dieser stellt für das Unternehmen eine Forderung dar, deren Risiko darin besteht, dass der Kunde nach einem Jahre nicht zahlt. Für den Kredit wurden variable Zinsen, angelehnt an den Geldmarktzinssatz mit derzeit 5 Prozent, vereinbart, welche wiederum aus Sicht unseres Unternehmens Erträge darstellen.

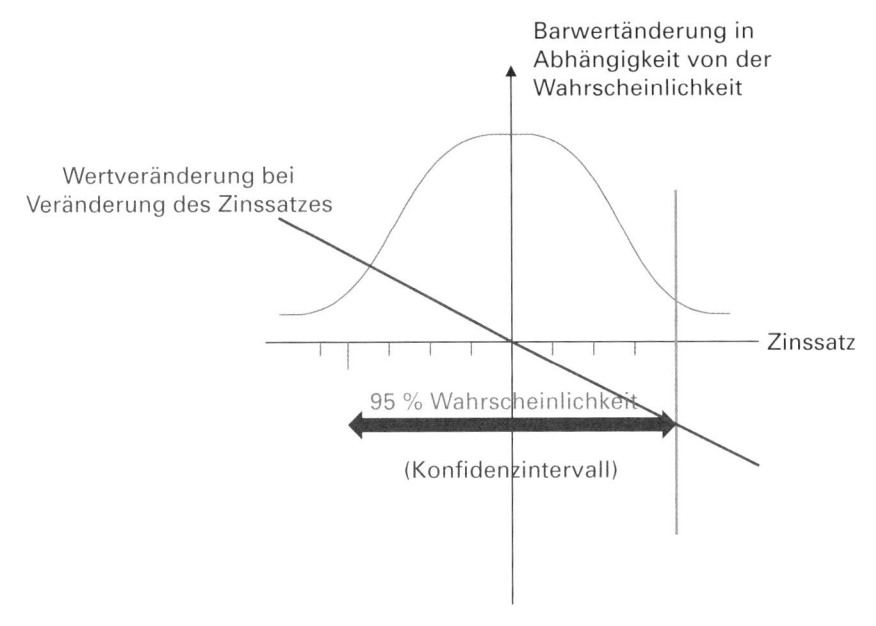

Abbildung 12: VAR-Berechnung bei Zinsänderungsrisiken

Um den VAR dieser Forderung, also den maximal zu erwartenden Verlust bei Ausfall der Forderung und Zinsänderungen zu Ungunsten des Unternehmens zu berechnen, werden die Risiken des Ausfalles und der Zinsänderung prognostiziert und mit Wahrscheinlichkeiten belegt. Dies kann auf Erfahrungen mit ähnlichen Kunden, auf Auskünften über den Kunden und Expertenmeinungen über Zinsänderungen basieren. Lassen wir nun die Ausfallwahrscheinlichkeit der Forderung beiseite, um uns methodisch auf das Zinsänderungsrisiko zu beschränken, so kann der Wert der Zinserträge in Abhängigkeit vom Zinssatz und der zugehörigen Wahrscheinlichkeit wie in Abbildung 12 grafisch dargestellt werden:

Das Risikovolumen ist aus der Differenz zwischen erwarteten und möglichen Zinseinnahmen zu berechnen. Ausgehend von dem vereinbarten Zins von 5 Prozent, erhält der Unternehmer nach einem Jahr 50 Euro Zinsen ohne Tilgung. Bei der mit einer Wahrscheinlichkeit von 10 Prozent erwarteten Zinssenkung auf 3 Prozent würde ein Zinsertrag von 30 Euro eingehen, also 20 Euro weniger. Wird nun das Risikovolumen von 20 Euro mit dem Risikofaktor 0,1 multipliziert, so erhält man zum Jahresende einen VAR dieser Forderung von 2 Euro oder, mit 5 Prozent abgezinst auf den heutigen Betrachtungszeitpunkt, einen VAR von 1,90 Euro.

Werden alle Risikopositionen dieses Unternehmens nach diesem Schema bewertet, so erhält man den VAR des gesamten Unternehmens.

Bei einem weiteren Beispiel zur Handhabung von Währungs- bzw. Wechselkursrisiken soll zusätzlich das in Abbildung 12 genannte Konfidenzintervall erläutert werden. Wenn ein deutsches Unternehmen in drei Monaten eine Zahlung von 100 Millionen US-Dollar erwartet und eine normalverteilte Wahrscheinlichkeit der Kursänderung vorliegt, so kann mit einem Konfidenzintervall von zum Beispiel 95 Prozent dieser Verteilung der VAR berechnet werden. Der aktuelle Kurs liegt bei 0,85 US-Dollar/Euro und die betreffende Forderung beläuft sich entsprechend auf 117,647 Millionen Euro. Wenn die tägliche Standardabweichung σ = 0,565 Prozent beträgt, so ergibt sich ein VAR von 1,65 mal 0,565 Prozent = 0,932 Prozent. Das bedeutet, dass in 5 Prozent der Fälle ein Verlust eintreten wird, der größer als 0,932 Prozent bzw. 0,7922 US-Dollar/100 Euro ist. Bezogen auf die Gesamtforderung von 100 Millionen US-Dollar, beläuft sich der VAR entsprechend auf 1 096 470 Euro.

Kurz gefasst könnte man VAR auch definieren als das Maß, welches ausdrückt, wie viel ein Investor, basierend auf historisch festgestellten Volatilitäten, mit einer bestimmten Wahrscheinlichkeit von x Prozent innerhalb eines bestimmten Zeithorizontes verliert.

Kritisch anzumerken bleibt bei dieser Form der Wertbetrachtung eines Unternehmens, dass die Grundbedingung einer fairen oder möglichst objektiven Risikobetrachtung die Identifikation der Risiken, die Wahl möglichst objektiver Wahrscheinlichkeiten sowie die korrekte Prognose der Eintrittsmöglichkeiten wertbeeinflussender Variablen voraussetzt. Bereits bei der rechtzeitigen Identifikation von Risikopotenzialen werden Unternehmen abhängig von der Risikoeinstellung der Manager zu höchst unterschiedlichen Werten gelangen. Außerdem dürfte es schwierig sein, alle wertbeeinflussenden Variablen einschließlich ihrer jeweils denkbaren Entwicklungen vorherzusagen. In der Praxis bemüht man sich daher zunehmend um Näherungsmethoden wie die Szenariotechnik, die im Gegensatz zu exakt wirkenden Prognosemethoden zwar keine eindeutigen Trends erkennt, aber dafür mit Risikospannweiten (Worst Case, Best Case) durchaus sinnvolle Aussagen zulässt.

4.6 Due Diligence mit weiteren Bewertungsverfahren

Im Zusammenhang mit Unternehmensverkäufen, -beteiligungen, Erbauseinandersetzungen oder beim Eingehen strategischer Allianzen wird die wertorientierte Betrachtung des Unternehmens um rechtliche, steuerliche und andere Aspekte des Unternehmens ergänzt. Die Ergebnisse dieser »unter besonderer Sorgfalt« (»due diligence«) angestellten Erwägungen werden in einer Due Diligence zusammengefasst, wobei sowohl der Prozess als auch der Abschlussbericht selbst unter diesem Begriff subsummiert werden.

Meist beginnt eine Due-Diligence-Prüfung mit der Übersendung einer Checkliste an den Unternehmer oder das Management des zu verkaufenden Unternehmens mit der Bitte um Bereitstellung umfassender Informationen. Im Regelfall enthält ein solcher Fragenkatalog folgende Punkte:

Elemente eines Due-Diligence-Prozesses

I. Gesellschaftsverhältnisse

    a. Aktueller Handelsregisterauszug
    b. Aktuelle Gesellschafterverträge und Liste der Gesellschafter
    c. Absprachen, Nebenabkommen mit Gesellschaftern
    d. Bestätigung des Wirtschaftsprüfers über volle Einzahlung des Grundkapitals
    e. Beherrschungs-, Gewinnabführungs- und andere Unternehmensverträge
    f. Protokolle aller ordentlichen und außerordentlichen Gesellschafterversammlungen, Sitzungen der Geschäftsführung und Aufsichtsräte
    g. Geschäftsordnung
    h. Organigramm mit Liste der Funktionen, Prokura-Vollmachten, Vertretungs- und Leitungsbefugnisse

II. Vermögenswerte und Wirtschaftslage

    a. Anlagenspiegel und Verzeichnis der Grundstücke bzw. grundstücksgleichen Rechte
    b. Dingliche Belastungen wie Grundschulden und Hypotheken
    c. Verzeichnis des Anlagevermögens (Betriebe, Niederlassungen, Maschinen ...)
    d. Verzeichnis des Umlaufvermögens (Vorräte, Kassenguthaben ...)
    e. Verzeichnis immaterieller Werte wie Lizenzen und Patente
    f. Aktuelle Studien zur Konkurrenzsituation
    g. Aktuelle Studien zu den Kundenbedürfnissen
    h. Bewertung der Vermögens-, Finanz- und Ertragslage mit verschiedenen Modellen

III. Verbindlichkeiten

  a. Abgrenzung kurz-, mittel- und langfristiger Verbindlichkeiten
  b. Aufteilung der Verbindlichkeiten nach Gläubigern, Schuldnern, Beträge, Zinssätze, Fälligkeiten
  c. Verzeichnis der Verbindlichkeiten zwischen den Gesellschaftern und der Gesellschaft und zwischen den Teilbetrieben

IV. Verträge und Vereinbarungen

  a. Wesentliche Verträge mit Lieferanten, Kunden, Partnern
  b. Absichtserklärungen, Allianzen, Vertraulichkeitserklärungen
  c. Patronatserklärungen, Bürgschaften, Garantien
  d. Verwendete Formulare und allgemeine Geschäftsbedingungen
  e. Verabredungen mit Mitarbeitern und Managern

V. Steuer- und Bilanzangelegenheiten

  a. Alle Zwischen- und Jahresabschlüsse (Bilanz, GuV, Anhang, Lagebericht) der letzten Jahre
  b. Handels- und Steuerbilanzen, sofern unterschiedlich
  c. Einkommen-, Umsatz-, Gewerbe-, Grundsteuerbescheide und -erklärungen
  d. Betriebsprüferberichte
  e. Berichte der Wirtschaftsprüfer und Steuerberater

VI. Arbeits- und dienstrechtliche Angelegenheiten

  a. Liste der Arbeitnehmer, freien Mitarbeiter, Auszubildenden
  b. Liste der Arbeitsverträge mit Dauer, Vergütungsregelungen, Abreden
  c. Geschäftsführerverträge
  d. Pensionszusagen, betriebliche Altervorsorgezusagen
  e. Verzeichnis der Dienstanweisungen
  f. Mitgliedschaften in Institutionen, Berufsverbänden

VII. Umweltgesichtspunkte

  a. Verzeichnis bekannter oder vermuteter Umweltlasten (Boden, Wasser, Luft)
  b. Lagerhaltung gefährlicher Stoffe
  c. Emissionen und Immissionen

VIII. Rechtsstreitigkeiten und behördliche Verfahren

  a. Anhängige Prozesse
  b. Straf- und Ordnungswidrigkeiten, Verfahren in der Vergangenheit
  c. Versicherungsfälle, -policen
  d. Erlaubnisse, Genehmigungen, behördliche Freigaben, Konzessionen etc.

Inzwischen haben sich Standards für solche Checklisten entwickelt, wobei die Art und Weise bzw. die Dauer der Prüfung von Fall zu Fall unterschiedlich ist.

Wesentliches Element aus Finanzierungssicht einer Due Diligence ist die Bewertung der Vermögens-, Finanz- und Ertragslage (vgl. II.h), die mit verschiedenen Verfahren erfolgen kann. Nachdem die Discounted-Cash-Flow-Methode und die EVA-Berechnung als Hauptmodelle der heutigen wertorientierten Betrachtung in den vorigen Abschnitten bereits besprochen wurden, sollen hier noch die traditionellen und die noch wenig angewandten Verfahren vorgestellt werden (vgl. Abbildung 13).

Sofern die Gesellschaft börsennotiert ist, ergibt sich die *direkte Börsenbewertung* aus dem aktuellen Kurs eines Anteiles. Multipliziert mit der Stückzahl der ausgegebenen Anteile, ergibt sich die Börsenkapitalisierung und damit der Wert, den der Kapitalmarkt aktuell dem Unternehmen beimisst.

Zu der vergleichenden Börsenbewertung gelangt ein Unternehmen, indem es ein Unternehmen gleicher Größe, Branche und so weiter am Markt beobachtet und so auf den eigenen Wert schließt.

Die *Substanzwertmethode* taxiert die aktuell bilanzierten Vermögensgegenstände zu Anschaffungs- und Herstellungskosten abzüglich der Abschreibungen und zieht hiervon die Schulden ab. Unter der Prämisse, dass Anlagevermögen vorhanden ist und die Abschreibungen tendenziell hoch angesetzt sind, wird das Substanzwertverfahren zu einem relativ niedrigen Wert führen.

Die *Ertragswertmethode* diskontiert die künftig erwarteten Gewinne bzw. Ertragsüberschüsse (Erträge abzüglich Aufwendungen) mit einem Kalkulationszinsfuß auf den heutigen Wert ab (vgl. dazu Kapitel 3). Bei der DCF-

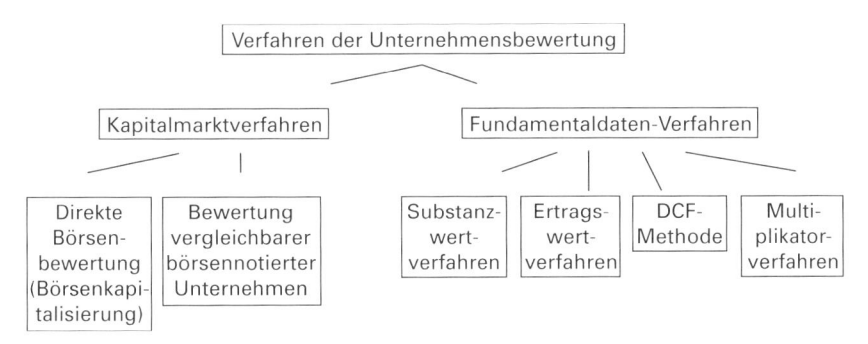

Abbildung 13: Übersicht über die Bewertungsverfahren

Methode wird der künftige Cashflow respektive der Free Cash Flow auf den heutigen Wert abgezinst.

Bei der *Multiplikator-Methode* wird eine Variable, wie zum Beispiel der Umsatz, mit einem diese Variable beeinflussenden Faktor multipliziert, um so zum Unternehmenswert zu gelangen. So wird beispielsweise bei Beratungsgesellschaften ohne große Substanzwerte oder Prognosegenauigkeit eines künftigen Cashflows häufig der aktuelle Umsatz mit einem Faktor (etwa 2) multipliziert, um so zu einem Unternehmenswert – Kaufpreis – zu gelangen. Bei börsennotierten Unternehmen kann auch das Ergebnis je Aktie mit dem so genannten KGV (Kurs-Gewinn-Verhältnis) multipliziert werden. Das KGV wird immer häufiger als Multiplikator verwandt, wobei als Gewinngröße häufig das DVFA/SG-Ergebnis einbezogen wird.

Basierend auf diesen Grundtypen von Bewertungsmethoden existiert nicht nur begrifflich, sondern auch kombinatorisch eine Vielzahl von Varianten (z. B. Stuttgarter Verfahren), die sich aber vom Grundprinzip immer entweder auf eine Markt- oder eine Fundamentalbetrachtung zurückführen lassen.

Als Abschluss des Due-Diligence-Prozesses wird häufig ein so genanntes Due-Diligence-Memorandum erstellt, in dem die wichtigsten Ergebnisse zusammengestellt sind. Es wird auch als Executive-Summary oder Abschlussbericht bezeichnet.

4.7 Fallstudie zur Unternehmensbewertung mit finanzwirtschaftlichen Kennzahlen

Ein Unternehmen weise folgende Daten auf. Das Jahr 1 sei abgerechnet und bei den Jahren ab 2 bis 4 handle es sich um Planzahlen.

Das Unternehmen stellt hochwertige Aktenkoffer her. Im Jahr 1 wurden mit 40 Mitarbeitern in 50 000 Arbeitsstunden 10 000 Koffer hergestellt. Im Jahr 2 sollen mit gleicher Kapazität 12 000 Stück produziert werden.

Dem Unternehmer stellen sich für das Jahr 2 Fragen bezüglich der Produktivität, Wirtschaftlichkeit, Rentabilität (Eigenkapital-, Gesamtkapital-, Umsatzrendite), der Liquidität, des Cashflows, des Economic Value und des Market Value.

Der Zinssatz für das Fremdkapital betrage 10 Prozent. Für die Berechnung des CAPM sei der Betafaktor 0,8, und die Risikoprämie werde auf

Bilanz (in Mio. Euro)

	1	2	3	4	Ziele, Aktivitäten, Ursachen
AKTIVA					
Grundstücke	10	10	10	10	Grundstücke werden nicht abgeschrieben
Gebäude	20	19	18	17	P. a. (jährlich) 5 % lineare Abschreibung auf Restbuchwert
Maschinen	20	15	12	24	P. a. 25 % Abschreibung; 2 Mio. Euro Investitionen in Jahr 3, 17,5 Mio. Euro in Jahr 4
BGA	12	9	9	7	P. a. 25 % Abschreibung; 3 Mio. Euro Investitionen in Jahr 3, 1,75 Mio. in Jahr 4
AV	62	53	49	58	
Rohstoffe	9	9	0	0	Einführung von Just-in-time-Lieferung in Jahr 3, daher ab diesem Zeitpunkt kein Lager mehr
Unfertige Erzeugnisse	26	26	26	18	Lagerabbau in Jahr 4 geplant
Fertige Erzeugnisse	21	21	14	6	Lagerabbau in Jahr 3 geplant
Forderungen	25	26	25	34	Factoring (Forderungsverkauf) für Jahr 5 geplant
Kasse und Bank	24	35	24	20	Abbau »unnötiger Liquidität« angestrebt
UV	105	117	89	78	
Summe Aktiva	167	170	138	136	Ziel: Konsolidierung statt Bilanzaufblähung
PASSIVA					
Grundkapital	60	60	60	60	Kapitalerhöhungen ab Jahr 5 geplant
Gewinnrücklage	7	7	9	15	Keine Ausschüttung vorgesehen
Ausgeschütteter Gewinn/Verlust p. a., nach Steuern	0,33	2	5,67	14,5	Ziel: Gewinnsteigerung

	1	2	3	4	Ziele, Aktivitäten, Ursachen
EK	67	69	75	89	Ziel: Unabhängigkeit von Gläubigern
Verbindlichkeiten	100	100	60	40	Ziel: Tilgungen in den Jahren 3 und 4
Fällige Steuern	0	1	3	7	Steuerreform abwarten
FK	100	101	63	47	Minimierung von Fremdkapital trotz Leverage-Chance
Summe Passiva	167	170	138	136	

Gewinn-und-Verlust-Rechnung (in Mio. Euro)

	1	2	3	4	
Umsatzerlöse	100	102	101	128	Umsatzsteigerung durch höhere Produktivität
Herstellungskosten	56	56	56	72	
Bruttoergebnis	44	46	45	56	
Gemeinkosten	24	24	22	20	Senkung durch Lagerabbau
Abschreibungen	9	9	9,5	10,25	
Betriebsergebnis	11	13	14,5	25,75	
Zinsaufwendungen	10	10	6	4	
Gewinn/Verlust vor Steuer	1	3	8,5	21,75	
Steuern (1/3)	0,33	1	2,83	7,25	
Gewinn/Verlust nach Steuern	0,67	2	5,67	14,50	

Liquiditätsrechnung (Cashflow-Rechnung)

	1	2	3	4	
Gewinn nach Steuern	0,67	2	5,67	14,5	
+ Abschreibungen	9	9	9,5	10,25	Laufende Abschreibungen
+ Abnahme Bestände	–	–	7	16	Just-in-time und Lagerabbau

	1	2	3	4	
– Zunahme Bestände	–	–	–	–	
+ Abnahme Forderungen	–	–	1	–	
– Zunahme Forderungen	3	1	–	9	Ziel: Factoring ab Jahr 5
+ Zunahme Fremdkapital	–	1	–	–	
– Abnahme Fremdkapital	–	–	38	16	Weitere Tilgung geplant
– Investitionen	–	–	5	19,25	Erweiterungsinvestitionen, wenn Free Cash Flow
= Cashflow	6,67	11	–20,33	–3,5	Positive CF für Jahr 5 geplant

5 Prozent angesetzt. Das Grundkapital bestehe aus 12 Millionen 5-Euro-Anteilsscheinen, der aktuelle Börsenkurs betrage 20 Euro.

Die finanzwirtschaftliche Bewertung des Unternehmens für das Jahr 2 ergibt Folgendes:

Produktivität =

$$\frac{\text{Outputmenge} = 12\,000\text{ Koffer}}{\text{Inputmenge} = 40\text{ Mitarbeiter}} = 300\text{ Koffer/Mitarbeiter}$$

Es ist sinnvoll, diese Kennziffern zu ermitteln, um Veränderungen der Produktivität zu untersuchen. In unserem Beispiel konnte dieselbe Zahl von Mitarbeiter in derselben Arbeitszeit 2 000 Stück mehr produzieren, die Produktivität wurde also gesteigert. Ein Vergleich mit anderen Unternehmen der gleichen Branche wäre ebenfalls sinnvoll.

Wirtschaftlichkeit =

$$\frac{\text{Outputwert (Umsatz)}}{\text{Inputwert (Kosten)}} = \frac{102\,000\,000\text{ Euro}}{91\,000\,000\text{ Euro}} = 1{,}12$$

Das Unternehmen ist im Ergebnis wirtschaftlich, das heißt die Kennziffer ist größer als 1 und damit deckt der Umsatz die Kosten (Herstellungskosten, Gemeinkosten, Zinsaufwendungen, Steuern). Hier wurden die kalkulatorischen Kosten (Abschreibungen) nicht berücksichtigt, da sie nicht mit Ausgaben verbunden waren.

Rentabilität
Eigenkapitalrendite = G/EK = 2 Mio. Euro / 69 Mio. Euro = 2,9 Prozent
Gesamtkapitalrendite = (G + Zins)/EK = (2 Mio. Euro + 10 Mio. Euro)/170 Mio. Euro = 7,06 Prozent
Umsatzrendite = G/U = 2 Mio. Euro/102 Mio. Euro = 1,96 Prozent
ROI = (G/U) × (U/GK) = 0,0196 × (102 Mio. Euro/170 Mio. Euro) = 1,18 Prozent

Die Beurteilung der Rendite des Unternehmens fällt unterschiedlich aus. Während sich das gesamte eingesetzte Kapital mit rund 7 Prozent in Relation zu einer Kapitalmarktanlage durchschnittlich gut verzinst hat, kann der Eigentümer, der 69 Millionen investierte und hierfür lediglich zwei Millionen Gewinn erhält, also eine Rendite von 2,9 Prozent erzielt, nicht zufrieden sein. Die Umsatzrendite von rund 2 Prozent lässt sich nicht von der Branche losgelöst beurteilen. Es gibt im Handel durchaus Branchen, die mit derart geringen Spannen arbeiten. Beim ROI ist die Herkunft der Erfolgsbeiträge näher zu untersuchen (Kosten, Mengen, Kapitalstruktur, Preise). Da die Details, insbesondere die Preise der Güter, in unserem Beispiel nicht gesondert aufgeführt sind, soll hierauf verzichtet werden.

Economic Value Added (EVA)
EVA = Investment × Spread
Spread = erzielte Rendite – geforderte Rendite

Bei einem Fremdkapitalzinssatz von 10 Prozent und der oben genannten Eigenkapitalrendite von 2,9 Prozent errechnet sich ein WACC von 7,16 Prozent. Wenn man diesen mit der erzielten Rendite von 7,06 vergleicht, ergibt sich eine negative marginale Abweichung von 0,1 Prozent, wodurch der EVA negativ wird, das heißt, dass das Management aus Sicht der Investoren Wert vernichtet hat.

Market Value Added (MVA) = Marktwert – Geschäftswert

Ist das hier ausgewiesene Grundkapital von 60 Millionen in Aktien verbrieft (etwa 12 Millionen 5-Euro-Anteile) und notieren diese beispielsweise bei 30 Euro, so wäre die Marktkapitalisierung 360 Millionen Euro, was im Vergleich zum Geschäftswert respektive hier zu der Bilanzsumme von 170 Millionen Euro einen erheblichen Marktmehrwert (MVA) ergibt.

5. Die Finanzmärkte – Arten, Funktionen und Teilnehmer

5.1 Arten und Segmente von Finanzmärkten

Finanzmärkte sind im klassischen Sinne die Orte, an denen Angebot und Nachfrage nach Geld und Kapital zusammentreffen.

Hinsichtlich der auf dem Finanzmarkt nachgefragten Produkte wird zunächst zwischen dem Geld- und dem Kapitalmarkt unterschieden. Beim *Geldmarkt* handelt es sich um den Handel mit kurzfristigen Finanzmitteln, der wiederum in einen Banken- und in einen Unternehmensgeldmarkt eingeteilt werden kann. Während traditionell Banken kurzfristige Gelder untereinander handeln, treten zunehmend auch Unternehmen mit ihren zum Teil großen Finanzüberschüssen und ihrem Kapitalbedarf in diesen Markt auf. Banken haben entsprechend ihrer besonderen Aufgabe und Verantwortung bei der Verwaltung fremder Gelder ganz besonders auf ihre Liquidität zu achten. Daher ist der Handel mit kurzfristigen Geldern zur jederzeitigen Gewährleistung der Liquidität und zur Einhaltung spezieller Bankenrichtlinien wichtig. Dazu zählt auch der Handel mit Zentralbankguthaben, die häufig in so genannten Geldmarktpapieren verbrieft sind und die nicht nur unter Banken, sondern auch zwischen Banken und den Zentralbanken gehandelt werden (Offenmarktgeschäfte).

Auch Unternehmen handeln untereinander ihre kurzfristigen Liquiditätsspitzen und legen so, zum Teil an den Banken vorbei, ihre Tages- und Termingelder an. Insbesondere durch die Tendenz zu großen Unternehmenseinheiten entstehen auch große kurzfristige Finanzbedarfe bei Transaktionen und Akquisitionen von Unternehmen, die auf dem Geldmarkt gehandelt werden.

Die Unterscheidung zwischen Geldmarkt und *Kapitalmarkt* ist fließend, das heißt, es gibt keine normierte Fristigkeit, ab der von Kapitalmarkt gesprochen wird. Häufig wird der Kapitalmarkt synonym mit dem Begriff der

Börse gebraucht, da hier verbriefte Finanztitel mit in der Regel längeren Laufzeiten gehandelt werden. Werden diese Titel erstmalig gehandelt, so spricht man vom Primärmarkt. Auf einem Sekundärmarkt werden Finanztitel gehandelt, die bereits einmal ausgegeben bzw. emittiert wurden.

Unabhängig davon, ob die Titel primär oder sekundär gehandelt werden, spricht man im *Börsenhandel* vom so genannten *Over-the-Counter-Handel* (OTC). OTC bedeutet, dass hier außerhalb eines offiziell zugelassenen Börsenplatzes, quasi privat organisiert, Angebot und Nachfrage ausgeglichen werden. Dies kann durch ein Finanzinstitut geschehen, das Kapital für einen Kunden bei anderen Kunden sucht, oder einen Unternehmer, der durch ein Private Placement bei Bekannten versucht, eine Anleihe ohne umständliche Börsenzulassung und erhebliche Handelsgebühren zu verkaufen. Während dieser OTC-Handel in Europa noch wenig entwickelt ist, hat der Handel insbesondere mit Bank- und Versicherungsaktien sowie -policen in den USA einen erheblichen Stellenwert für Privatpersonen.

Weiterhin kann man bei den Finanzmärkten zwischen *Präsenz- und Computerhandelsplätzen* unterscheiden. Während die Präsenzplätze an festen Orten und meist mit festen Handelszeiten und -maklern bis in die siebziger Jahre die normale Handelsform darstellten, haben inzwischen die Computerhandelsplätze insbesondere auf den Terminmärkten die Präsenzmärkte abgelöst. Durch die Möglichkeit der direkten und unmittelbaren Teilnahme am Börsenhandel auch seitens von Privatpersonen hat das kurzfristige Handeln und Spekulieren (Daytrading) stark an Bedeutung gewonnen.

Je nachdem wann die an den Finanzmärkten ausgehandelten Abschlüsse erfüllt werden müssen, unterscheidet man zwischen Kassa- und Terminmärkten. Am *Kassamarkt* müssen alle Geschäfte unmittelbar nach Abschluss bzw. an den Wertpapiermärkten in Deutschland spätestens zwei Börsentage nach Abschluss erfüllt werden. Geschäfte am *Terminmarkt* zeichnen sich demgegenüber dadurch aus, dass der Abschluss und die zugehörige Erfüllung des Geschäftes zeitlich auseinander fallen; die Erfüllung erfolgt grundsätzlich zu einem späteren Zeitpunkt.

Der Kassamarkt wird seit der Einführung des Neuen Marktes in Deutschland im Jahre 1997 derzeit in fünf Segmente eingeteilt. Dies sind der amtliche Handel, der geregelte Markt, der Freiverkehr, der Neue Markt (NM) sowie die Small Cap Exchange (SMAX). Einen Überblick über diese Einteilungen enthält Abbildung 14. Es sei noch darauf hingewiesen, dass diese Begriffe nicht nur für Finanztitel Gültigkeit haben. Auch Waren können per Termin, OTC oder Kasse an einer Börse gehandelt werden.

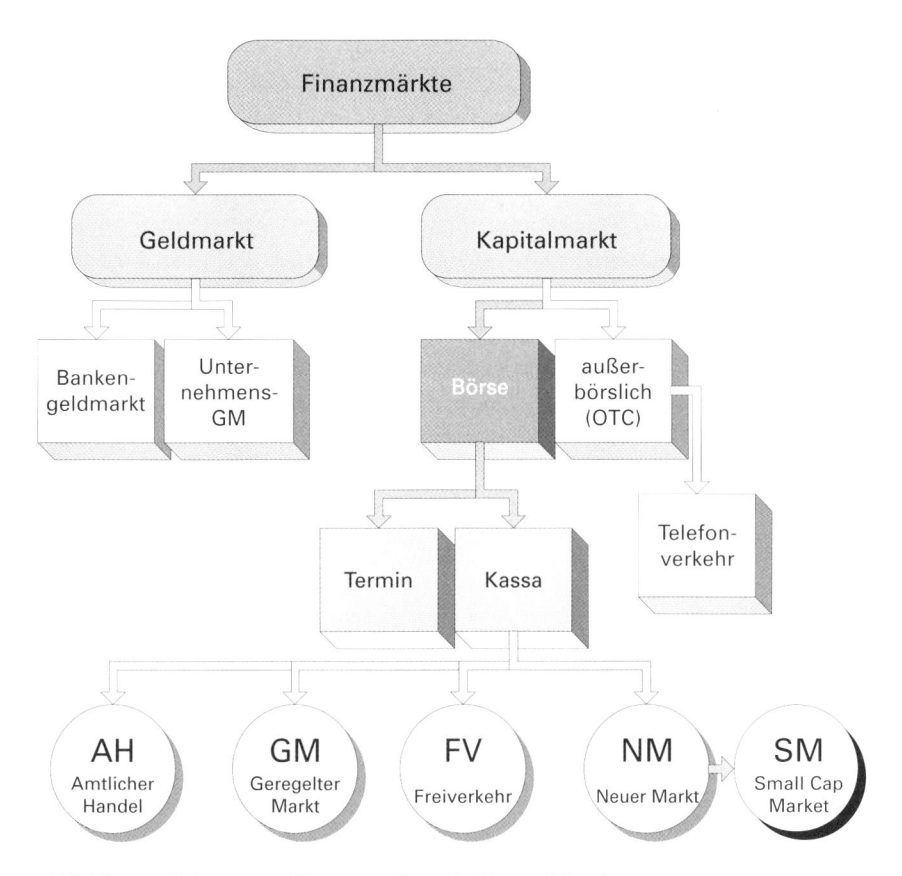

Abbildung 14: Arten von Finanzmärkten in Deutschland

Der *amtliche Handel* ist der Handel von Wertpapieren mit so genannter amtlicher Notierung. Die Kursfeststellung erfolgt hier durch amtlich bestellte Kursmakler, die der behördlichen Börsenaufsicht unterliegen. Die Zulassung zum Handel in diesem Marktsegment ist mit höchsten Anforderungen an die betreffenden Unternehmen verbunden. So sind neben der Rechtsform der AG die Vorlage mehrerer Jahresabschlüsse, ein hohes Mindestemissionsvolumen, ein Zulassungsprospekt und die Streuung von mindestens einem Viertel der ausgegebenen Papiere im Publikum notwendig. Da sich die Mindestemissionsvolumina immer wieder ändern, sei für den interessierten Leser auf die Internetseite der Deutschen Börse AG (www.exchange.de) verwiesen, wo jeweils die aktuellen Zulassungsvoraussetzungen abgedruckt sind.

Beim *geregelten Markt* handelt es sich um ein 1987 eingeführtes Marktsegment für den Börsenhandel von kleineren und mittleren Aktiengesellschaften. Weniger strikte Zulassungsvoraussetzungen und Publizitätspflichten sowie die Feststellung der Kurse durch so genannte Freimakler kennzeichnen diesen Handel.

Im *Freiverkehr* sind kleine, junge und unbekannte Unternehmen notiert. Hier sind die geringsten Zulassungsvoraussetzungen zu erfüllen, und freie Makler stellen die Kurse.

Beim 1997 eingeführten *Neuen Markt* handelt es sich um ein Börsensegment, an dem vor allem innovationsstarke Wachstumsunternehmen notiert sein sollen. Die für den Neuen Markt geltenden Zulassungsvoraussetzungen orientieren sich an jenen für den geregelten und den amtlichen Markt. In Teilbereichen sind die Voraussetzungen zur Zulassung sogar strenger, zum Beispiel hinsichtlich der Publizitätspflicht nach internationalen Standards.

5.2 Die Teilnehmer auf den Finanzmärkten

Die Akteure auf den Finanzmärkten sind Kreditinstitute, Versicherungen, Unternehmen, private Wirtschaftssubjekte, der Staat und die Händler oder Aufsichtsgremien.

Neben den Versicherungen bilden die *Banken* und *Finanzinstitute* die stärkste Teilnehmergruppe auf den Märkten. Die verschiedenen Institutionen fungieren sowohl als Anbieter, Nachfrager wie auch als Finanzintermediär, das heißt Vermittler von Finanzmitteln. Da das deutsche Bankensystem als Universalbankensystem jeder Bank das Betreiben aller Geschäfte erlaubt, ist die Präsenz auf der Anbieter- wie Nachfragerseite möglich. Um einen Eindruck von der großen Vielfalt an Bankinstitutionen zu erhalten, ist in Abbildung 15 das deutsche Bankensystem dargestellt.

Neben den Bankinstituten tauchen auf dem Finanzmarkt die *Versicherungsgesellschaften* insbesondere als Anbieter großer Vermögen auf, die ihnen von ihren Kunden zur Risikoabsicherung oder zur Altersvorsorge überlassen wurden. Die Tendenz zu Zusammenschlüssen im Bankenbereich, zum einen durch Fusionen kleinerer Institute oder der Einzelsparkassen und -volksbanken zu größeren Gruppen und zum anderen von Versicherungsgesellschaften und Banken, führt zu einer Konzentration auf den Finanz-

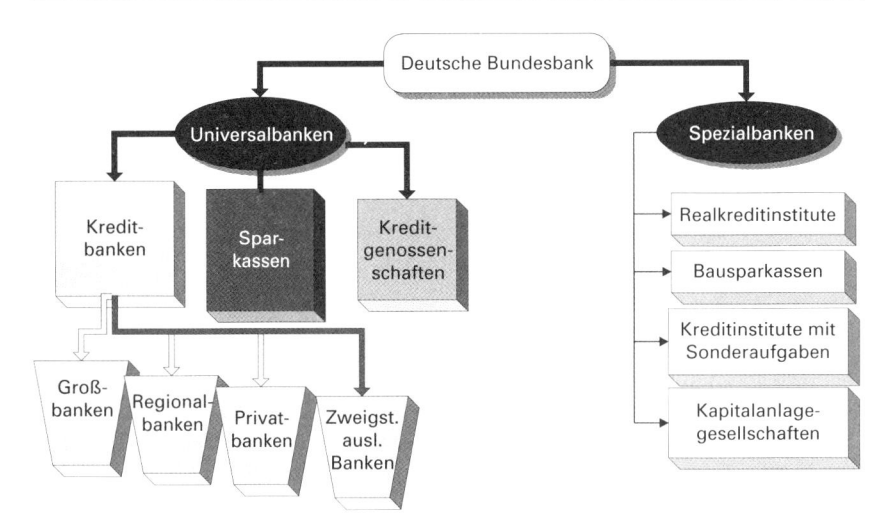

Abbildung 15: Das deutsche Bankensystem

märkten. Immer größere Einheiten dominieren den Markt und beeinflussen damit maßgeblich die Preis- und Kursbildung.

Als weitere Teilnehmer sind die *Unternehmen* zu nennen, die sowohl als Investoren ihre überschüssigen Free Cash Flows anbieten als auch durch Ausgabe von Schuldtiteln und Wertpapieren Kapital nachfragen. Hier kann neben der oben bereits beschriebenen Konzentrationstendenz eine weitere Tendenz zur Verbriefung von Angeboten auf dem Finanzmarkt beobachtet werden. Immer mehr Unternehmen umgehen die Dienstleistungen der Banken, was wir als *Disintermediation* bezeichnen können, da Banken klassischerweise als Finanzintermediäre gelten. Diese Disintermediation zeigt sich darin, dass Unternehmen zur Deckung ihres Kapitalbedarfs nicht mehr vorwiegend auf klassische Darlehen und Kredite von Banken zurückgreifen, die wiederum diese Kapitalien auf den Finanzmärkten oder aus Kundeneinlagen besorgen, sondern dass sie selbst durch Verbriefung von Schuldtiteln am Finanzmarkt als Nachfrager auftreten. Die Verbriefung bzw. Verschreibung von Schulden (Schuldverschreibung) taucht begrifflich in vielfältiger Form unter dem Namen Obligation, Anleihe oder Bond auf. International wird diese Tendenz zur Verbriefung als *Securitisation* bezeichnet.

Zu dieser Tendenz gehört auch die Beobachtung, dass große Unternehmen ihr eigenes Finanzinstitut gründen, um die Finanztransaktionen selbst abwickeln zu können, da zahlreiche Finanzgeschäfte einer gesetzlichen Reglementierung und so einer speziellen Organisationsform bedürfen; sie unterliegen zum Beispiel dem Kreditwesengesetz. Durch die Gründung eigener Banken kommt es auf den Finanzmärkten zu einer Selektion von Risiken. Während die bisherigen guten Kunden von Banken, die mit hohen Volumina und einwandfreier Bonität die Provisionseinnahmen bei der Finanzvermittlung gewährleisteten, ihre Finanztransaktionen selbst in die Hand nehmen, bleiben den traditionellen Banken lediglich die Unternehmen und Kunden, die entweder mit weniger Volumen und damit Provisionen für die Banken operieren oder die keine eigenen Institute gründen können. So ist eine Negativauslese für die Banken feststellbar und damit eine Konzentration der Risiken bei den traditionellen Finanzhäusern *(inverse Risikoselektion)*.

Weitere Teilnehmer auf den Finanzmärkten sind der *Staat* und die *Kommunen*, die ebenfalls ihre Steuereinnahmen kurzfristig anzulegen haben bzw. häufiger ihre Schulden durch Nachfrage am Finanzmarkt oder Angebot von Finanztiteln zu befriedigen suchen. Hierbei ist zu beobachten, dass der Staat in bestimmten Situationen einen Finanzmarkt in hohem Maß beeinflussen kann, wie dies zum Beispiel in Deutschland nach der Wiedervereinigung der Fall war. Der Finanzbedarf war so gewaltig, dass die vom Staat emittierten Schuldverschreibungen entsprechend attraktiv gestaltet werden mussten, und es floss sehr viel Kapital an den Staat, welches damit anderen Verwendungen in Unternehmen entzogen wurde.

Kommen wir als nächstes zu den *Privatpersonen*. Sie agieren zunehmend auch mit kleinen Volumina selbst am Geld- und Kapitalmarkt. Sowohl die Anlage von Tagesgeldern als auch der Ankauf von Kapitalmarkttiteln können inzwischen direkt erfolgen. Das heißt die Zulassung und der direkte Zugang zu den Finanzmärkten sind nicht mehr nur auf Händler und Banken begrenzt. Durch die Technisierung und das Angebot von Direktbanken über das Internet wird der private Eigenhandel immer leichter. Die dadurch auftretende Vielfalt an Aufträgen (Orders) ist nur noch durch leistungsstarke Computermarktplätze mit Real-Time-Kursen zu bewältigen. Die sich daraus ergebenden technischen Risiken und Manipulationsmöglichkeiten sind nicht zu unterschätzen.

Neben den bisherigen Teilnehmern sind die *Händler* selbst zu nennen, die als Teilnehmer auf den Finanzmärkten im Auftrag von Kunden oder auch auf eigene Rechnung handeln. Sie können spekulativ auftreten und in Erwartung bestimmter Kursentwicklungen handeln oder als Händler (Trader) einfach Kauf- und Verkaufsorders nach Auftrag abwickeln. Letztlich ist auch ein Hedging (aus dem Englischen übersetzt: »ausweichen« im Sinne eines Abschlusses von Gegengeschäften zur Absicherung gegen Risiken vorstellbar. Ob Händler nun spekulieren, traden oder hedgen, sie erhalten für ihre Tätigkeit im Kundenauftrag immer Provisionen und verdienen daher sowohl an aufstrebenden wie auch an rückläufigen Märkten.

Zusammenfassend lassen sich folgende *Trends auf den Finanzmärkten* beobachten:

- Bündelung der Finanzgeschäfte in Allfinanzkonzernen,
- Disintermediation und Inhousebanking,
- Verbriefung (Securitization) von Angeboten,
- Negativauslese von Risiken für traditionelle Finanzhäuser,
- Absorption großer Volumina durch den Staat,
- Zugang zu den Märkten auch für Private,
- Technisierung und damit verbundene technische Risiken.

Als besonders hervorzuhebenden Trend soll hier auf die Möglichkeit von Unternehmen verwiesen werden, selbst als Finanzintermediär, also als Bank aufzutreten (Inhousebanking) oder eine eigene Bank zu gründen (Corporate Banks). Dieses Phänomen ist inzwischen nicht nur bei großen Konzernen, sondern auch bei mittelständischen Unternehmen zu beobachten. Durch Inhousebanking lässt sich die Liquidität im Unternehmen steigern, wenn die Mitarbeiter beispielsweise ihre Löhne und Gehälter auf firmeneigenen Bankkonten verwahren, überschüssige Liquidität selbst verwaltet wird und nicht bei Banken auf Festgeldern oder Kontokorrentkonten liegt. Weiterhin lassen sich durch die Umgehung von Banken als Finanzintermediäre auch deren Rentabilitätsspannen abschöpfen. Nun ist allerdings zu beachten, dass aufgrund der erheblichen Risiken spezielle Voraussetzungen für die Gründung und den Geschäftsbetrieb einer Bank gelten. Sie sind im Kreditwesengesetz (KWG) und in vielfältigen Richtlinien festgelegt und ihre Einhaltung wird vom Bundesaufsichtsamt für das Kreditwesen überwacht. Mindestkapital, personelles Know-how und eine umfassende Zulassungsprüfung sind hier zu nennen, wobei stets zu fragen ist, ob man als Unternehmen eine Vollbanklizenz benötigt, wenn eine Finanzabteilung bankwirtschaftliche Aufgaben wahrnimmt. Jedenfalls kann ein spezialisierter Bereich im Unternehmen das Cash-Management optimieren, Währungsmanagement betreiben oder auch durch die Ausgabe von Schuldtiteln im Private Placement Außenfinanzierungsmöglichkeiten nutzen. Von einem kompetenten Finanzmanagement bis hin zu einer eigenen Universalbank lassen sich somit zahlreiche Varianten vorstellen.

5.3 Funktionen und Realität auf den internationalen Finanzmärkten

Wie jeder Markt, so haben auch Finanzmärkte in einer Marktwirtschaft Informations-, Allokations- und Tauschfunktionen zu erfüllen. Im Gegensatz zu einer Planwirtschaft kommen hier Angebot und Nachfrage normalerweise frei zusammen, um sich über den Preismechanismus auszugleichen.

Die Ökonomie geht traditionell von einer *vollkommenen Transparenz*, also einer vollkommenen Informationslage für alle Beteiligten auf Märkten, aus. Dass die Realität anders aussieht, ist bereits durch das Vorliegen von Gesetzen wie dem Wertpapierhandelsgesetz WpHG und dessen umfangreichen Vorschriften zum Insiderhandel ersichtlich. In jedem Unternehmen existieren Personen, die aufgrund ihrer beruflichen Tätigkeit Informationen früher erhalten als der Markt. Wenn diese ihren Informationsvorsprung zu ihren Gunsten zum Kauf oder Verkauf von Finanzmarktpapieren nutzen, sprechen wir von Insidergeschäften, die generell verboten sind. Dass solche Geschäfte nicht zu verhindern sind bzw. in den meisten Fällen gar nicht bekannt werden, erscheint verständlich. Mit Informationsvorsprüngen sind aber auch Finanzmarktteilnehmer ausgestattet, die durch ihre große Übersicht und Präsenz auf den Märkten einfach schneller an Informationen gelangen. Weiterhin ist durch die inzwischen große Vielfalt an Marktplätzen und die fast unübersehbare Zahl freier Handelsplätze, so genannter Offshorezentren wie Madeira oder die Kaiman-Inseln, eine Marktübersicht nur noch schwer möglich. Von einer vollkommenen Transparenz und idealen Informationsfunktion der Finanzmärkte kann also nicht gesprochen werden. Die hierzu immer wieder neu erlassenen Gesetze, wie zum Beispiel die Pflicht, kursrelevante Veränderungen im Unternehmen sofort per Ad-hoc-Mitteilung publik zu machen, haben daran bisher wenig geändert.

Die zweite Funktion, die jedem Markt von der Ökonomie zugesprochen wird, ist die *Allokationsfunktion*, also die Fähigkeit, über den Preismechanismus das Angebot und die Nachfrage auszugleichen und so die Ressourcen, das heißt hier die Finanzmittel, in die besten Verwendungen zu leiten. Sicherlich kann im Gegensatz zu einer Planwirtschaft mittels des Preismechanismus eine weitgehend allokationsoptimale Verwendung von Finanzen erfolgen, da derjenige, der von der Rentabilität seiner Kapitalverwendung überzeugt ist, auch den höchsten Preis für das Kapital bieten wird. Weniger rentable Geschäftspläne erhalten somit weniger oder gar keine Mittel. Abgesehen von den bereits genannten Insiderproblemen ist die Macht auf den heutigen Finanzmärkten dank der Konzentration und Fusion aber ungleich verteilt. So kann ein einzelner Analyst einer Versicherungs- oder Bankgruppe über Milliarden Euro mitbestimmen und aufgrund seiner Analyse Kapital in ein Unternehmen lenken, von dem gegebenenfalls nur er überzeugt ist. Das Gesetz der großen Zahl, wonach statistisch betrachtet Schäden bei vielfältigen Versuchen bzw. Anlagen an Bedeutung verlieren, greift bei großen Transaktionen nicht mehr. Diese Machtkonzentration wurde bereits oben dem Staat zugewiesen, der bei Bedarf ebenfalls mit entsprechenden Konditionen Finanzen absorbieren kann, die dann möglicherweise effizienteren Verwendungen nicht mehr zur Verfügung stehen. Gleiches gilt für internationale Organisationen wie den Internationalen Währungsfonds (IWF) oder die Welthandelsorganisation (WTO), die ebenfalls zur Finanzierung ihrer Aktionen auf den Finanzmärkten auftreten.

Als letzte Funktion wird von der Ökonomie jedem Markt die *Tauschfunktion* zugeordnet. Auf einem Finanzmarkt werden Fristen und Losgrößen getauscht, weil Anbieter und Nachfrager häufig unterschiedliche Volumen- und Fristenvorstellungen haben Der Markt kann durch seine Vermittlerfunktion diese Unterschiede ausgleichen. Will ein Unternehmen 100 Millionen Euro für drei Jahre aufnehmen und findet sich kein Einzelinvestor, so kann dieser Vermögensanspruch durch Verbriefung in Teilschuldverschreibungen fungibel, das heißt handel- und tauschbar gemacht werden. Da diese Marktfunktion mit Gebühren für die Suche nach Tauschpartnern verbunden ist, tendieren immer mehr Unternehmen dazu, sich mittels Private Placement selbst Tauschpartner zu suchen oder gar durch Kompensationsgeschäfte (1 000 Barrel Öl für 100 Stunden Beratung) die Vermittlungsprovision zu umgehen. Insbesondere im Außenhandel nimmt diese Form des traditionellen Tausches (Bartering) unter Umgehung der Finanzmärkte zu.

Wenn die klassischen Marktfunktionen außer Kraft gesetzt werden, so entstehen instabile und labile Märkte mit hoher Volatilität. Manche Forscher sprechen schon von einem Kasinokapitalismus, bei dem mehr spekuliert als gehandelt wird. Und in der Tat scheinen mache Finanzmarktkrisen der letzten Jahre auf Spekulationsblasen zu basieren, die nicht mehr mit der Finanzierung realer Sachinvestitionen, sondern nur noch mit dem Handel hoch riskanter und kurzfristig angelegter Finanztitel zu erklären sind.

Ein vergleichender Blick auf die Finanzmärkte im Ausland vermag hier die aufgezeigten Probleme zu relativieren. Häufig ist bezüglich der Produkte, Fristen und Handelsplätze allerdings ein Vergleich nur schwer möglich. Insbesondere die Bankensysteme unterscheiden sich erheblich; das deutsche Universalbanksystem, bei dem der Kunde alle Transaktionen mit einer Bank tätigen kann, ist nicht international üblich. Vor allem durch einen Vergleich in der so genannten Triade der Finanzmärkte, also Europa, USA und Japan, werden die Differenzen auf den Finanzmärkten deutlich.

Innerhalb Europas sind als Besonderheit die Schweiz und Großbritannien zu nennen. In der Schweiz gelten bezüglich der Zulassung zu den Märkten strenge staatliche Reglementierungen, wodurch ausländische Akteure nur schwer in den Schweizer Geld- und Kapitalmarkt eindringen können. Auf die immer noch bedeutende Vermögensverwaltung aufgrund des berühmten Schweizer Bankgeheimnisses und damit die ausreichende Verfügbarkeit von Kapital im Land sei hingewiesen. In Großbritannien, insbesondere in England, ist trotz des »Big Bang« 1986, der absoluten Liberalisierung der zuvor stark reglementierten Finanzmärkte, eine starke Dominanz von Staatspapieren zu beobachten. Sparvolumen geht hier fast ausschließlich in staatliche Verwendungen, und Finanzmärkte spielen für Unternehmen eine eher untergeordnete Rolle.

In den USA ist seit dem Mayday 1979, dem Startpunkt der Liberalisierung der amerikanischen Finanzmärkte, eine Vielzahl neuer Marktsegmente entstanden, und die traditionell hohe Altersvorsorge der Privaten sucht, mangels staatlicher Vorsorge, auf dem Aktien- und Bondmarkt nach entsprechenden Angeboten. Dadurch ist auch erklärlich, warum amerikanische Unternehmen mit erheblich mehr Eigenkapital ausgestattet sind, wenn man bedenkt, dass private Anleger ihre Mittel zur Altersvorsorge in Aktien und Aktienfonds investieren. Seit dem 12. November 1999 (Gramm-Leach-Bliley Act) ist weiterhin das in den USA bis dahin gültige Trennbankensystem zugunsten eines Universalbankensystems aufgehoben worden. Die Banken durften hier früher nur bestimmte Segmente, also nicht sämtliche Finanzdienstleistungen unter einem Dach anbieten. Die als Reaktion aus der Weltwirtschaftskrise 1933 stammende Begrenzung des Bankwettbewerbs sollte jede einzelne Bank durch zugewiesene Marktbereiche so profitabel machen, dass ein Bankenzusammenbruch ausgeschlossen sein sollte. Es wurden Commercial Banks (Einlagenbanken) und Investment Banks (Wertpapierbanken) geschaffen, sodass faktisch das so genannte Aktivgeschäft (Ausleihungen) vom Passivgeschäft (Einlagen) getrennt wurde. Kontrolliert wurde dieses System vom Federal Reserve Board, der Zentralbank der USA. Da allerdings immer mehr amerikanische Banken über Holding-Strukturen praktisch doch zu Universalbanken wurden und die Gefahr einer Finanzkrise durch Bankkonkurse aufgrund der verstärkten Einlagensicherungsfonds begrenzt werden konnte, war eine weitere Trennung der Bankangebote in den USA nicht mehr sinnvoll. Stattdessen ist dort seit Jahren eine zunehmende Verschmelzung von Banken mit Versicherungen und nicht im Finanzsektor tätigen Unternehmen zu beobachten.

Das in den USA abgeschaffte Trennbankensystem ist auf dem chinesischen und anderen asiatischen Finanzmärkten noch existent. Hier werden nach wie vor Einlagen- und Investmentbanken getrennt. Die noch starke staatliche Reglementierung führt dazu, dass praktisch fast alle Vermögenstransaktionen über die staatlichen Zentralbanktochterunternehmen (People's Bank of China) abgewickelt werden. Insbesondere durch die Wiedereingliederung des international bedeutsamen Finanzplatzes Hongkong lassen sich hier Liberalisierungstendenzen in der Zulassung privater Institutionen und ausländischer Bankgesellschaften erkennen.

Auch in Japan sind die Finanzmärkte stark reguliert. Der begrenzte Zugang privater Vermögen zum internationalen Finanzmarkt bringt es mit sich, dass die privaten Haushalte ihr Kapital vornehmlich in sehr langfristige Staatspapiere (Samurai Jumbo Bonds) anlegen. Somit sind auch der spekulative Handel und der Terminhandel wenig ausgeprägt.

Abschließend bleibt festzuhalten, dass die Turbulenzen auf den Finanzmärkten zwar international virulent sind, sich aber deutliche Unterschiede zwischen den europäischen, amerikanischen und asiatischen Ländern aufzeigen lassen.

5.4 Die zunehmende Bedeutung der Euromärkte

International betrachtet kann auf die zunehmende Bedeutung der so genannten Euromärkte hingewiesen werden, wobei es sich hier nicht um den Finanzmarkt in Europa handelt. Der Euromarkt ist vielmehr ein Geld- und Kapitalmarkt, auf dem vor allem in US-Dollar und inzwischen auch in anderen europäischen Währungen gerechnet wird. Haupthandelsplätze für Europäer sind London und Luxemburg, für amerikanische Marktteilnehmer die Bahamas und die Kaiman-Inseln und für Asien Hongkong und Singapur. Der Euromarkt entwickelte sich nach dem Untergang des so genannten Bretton-Woods-Systems, das nach dem Zweiten Weltkrieg die wichtigsten Währungen der Welt durch feste Wechselkurse aneinander gebunden hatte. Da der US-Dollar zu dieser Zeit Haupthandelswährung der Welt war, flossen viele Devisen ins Ausland. Als in den USA die Zinsen in den sechziger Jahren sanken, wollten die Dollarbesitzer in der Welt ihre Dollars nicht mehr in den USA anlegen, wodurch ein Dollarhandel außerhalb der USA, der so genannte Euromarkt entstand. Da inzwischen der Handel mit US-Dollars die nationale Notenbankpolitik der USA tangiert, suchte die Bank für Internationalen Zahlungsausgleich (BIZ) in Basel, die als Zentralbank der Zentralbanken fungiert, diesen Handel zu reglementieren. Das Ergebnis sind Vorschriften insbesondere zu den Handelsvolumina auf den zugelassenen Handelsplätzen, wobei eine eindeutige Kontrolle bis heute nicht möglich ist. So entstand im Laufe der Jahre ein Eurogeld-, Eurokapital- und Eurokreditmarkt.

Um ein typisches Euromarktgeschäft zu verstehen, wollen wir ein Beispiel betrachten (vgl. auch Abbildung 16). Ein amerikanischer Importeur kauft von einem deutschen Exporteur Waren gegen US-Dollars. Diese Dollarforderung will nun der deutsche Exporteur am Euromarkt verkaufen, um gegen Dollarschwankungen abgesichert zu sein bzw. wie beim klassischen Forderungsverkauf frühzeitig Liquidität zu generieren. Eine Bank kauft die Dollarforderung, die weiter handelbar ist. Da ein französischer Importeur zur Begleichung seiner Rechnung zur gleichen Zeit US-Dollars benötigt,

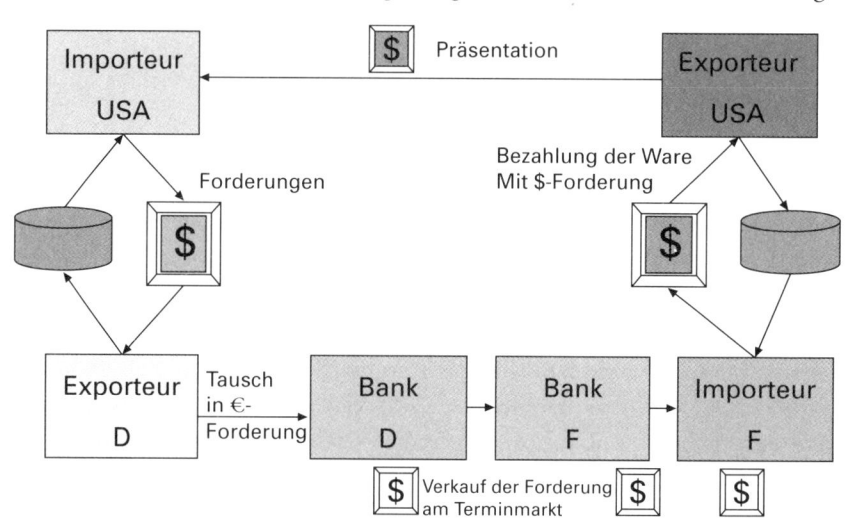

Abbildung 16: Ablauf eines Euromarktgeschäftes

fragt er seine Bank, ob diese ihm nicht am Euromarkt eine solche Dollarforderung besorgen könne. Sofern die deutsche und die französische Bank über den Verkauf übereinkommen, erhält der französische Importeur eine Dollarforderung, mit der er seine Waren bezahlt, und der amerikanische Exporteur rechnet nun diese im Dollarraum mit dem Schuldner der Forderung auf. Somit wurden US-Dollars außerhalb der USA getauscht, und das Wechselkursrisiko konnte umgangen werden.

Der am Eurogeldmarkt gebildete Geldmarktsatz wird *Euribor* (European Interbank Offered Rate) genannt. Er gibt den Zinssatz an, zu dem Banken bereit sind, kurzfristige Gelder untereinander zu verleihen oder anzulegen. Dazu gibt ein Panel von rund 60 Banken aus verschiedenen Ländern der Welt laufend seine Konditionen für Geldausleihungen an. Daraus wird ein ungewichteter Durchschnitt ermittelt, wobei die niedrigsten und höchsten 15 Prozent der Meldungen unberücksichtigt bleiben. Alle ermittelten Sätze werden dann börsentäglich um 11 Uhr Brüsseler Zeit veröffentlicht und stellen eine Preisorientierung für die Marktteilnehmer dar.

6. Anlässe der Finanzierung

Die in Kapitel 2 dargestellten Finanzierungsziele und -ansätze beziehen sich auf verschiedene Anlässe, zu denen Unternehmen Kapital brauchen. Zum einen wird Startkapital benötigt, um ein Unternehmen zu gründen. Häufig ist hier auch ein Mindestkapital in Abhängigkeit von der gewählten Rechtsform notwendig. Um in der Wachstumsphase die Entwicklungs-, Vertriebs- und die internen Verwaltungskosten zu decken, obgleich hier oft noch wenig Einnahmen generiert werden, ist eine weitere Zuführung von Kapital erforderlich. Sind die Wachstumsmöglichkeiten begrenzt oder ist das Unternehmen nicht überlebensfähig, so sind auch Sanierungen, Umwandlungen, Fusionen oder Liquidationen als Finanzierungs- bzw. Desinvestitionsanlass zu beachten. Die in den folgenden Abschnitten vorgestellten Finanzierungsanlässe sind in Abbildung 17 zusammengefasst.

Gründung	→ Grundausstattung an Eigenkapital (Stamm-, Grundkapital, Haftsumme, Errichtungsfunktion)	
Wachstum	→ Kapitalerhöhung	– ordentlich (vgl. Bezugsrecht) – genehmigt – bedingt – aus Gesellschaftsmitteln
Sanierung	→ Kapitalherabsetzung	– ordentlich – vereinfacht – Einziehung
Umwandlung	→ Konsolidierung	
Fusion	→ Kapitalzusammenlegung	
Liquidation	→ Kapitalverteilung	

Abbildung 17: Überblick über die Anlässe der Finanzierung

6.1 Gründung und Wahl der Rechtsform

6.1.1 Start-up und Businessplan

Der Zeitpunkt, ab dem ein Unternehmen zu existieren beginnt, ist häufig nicht eindeutig zu bestimmen. Meistens hat ein Unternehmer seine Geschäftstätigkeit schon vor einer Eintragung ins Handelsregister aufgenommen; bei bestimmten Tätigkeiten (freiberufliche Tätigkeit) ist er gar nicht dazu verpflichtet, formale Registrierungen vornehmen zu lassen. Ein neues Unternehmen kann auch aus einer Umgründung oder Unternehmensnachfolge entstehen. Unternehmensneugründungen werden auch als *Start-up* bezeichnet. Die Motive für Neugründungen sind vielfältig. Das Streben nach Unabhängigkeit, Selbstständigkeit und nach höherem Einkommen spielt häufig die maßgebende Rolle.

Bevor an die Wahl der richtigen Rechtsform gedacht wird, ist zunächst die Geschäftsidee hinsichtlich ihrer finanzwirtschaftlichen Realisierbarkeit und Attraktivität zu überprüfen. Am Beginn einer Neugründung sollte die Aufstellung eines so genannten *Businessplanes*, also die Niederschrift des geplanten Geschäftsmodells, stehen.

Den Ausgangspunkt eines jeden Businessplanes bilden die Konzepte über Marktchancen und -risiken, das heißt mengenmäßige Prognosen über Absatzzahlen, Materialbedarfe und so weiter. Dieses Mengengerüst sollte durch Szenarien abgesichert sein, wobei auch alternativ denkbare Entwicklungen, wie der Eintritt zusätzlicher Wettbewerber oder andere mögliche Risiken, einbezogen werden sollten. Häufig gelangt man dann zu verschiedenen Vorhersagen (Best Case, Worst Case) und damit zu verschiedenen Businessplänen in Abhängigkeit von der Entwicklung beeinflussender Variablen.

Aus dem Mengengerüst sind anschließend mit Absatz- und Beschaffungspreisen gewichtete Finanzdaten zu generieren, die, angelehnt an eine Gewinn-und-Verlust-Rechnung oder an eine Cashflow-Rechnung, zu gewinn- oder kassenbezogenen Vorhersagen führen.

Neben dem mengen- und finanzwirtschaftlichen Plangerüst sollte der Businessplan eine Zusammenstellung der Lebensläufe des Gründungsteams, Produktbroschüren und Presseberichte sowie erste für die künftige Geschäftstätigkeit bedeutsame Unterlagen (Organigramme, Patente) enthalten. Die folgende Checkliste vermittelt einen Eindruck von der Vielfältigkeit des Aufbaus eines Businessplanes:

> **Elemente eines Businessplans**
>
> Executive Summary
> - Kurze Inhaltsübersicht
> - Geschätzter Finanzbedarf
>
> Das Unternehmen
> - Gründung, Geschichte, Namensgebung, Ausgangslage
> - Rechtsform, Organisation, Kapital- und Gesellschafterstruktur
>
> Das Produkt
> - Produktbeschreibung, Eigenschaften, Besonderheiten
> - Patente, Lizenzen, Entwicklungsstand
> - Produktionszeiten
>
> Der Markt
> - Marktvolumen, Marktpotenzial, Marktwachstum, Marktattraktivität
> - Geplanter, erwarteter Marktanteil
> - Kundenstruktur, Kundennutzen, Kundenbedarf
> - Absatzwege, Werbung, Verkaufsförderung
>
> Der Wettbewerb
> - Aktuelle und potenzielle Konkurrenten mit Stärken und Schwächen
> - Chancen und Risiken am Markt, Störereignisse
>
> Der Zeitplan
> - Meilensteine, Termine
>
> Finanzplan
> - Plan-Bilanz
> - Plan-GuV
> - Plan-Cashflow-Status
> - Investitionsplan
> - Kapitalbedarf in den einzelnen Phasen
>
> Anhang
> - Adressen
> - Lebensläufe

Tabelle 4: Positionen des Finanzteils eines Businessplanes

Umsatz-, Aufwands- und Ergebnisplanung	1. Planjahr	2. Planjahr	3. Planjahr	4. Planjahr	5. Planjahr
1. Umsätze					
1.1 Erlöse aus Umsätzen					
1.2 Bestandsveränderungen					
1.3 Aktivierte Eigenleistungen					
1.4 Sonstige betriebliche Erlöse					
1.5 Summe Umsätze					
2. Aufwendungen					
2.1 Material und Waren					
2.2 Fremdleistungen					
2.3 Personal					
2.4 Miete, Leasing					
2.5 Abschreibungen					
2.6 Sonstiger betrieblicher Aufwand					
2.7 Rückstellungen					
2.8 Außerordentliche Aufwendungen					
2.9 Summe Aufwendungen					
3. Ergebnis der gewöhnlichen Geschäftstätigkeit					
4. Zinsen und ähnliche Aufwendungen					
5. Zuschüsse					
6. Steuern/Verlustvortrag					
6.1 Steuern von Einkommen und Ertrag					
6.2 Sonstige Steuern					
6.3 Verlustvortrag					
6.4 Summe Steuern/Verlustvortrag					
7. Jahresüberschuss/Jahresfeldbetrag					

Liquiditätsplanung	1. Planjahr	2. Planjahr	3. Planjahr	4. Planjahr	5. Planjahr
1. Einzahlung					
1.1 Umsatz					
1.2 Anzahlungen					
1.3 Sonstige Einzahlungen					
1.4 Summe Einzahlungen					
2. Auszahlungen					
2.1 Material und Waren					
2.2 Fremdleistungen					
2.3 Personal					
2.4 Miete, Leasing					
2.5 Tilgungen					
2.6 Zinsen					
2.7 Sonstige Auszahlungen					
2.8 Steuern					
2.9 Summe Auszahlungen					
2.10 Investitionen					
2.11 Auszahlungen gesamt					
2.12 Kapitalbedarf					
2.13 Kapitalbedarf kumuliert					
3. Finanzierung					
3.1 Eigenkapital					
3.2 Darlehen					
3.3 Kurzfristige Kredite					
3.4 Zuschüsse					
3.5 Barmittelbestand Vorperiode					
3.6 Finanzierung durch Kapitalgeber					
3.7 Finanzierung kumuliert					
4. Liquidität					
4.1 Barmittelbestand					
4.2 Endstand Kontokorrent					
4.3 Kreditlinie Kontokorrent					
4.4 Liquiditätsreserve					

Der in der Checkliste genannte Finanzplan sollte übersichtlich strukturiert sein. Häufig wird unter Businessplan auch nur der Finanzplan (vgl. Tabelle 4) verstanden. Für die Investoren ist dabei wichtig, die zu jedem Zeitpunkt erforderliche Liquidität zu erkennen. Auch wenn diese nur durch laufende Kapitalaufnahmen planerisch erreicht werden kann, so muss doch deutlich werden, dass der Planer alle Aus- und Einzahlungen, insbesondere die fristgerechten Zins- und Tilgungszahlungen, berücksichtigt hat.

Neben der Erstellung eines Businessplanes für potenzielle Anteilseigner oder Gläubiger und als Controllinginstrument für das Management sind bei der Unternehmensgründung weitere Aspekte zu durchdenken. So sind die Steuerpflicht, die formalen Anmeldepflichten (zum Beispiel für Angestellte Krankenkassen-, Rentenkassenanmeldung) oder die Notwendigkeit bzw. Pflicht in Bezug auf Mitgliedschaften (zum Beispiel Industrie- und Handelskammer, Handwerkskammer, Innung, Berufsgenossenschaft, Finanzamt, Arbeitsamt) zu beachten.

Bei der Suche nach Fördermöglichkeiten sind in Deutschland institutionell die Finanzierungsprogramme der Deutschen Ausgleichsbank (DTA) wie zum Beispiel die ERP-Eigenkapitalhilfe oder die Programme der Kreditanstalt für Wiederaufbau (KfW) zu berücksichtigen. Außerdem existieren regionale Fördergesellschaften von Kommunen und Gemeinden, deren Ziel es ist, Existenzgründer finanziell zu unterstützen.

Neben der finanziellen Förderung werden Gründern in Businessparks oder Gründungszentren von den dort häufig institutionellen Inkubatoren infrastrukturelle Hilfestellungen wie Büros oder betriebswirtschaftliche Beratung angeboten.

6.1.2 Die Wahl der Rechtsform unter finanziellen Gesichtspunkten

Die Rechtsform ist gleichsam das rechtliche Kleid eines Betriebs, welches das Außenverhältnis zu Kunden, Lieferanten und Gläubigern, aber auch das Innenverhältnis zwischen Gesellschaftern, Anteilseignern und Mitarbeitern regelt.

Handelsrechtliche Gesellschaften im weiteren Sinne sind privatrechtliche Zusammenschlüsse mehrerer Wirtschaftssubjekte zur Verfolgung eines gemeinsamen Zwecks. Nach der Struktur der Personenvereinigung kann zwischen Personengesellschaften (Gesellschaften im engeren Sinne) und Körperschaften differenziert werden. Die bedeutendste Form der Körperschaft im Bereich der erwerbswirtschaftlichen Gesellschaften stellen die Kapitalgesellschaften dar. Während bei den Personengesellschaften idealtypisch jeder Gesellschafter Mitunternehmer und damit Mitentscheider ist, dominiert bei den Kapitalgesellschaften die Kapitalbeteiligung, das heißt die Mitsprache entsprechend der Kapitaleinlage. Die Personengesellschaften sind in der Regel Eigentümerunternehmen – das Unternehmen wird vom Eigentümer geleitet –, während die Kapitalgesellschaften üblicherweise Managerunternehmen sind. Die wesentlichen Unterschiede zwischen Personen- und Kapitalgesellschaften sind in der folgenden Gegenüberstellung zusammengefasst.

Grundlegende Unterschiede zwischen Personen- und Kapitalgesellschaften	
Personengesellschaft	Kapitalgesellschaft
• Ergänzend gelten die §§ 705 ff. über die Gesellschaft im BGB	• Ergänzend gelten die Bestimmungen über den rechtsfähigen Verein, §§ 21 ff. BGB
• Die Art der Zwecke und ihre Erreichung sind auf die Partner des Gesellschaftervertrags abgestellt.	• Zwecke und Zweckerreichung überleben die Mitglieder.
• Nur wenige Mitarbeiter	• In der Regel eine Vielzahl von Mitgliedern
• Die Existenz hängt vom Gesellschafterbestand ab.	• Die Existenz ist vom Mitgliederbestand unabhängig.
• Keine körperschaftliche Organisation, von den Gesellschaftern geführt (Selbstorganschaft)	• Körperschaftliche Organisation, von mitgliederunabhängigen Organen geführt (Drittorganschaft)
• Beruht auf dem Vertrauen der Gesellschafter untereinander	• Beruht auf dem Kapital der Gesellschaft und deren Organisation
• Persönliche Mitarbeit und (aber nicht notwendigerweise) Kapital	• Grundsätzlich keine Mitarbeit der Mitglieder vorgesehen
• Beteiligung durch Mitarbeit und (aber nicht notwendigerweise) Kapital	• Beteiligung grundsätzlich nur durch Kapital
• Stimmrecht grundsätzlich nach Köpfen	• Stimmrecht nach Kapitalanteil
• Persönliche Haftung der Gesellschafter	• Mittelbare Haftung der Gesellschafter
• Nicht selbstständig rechtsfähig	• Selbstständig rechtsfähig

Grundlage für die Rechtsformen sind das Sonderprivatrecht für Kaufleute, das Handels- und Gesellschaftsrecht und die Spezialgesetze zu einzelnen Rechtsformen wie das Aktien-, Genossenschafts- oder GmbH-Gesetz.

Wie bei jeder Wahlentscheidung gibt es auch bei der grundlegenden Wahl einer Rechtsform eine Vielzahl von Kriterien, die der Entscheidungsträger zu bedenken und gewichten hat. Der Finanzierungsaspekt, auf den wir uns im Folgenden konzentrieren, ist dabei nur eines der Kriterien. Daneben sollten die Haftung, die Leitung und Vertretung, die Gründungskosten, die Art der Gewinn- und Verlustverteilung oder die Steuerbelastung erwähnt werden.

Das wohl wichtigste Kriterium der Rechtsformwahl unter Finanzaspekten bildet die Finanzierungsmöglichkeit selbst. So eröffnen nicht allen Rechtsformen gleichermaßen den Zugang zu den im vorigen Kapitel vorgestellten Kapital- und Finanzmärkten. In diesem Zusammenhang ist etwa die *Emissionsfähigkeit* der Kapitalgesellschaften von Bedeutung, die den Personengesellschaften nicht zur Verfügung steht. Auch hinsichtlich der Möglichkeiten der Finanzierung von innen, der Selbstfinanzierung durch das Einbehalten (Thesaurieren) von Gewinnen, unterscheiden sich die Rechtsformen. (Mehr dazu erfahren Sie in Kapitel 8.)

Die *Haftung* umschreibt die Verpflichtung des Haftenden, für Verbindlichkeiten und Schäden, die ihm zuzuschreiben sind, einzustehen. Grundsätzlich gelten für Kaufleute die drei Maximen einer unbeschränkten, unmittelbaren und solidarischen, das heißt gesamtschuldnerischen Haftung gegenüber den Eigenkapitalgebern. Fremdkapitalgeber haben einen Rückzahlungsanspruch ihren Schuldnern gegenüber. Der Fremdkapitalgeber hat letztlich bis zum Recht der Zwangsversteigerung einen Rückzahlungsanspruch unabhängig vom Erfolg des Kapitaleinsatzes. Dass der Eigentümer als Anreiz für eine derartige Kapitalüberlassung ein Mitspracherecht und einen Gewinnanspruch hat, sei an dieser Stelle nochmals betont.

Unbeschränkte Haftung bedeutet, dass Gesellschafter grundsätzlich auch mit dem Privatvermögen haften. Durch die Wahl einer entsprechenden Rechtsform kann allerdings die Haftung auf ein bestimmtes Kapital beschränkt werden. So wird bereits aus dem Namen der »Gesellschaft mit beschränkter Haftung« (GmbH) diese Einschränkung deutlich. Konkret ist eine GmbH mit mindestens 25 000 Euro Eigen- bzw. Grundkapital auszustatten, das dann als Haftungskapital zur Verfügung steht. Bei einer Aktiengesellschaft sind dies mindestens 50 000 Euro. Personengesellschaften müssen kein derartiges Mindesteigenkapital zur Gründung aufbringen, da deren Eigentümer persönlich für Schäden und Schulden haften.

Der dritte Grundsatz der Haftung, die Unmittelbarkeit, bedeutet, dass sich Gläubiger ohne Umwege direkt an jeden Gesellschafter wenden können. Dies wird in der Rechtsterminologie als Fehlen einer Einrede der Vorausklage bezeichnet; ein Gläubiger muss sich nicht unbedingt an den Gesellschafter richten, der einen Schaden verursacht oder eine Schuld bei ihm hat. Er kann auch bei einem anderen Gesellschafter Schäden oder Schulden einklagen. Solidarische Haftung bedeutet, dass die Gesellschafter untereinander wiederum verpflichtet sind, gesamtschuldnerisch zu haften, jeder mit gleichen Teilen.

Ein weiteres Kriterium bei der Rechtsformwahl unter Finanzierungsaspekten ist die *Gewinn- und Verlustverteilung*. Hier ist die Frage zu klären, wer das Recht auf den Gewinn oder auf Anteile davon hat und wer sich am Misserfolg eines Unternehmens beteiligen muss. Da es sich hier in der Regel um ein Innenverhältnis handelt, sind die Entnahmerechte und Gewinnverteilungen, die in der Rechtsform geregelt werden, abdingbar. Dies bedeutet, dass sie durch Gesellschaftsverträge oder Satzungen anders geregelt werden können. Grenzen der Veränderbarkeit bestehen hier lediglich in Grundrechten, die beispielsweise dann verletzt würden, wenn ein Gesellschafter, der persönlich haften soll, von der Gewinnverteilung vertraglich gänzlich ausgeschlossen würde. Die Frage allerdings, was gerecht ist, ob Gewinn und Verlust gleichmäßig nach Köpfen oder äquivalent nach eingesetzten Kapitalien oder Arbeitszeiten zu verteilen sind, müssen die Gesellschafter untereinander regeln. Die Vorschriften im HGB und in Spezialgesetzen der Rechtsformen haben hier jeweils nur den Charakter einer Empfehlung.

Bei den *rechtsformabhängigen Kosten* kann abschließend unter Finanzierungsaspekten auf die höheren Gründungs- und laufenden Kosten von Kapitalgesellschaften hingewiesen werden. Hier sind Organe wie der Aufsichtsrat zu finanzieren und erheblich mehr Mittel für die Publizität und Prüfung der Jahresabschlüsse aufzuwenden.

Die *Steuerbelastung* der Unternehmen ist bei der Rechtsformwahl unter Finanzaspekten eine weitere wesentliche Zielgröße. Zu beachten ist, dass die Steuersätze häufigen Änderungen unterworfen sind und sich länderspezifisch unterscheiden. So ist es auch unter Finanzgesichtspunkten nicht unüblich, seinen Unternehmensstandort aus steuerlichen Erwägungen in so genannten Steuerparadiesen zu wählen, die den Unternehmen Steuerfreiheiten oder -erleichterungen versprechen. Während einige Steuern in Deutschland – wie etwa die Gewerbesteuer – unabhängig von der Rechtsform zu zahlen sind, ist insbesondere die Besteuerung des Erfolges unterschiedlich.

So haben die Gesellschafter von Personengesellschaften ihre Einkünfte aus selbstständiger Tätigkeit entsprechend ihrem für sie gültigen Einkommensteuersatz zu entrichten, der mit zunehmenden Einnahmen ansteigt. Demgegenüber werden Gewinne von Kapitalgesellschaften an der Quelle, beim Unternehmen selbst mit einer fixen Körperschaftsteuer belegt und Ausschüttungen an die Anteilseigner in deren privater Sphäre individuell abweichend besteuert. Die weiteren Implikationen der Besteuerung auch im Hinblick auf die finanzwirtschaftliche Ausschüttungspolitik eines Unternehmens werden detailliert in Abschnitt 8.1.2 vorgestellt.

Rechtsformspezifische Unterschiede zeigen sich auch bei der *Unternehmensliquidation*. Für Personengesellschaften gilt, dass sie, soweit keine abweichende Regelung im Gesellschaftsvertrag getroffen ist, bei Kündigung durch Gesellschafter (§ 131 HGB), Tod eines voll haftenden Gesellschafters (§§ 131, 177 HGB) oder Insolvenzeröffnung (§ 131 HGB) aufgelöst werden.

Aus der Vielzahl der privaten und öffentlichen Rechtsformen kann ein Kaufmann je nach seinen persönlichen Erwägungen einen Typ auswählen. Die Wahlmöglichkeit ist allerdings nicht unbeschränkt. Die Begrenzung liegt zum einen darin, dass für bestimmte Wirtschaftsbereiche spezifische Rechtsformen vorgeschrieben sind (die Reederei für den Schiffbau oder der Versicherungsverein auf Gegenseitigkeit, VvaG, für gegenseitige Versicherungsgeschäfte). Eine weitere Eingrenzung ist die Pflicht, bestimmte Rechtsformen zu wählen, wenn bestimmte Tätigkeiten respektive Geschäfte betrieben werden (Verbot der Einzelunternehmung für Banken, Pflicht zur AG für Hypothekenbanken oder Bausparkassen oder die Pflicht zur AG oder GmbH für Investitionsgesellschaften).

Schließlich bestehen Vorschriften zu einer bestimmten Mindestgründerzahl (bei Genossenschaften) oder zur Einlage eines bestimmten Mindestkapitals (AG, GmbH). Die Vielzahl möglicher Rechtsformen ist in Abbildung 18 zusammengefasst.

(1) Einzelunternehmung: Unter Finanzierungsaspekten ist die Einzelunternehmung (EU) begrenzt auf die Einlagen des Einzelunternehmers. Er allein kann Eigenkapital generieren, er allein haftet für Schäden und Schulden, und er allein partizipiert an Gewinnen bzw. hat Verluste auszugleichen. Bei der Bemessung der Steuern wird sein privater Einkommensteuersatz angesetzt. Während die Gründungskosten gering sind, kann das Unternehmen keine Anteile an einem Finanzmarkt verkaufen oder ausgeben. Die zusätzliche Aufnahme von Fremdkapital in Form von Darlehen oder Krediten ist

88　　　　　　　　　　Anlässe der Finanzierung

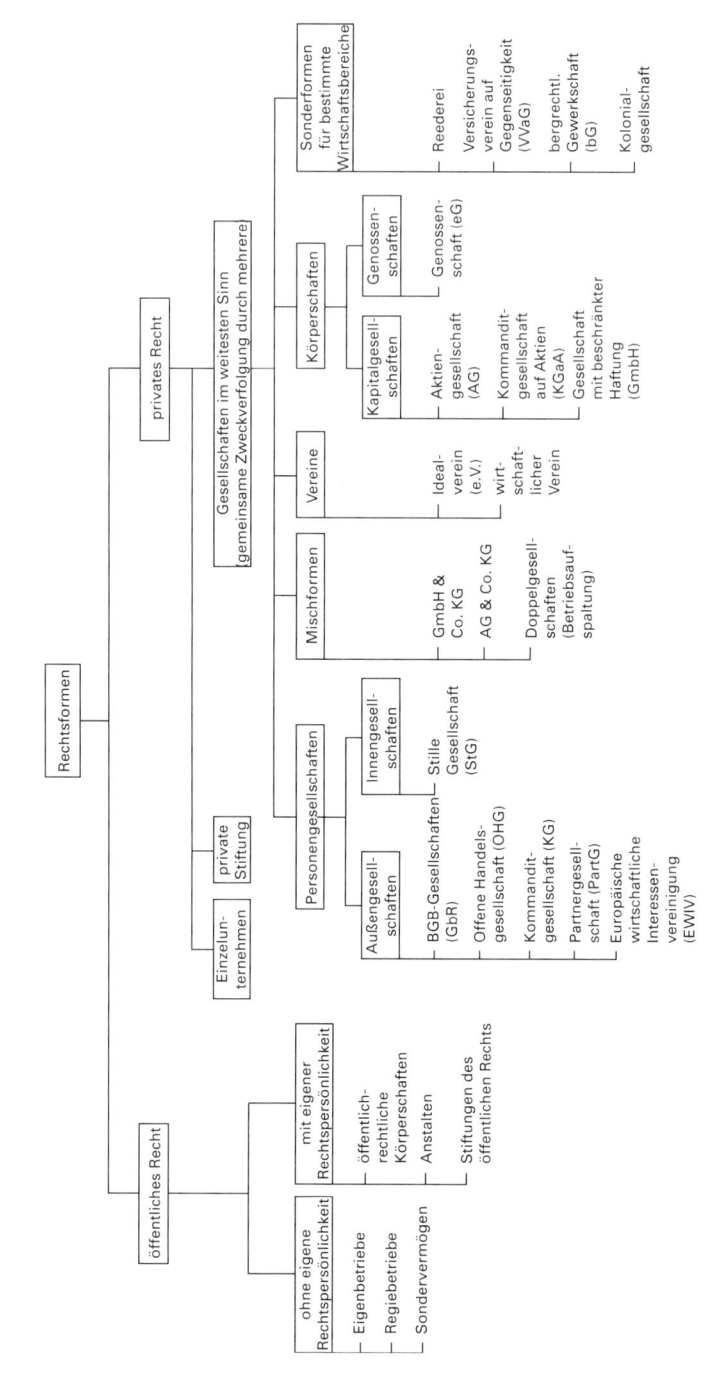

```
Rechtsformen
├── öffentliches Recht
│   ├── ohne eigene Rechtspersönlichkeit
│   │   ├── Eigenbetriebe
│   │   ├── Regiebetriebe
│   │   └── Sondervermögen
│   └── mit eigener Rechtspersönlichkeit
│       ├── öffentlich-rechtliche Körperschaften
│       ├── Anstalten
│       └── Stiftungen des öffentlichen Rechts
└── privates Recht
    ├── Einzelunternehmen
    ├── private Stiftung
    └── Gesellschaften im weitesten Sinn (gemeinsame Zweckverfolgung durch mehrere)
        ├── Personengesellschaften
        │   ├── Außengesellschaften
        │   │   ├── BGB-Gesellschaften (GbR)
        │   │   ├── Offene Handelsgesellschaft (OHG)
        │   │   ├── Kommanditgesellschaft (KG)
        │   │   ├── Partnergesellschaft (PartG)
        │   │   └── Europäische wirtschaftliche Interessenvereinigung (EWIV)
        │   └── Innengesellschaften
        │       └── Stille Gesellschaft (StG)
        ├── Mischformen
        │   ├── GmbH & Co. KG
        │   ├── AG & Co. KG
        │   └── Doppelgesellschaften (Betriebsaufspaltung)
        ├── Vereine
        │   ├── Idealverein (e.V.)
        │   └── wirtschaftlicher Verein
        ├── Körperschaften
        │   ├── Kapitalgesellschaften
        │   │   ├── Aktiengesellschaft (AG)
        │   │   ├── Kommanditgesellschaft auf Aktien (KGaA)
        │   │   └── Gesellschaft mit beschränkter Haftung (GmbH)
        │   └── Genossenschaften
        │       └── Genossenschaft (eG)
        └── Sonderformen für bestimmte Wirtschaftsbereiche
            ├── Reederei
            ├── Versicherungsverein auf Gegenseitigkeit (VVaG)
            ├── bergrechtl. Gewerkschaft (bG)
            └── Kolonialgesellschaft
```

Abbildung 18: Überblick über die Rechtsformen

nach Maßgabe der persönlichen Bonität, der Kreditwürdigkeit des Eigentümers mehr oder weniger stark beschränkt. Trotz dieser Nachteile handelt es sich in Deutschland immer noch bei den meisten Unternehmen um Einzelunternehmen.

(2) Stiftung des privaten Rechts: Die private Stiftung ist eine rechtsfähige juristische Person, in der ein bestimmtes Vermögen zur Erreichung eines vom Stifter festgesetzten Zwecks verselbstständigt wird. Stiftungen sind auf das eingelegte Grundkapital angewiesen, wobei Nachzahlungen im Sinne von Zustiftungen unter bestimmten Bedingungen möglich sind. Eine Finanzierung mit Darlehen ist nur in sehr begrenzten Ausnahmefällen zulässig, sodass eine Stiftung ebenfalls wie die EU nicht für ein wachsendes Unternehmen mit hohem Kapitalbedarf geeignet erscheint. Stiftungen werden hingegen vornehmlich unter Steueraspekten begründet, um ein bestimmtes Vermögen steuerfrei oder steuerbegünstigt zu stellen. Bezüglich der Haftung ist das Stiftungsvermögen, nicht aber das Privatvermögen des Stifters relevant. Die Stiftungen unterliegen einer strengen staatlichen Aufsicht, um Steuermissbrauch zu unterbinden. Die Stiftung hat wegen der rechtlichen Verselbstständigung keine Gesellschafter, denen ein Gewinn zukommen würde oder die den Verlust zu tragen hätten. Gewinne führen zu Zustiftungen oder werden auf das nächste Geschäftsjahr vorgetragen. Verluste sind ausschließlich durch das Stiftungsvermögen abgedeckt. In einer Stiftungsurkunde können aber Begünstigte (Destinatäre) bestimmt werden, an die Zuwendungen aus dem Stiftungsvermögen erfolgen sollen. Dies können politische Parteien, Kirchen, öffentliche Unternehmen oder wissenschaftliche Institute sein.

Das Gesetz sieht als Auflösungsgründe die Erreichung des Stifterzwecks, den Ablauf einer vorgesehenen Zeitspanne sowie die Insolvenz oder die Nichtdurchführbarkeit des Stiftungszwecks vor. Verbleibt nach Auflösung ein Stiftungsvermögen, fällt dies den Destinatären bzw. den in der Stiftungsurkunde dafür vorgesehenen Personen zu. Wenn hier keine Regelung getroffen wurde, ist automatisch der Staat der Begünstigte.

(3) Gesellschaft bürgerlichen Rechts: Kennzeichnend für die Gesellschaft bürgerlichen Rechts ist der bewusste oder unbewusste vertragliche Zusammenschluss von natürlichen oder juristischen Personen mit dem Ziel der gemeinsamen Verfolgung eines bestimmten Zwecks. Die BGB-Gesellschaft muss keine Firma führen und ist nicht an den Zweck gebunden, ein Handelsgewerbe betreiben. Das Gesellschaftsvermögen steht allen Gesellschaf-

tern gesamthänderisch zu und wird gegenüber dem Privatvermögen wie ein abgegrenztes Sondervermögen behandelt. Es kommt durch Einlage der Gesellschafter zustande, sodass eine zusätzliche Eigenfinanzierung durch die Aufnahme neuer Gesellschafter möglich ist. Für Verbindlichkeiten der BGB-Gesellschaften haften alle Gesellschafter unbeschränkt und gesamtschuldnerisch. Somit ist aufgrund der persönlichen Haftung in Abhängigkeit von der Bonität der Gesellschafter gegenüber der Einzelunternehmung auch eine erhebliche Fremdfinanzierung vorstellbar. Am bedeutendsten ist die Rechtsform der BGB-Gesellschaft im Wirtschaftsleben beim Zusammenschluss von Freiberuflern wie Sozietäten von Rechtsanwälten, Kanzleien von Wirtschaftsprüfern oder Arztgemeinschaften. Darüber hinaus werden Gelegenheitsgesellschaften, zum Beispiel Konsortien bei einer Wertpapieremission von Kreditinstituten oder Arbeitsgemeinschaften im Baugewerbe, meist als BGB-Gesellschaften betrieben.

(4) Offene Handelsgesellschaft: Die offene Handelsgesellschaft (OHG) ist eine auf den Betrieb eines Handelsgewerbes gerichtete Personengesellschaft unter gemeinschaftlicher Firma. Die Gesellschafter leiten das Unternehmen, so weit der Gesellschaftsvertrag nichts Gegenteiliges regelt, gemeinsam und haften für die Gesellschaftsschulden ebenfalls unmittelbar, unbeschränkt und solidarisch als Gesamtschuldner. Bezüglich der Eigen- und Fremdfinanzierung gilt das Gleiche wie bei der oben dargestellten BGB-Gesellschaft. Interessanterweise können neben der Beteiligung natürlicher Personen auch juristische Personen als Gesellschafter einer OHG fungieren, sodass hier eine vielfältige Typenvermischung von Kapital- und Personengesellschaften vorstellbar ist.

(5) Kommanditgesellschaft: Die Kommanditgesellschaft (KG) ist, wie die OHG, eine auf den Betrieb eines Handelsgewerbes unter gemeinschaftlicher Firma gerichtete Personengesellschaft. Abweichend von der OHG können hier Gesellschafter ihre Haftung auf eine bestimmte Vermögenseinlage beschränken. Diese werden dann als Kommanditisten bezeichnet, während komplementäre Gesellschafter jene sind, die unbeschränkt mit ihrem gesamten Vermögen, also Privat- und Geschäftsvermögen, für Gesellschaftsschulden haften. Bezüglich der Eigen- und Fremdfinanzierung gilt das Gleiche wie bei der OHG oder BGB-Gesellschaft.

(6) Stille Gesellschaft: Eine stille Gesellschaft ist eine Personengesellschaft, bei der sich ein oder mehrere Gesellschafter mit Vermögenseinlagen betei-

ligen, die in das Vermögen der Gesellschaft übergehen. Der stille Gesellschafter tritt im Außenverhältnis der Handelsgesellschaft nicht auf und kann daher bei allen bereits erwähnten und später noch zu nennenden Rechtsformen vorkommen. Diese Gesellschaft bildet also eine Möglichkeit der Eigenfinanzierung, ohne dass der Anteilseigner publiziert werden muss. Dies äußert sich auch darin, dass seine Kapitaleinlage in der Unternehmensbilanz nicht als gesonderte Eigenkapitalposition auftaucht. Als Gegenleistung wird in der Regel eine Gewinnbeteiligung vereinbart, außerdem hat der stille Gesellschafter beim Ausscheiden einen Anspruch auf ein Auseinandersetzungsguthaben, das auf Basis einer Liquidation zur Auseinandersetzungsbilanz ermittelt wird. Steuerrechtlich sind die Einkünfte des stillen Gesellschafters Einkünfte aus Kapitalvermögen. Eine Verlustbeteiligung kann der stille Gesellschafter durch Vertrag ausschließen. Problematisch ist diese Form einer Kapitalbeteiligung an einem Unternehmen insofern, als das Vermögen eigentumsrechtlich übergeht.

(7) Gesellschaft mit beschränkter Haftung: Die Gesellschaft mit beschränkter Haftung (GmbH) ist Formkaufmann mit eigener Rechtspersönlichkeit. Die Mitglieder der GmbH beteiligen sich mit Stammeinlagen (Eigenkapital) am Stammkapital, dessen Mindestnennbetrag auf 25 000 Euro festgelegt ist. Bei der Gründung muss mindestens die Hälfte des Stammkapitals eingezahlt sein; die Mindesthöhe einer Stammeinlage muss 250 Euro betragen. Nach § 1 GmbH-Gesetz sind auch Einmanngesellschaften zulässig. Die wichtigste Besonderheit dieser Rechtsform ist, dass lediglich das Stammkapital für Gesellschaftsschulden als Haftungssumme dient. Ausnahmen gelten, sofern das Stammkapital noch nicht voll eingezahlt ist oder strafrechtliche Sachverhalte vorliegen. Hier kann nach neuester Rechtsprechung in das Privatvermögen der Gesellschafter zugegriffen werden (Durchgriffshaftung). Bezüglich der Möglichkeit, im Anschluss an einen Wechsel der Rechtsform hin zur AG Eigenkapital an der Börse zu erwerben, wurden in den letzten Jahren durch die Einführung des geregelten und des Neuen Marktes für die Unternehmen erhebliche Verbesserungen erzielt.

(8) Aktiengesellschaft: Die Aktiengesellschaft (AG) ist eine Gesellschaft mit eigener Rechtspersönlichkeit, das heißt eine juristische Person. Für ihre Verbindlichkeiten haftet lediglich das Gesellschaftsvermögen, hier als Grundkapital bezeichnet. Die AG besitzt als zwingend vorgeschriebene Organe den Vorstand, den Aufsichtsrat und die Hauptversammlung. Hinsichtlich der Finanzierung verfügt die AG über ein uneingeschränktes Potenzial, über

die Börsen Eigenkapital durch Ausgabe von Anteilsscheinen (Aktien) zu erlangen. Aufgrund der Möglichkeit der Aufnahme von Kapital am anonymen Kapitalmarkt (Börse) wird die AG in Frankreich als Société Anonyme (SA) und in Italien als Società Anonima bezeichnet.

Bei der Finanzierung der AG im Rahmen einer Aktienemission unterscheidet man die nachfolgend beschriebenen *Typen von Aktien*.

- *Stammaktie:* Normaltyp der Aktie. Sie ist verbunden mit Stimmrecht und Gewinnanspruch für den Inhaber (Inhaberaktie).
- *Vorzugsaktie:* Sie beinhaltet in der Regel bestimmte Vorteile bei der Gewinnverteilung oder der Verteilung eines eventuellen Liquidationserlöses im Falle der Beendigung der Gesellschaft; sie ist verbunden mit Einschränkungen des Stimmrechts.
- *Namensaktie:* Es handelt sich hierbei um eine auf den Namen des Aktionärs ausgestellte und im Aktienbuch der AG eingetragene Aktie. Die Übertragung erfolgt durch Indossament oder durch Forderungsabtretung sowie Übergabe des Papiers.
- *Vinkulierte Namensaktie:* Bei dieser Aktie ist die Übertragung an die Zustimmung der Aktiengesellschaft gekoppelt.
- *Nennwertlose Aktie:* Diese Aktie verbrieft keinen absoluten Nennbetrag für den Eigentümer sondern einen bestimmten Anteil am Eigenkapital.

(9) Kommanditgesellschaft auf Aktien: Bei der Kommanditgesellschaft auf Aktien (KGaA) handelt es sich um eine Mischform aufgrund der Verbindung zwischen einer Personen- und einer Kapitalgesellschaft. Sie entsteht, wenn eine Kommanditgesellschaft die Kapitalbeschaffung mittels der Rechtsform der Aktiengesellschaft vornehmen will und gleichzeitig die volle und unbeschränkte Haftung auf das Grundkapital der Aktiengesellschaft, welche als Komplementär auftritt, beschränken möchte. Die wirtschaftliche Bedeutung der KGaA ist jedoch sehr gering, da es sich faktisch doch um eine AG mit den drei Organen Vorstand, Aufsichtsrat und Hauptversammlung handelt.

(10) Eingetragene Genossenschaft: Bei der eingetragenen Genossenschaft (eG) handelt es sich um eine Gesellschaft, welche die Förderung des Erwerbs oder der Wirtschaft ihrer Mitglieder mittels gemeinschaftlichen Geschäftsbetriebs bezweckt. Sie ist eine private Körperschaft, deren Eigenkapital sich durch die Zahl der Mitglieder und damit deren Genossenschaftsanteile ergibt. Zu beachten ist, dass die Eigenkapitalgeber (Genossen) im Verlustfall

eine so genannte Nachschusspflicht in Höhe ihrer Einlage erbringen müssen. Die häufigsten Erscheinungsformen der Genossenschaft sind Kreditgenossenschaften (Volksbank, Raiffeisenbank), Einkaufsgenossenschaften von Landwirten oder im Handel sowie Absatzgenossenschaften, wie Molkereien oder Winzereien, und nicht zuletzt die Wohnungsbaugenossenschaften.

(11) GmbH & Co. KG: Bei der GmbH & Co. KG handelt es sich um eine Mischform aus einer Personen- und einer Kapitalgesellschaft. Sie entsteht dadurch, dass zunächst eine GmbH gegründet wird, die dann in einer KG die Rolle des Komplementärs übernimmt. Die Gesellschafter der GmbH sind zugleich Kommanditisten der KG, und die GmbH wird meist nur mit einem Mindestkapital ausgestattet. In der Bundesrepublik Deutschland ist die GmbH & Co. KG relativ weit verbreitet, da sie die Vorteile der Kapitalgesellschaft (begrenzte Haftung und große Finanzierungsmöglichkeiten) mit den steuerlichen Vorteilen einer Personengesellschaft verbindet. Bezüglich der Finanzierung gelten die Ausführungen, die bereits in dem Abschnitt über die KG dargelegt wurden.

(12) Europäische Wirtschaftliche Interessenvereinigung: Die Europäische Wirtschaftliche Interessenvereinigung (EWIV) ist eine im Rahmen der europäischen Gesetzesharmonisierung relativ neue Rechtsform, die für die gesamte EU gilt. Sie ist weitgehend vergleichbar mit einer OHG, da auch hier das oberste Organ die gemeinschaftlich handelnden Mitglieder sind. Ein Geschäftsführer leitet und vertritt die Gesellschaft, und die Haftung ist analog der OHG unbeschränkt, mittelbar und gesamtschuldnerisch.

(13) Partnerschaftsgesellschaft: Die Partnerschaftsgesellschaft (PartG) ist wie die EWIV eine relativ junge Rechtsform. Sie stellt als rechtsfähige Personengesellschaft eine Schwesterfigur der OHG dar. Das PartGG verweist weitgehend auf die Vorschriften zur OHG. Die Partnerschaftsgesellschaft wurde vorwiegend für Zusammenschlüsse von freien Berufen gegründet.

(14) Versicherungsverein auf Gegenseitigkeit: Der Versicherungsverein auf Gegenseitigkeit (VVaG) ist ein rechtsfähiger Verein, der die Versicherung seiner Mitglieder nach dem Grundsatz der Gegenseitigkeit betreibt. Es handelt sich um eine Sonderform speziell für den Bereich des Versicherungswesens, der sich historisch aus den genossenschaftlichen Zusammenschlüssen von Haftungsgemeinschaften, zum Beispiel für den Feuerschutz im Mittelalter, entwickelt hat. Die wirtschaftliche Bedeutung des VVaG ist in der Versicherungsbranche sehr groß.

(15) Vereine: Vereine können nicht rechtsfähige Vereine als BGB-Gesellschaften und rechtsfähige Vereine sein, die entweder einem wirtschaftlichen oder einem gemeinnützigen Zweck dienen. Als Rechtsgrundlage gelten die §§ 21 bis 79 BGB. Rechtsfähige Vereine müssen eine Satzung erlassen. Für die Schulden haftet nur das Vereinsvermögen, das heißt die Mitglieder haften nicht persönlich, und die Auflösung des Vereins erfolgt mit Dreiviertelmehrheit der Mitgliederversammlung. Vereine werden meist über die Mitgliedsbeiträge und Zuwendungen finanziert.

(16) Rechtsformen des öffentlichen Rechts: Öffentliche Betriebe, die keine privatrechtliche Form aufweisen, können als Eigenbetriebe, Körperschaften, Anstalten oder Stiftungen des öffentlichen Rechts geführt werden. Beispiele für diese Rechtspersönlichkeiten sind die Kreditanstalt für Wiederaufbau (Körperschaft), die öffentlich-rechtlichen Sparkassen und Girozentralen (Anstalten) und Kultur- oder Parteistiftungen. Betriebe ohne eigene Rechtspersönlichkeit im öffentlichen Bereich sind reine Regiebetriebe, Eigenbetriebe oder Sondervermögen des Bundes. Öffentliche Einrichtungen wie Krankenhäuser, Müllabfuhr und Schlachthöfe können als solche Regiebetriebe, als verselbstständigte Abteilungen der öffentlichen Verwaltung ohne eigenes Vermögen, angesehen werden. Eine größere Verselbstständigung erfolgt bei der Organisationsform des Eigenbetriebs zum Beispiel bei Energieversorgungsunternehmen oder Stadtwerken. Sondervermögen des Bundes sind (gem. § 26 Bundeshaushaltsordnung) autonome Wirtschaftskörperschaften wie zum Beispiel bis 1995 die Deutsche Bundesbahn. Angesichts der zuletzt genannten Beispiele wird deutlich, dass die Bedeutung der öffentlichen Rechtsformen aufgrund der Privatisierungstendenzen in unserer Wirtschaft abnimmt. Öffentliche Betriebe können auch in Rechtsformen des privaten Gesellschaftsrechts, und zwar gewöhnlich in der Form der Kapitalgesellschaften (AG, GmbH) oder der Genossenschaft mbH, geführt werden. Ein Unterschied zu vergleichbaren privaten Betrieben besteht in der Regel nur im Hinblick auf das Eigentum und nicht hinsichtlich der Haftung oder der Organe. Die bundeseigenen Betriebe dieser Art sind überwiegend in Konzernen zusammengefasst, zum Beispiel in der Salzgitter AG oder den Saarbergwerken AG. Darüber hinaus ist die öffentliche Hand auch an privaten Betrieben beteiligt (zum Beispiel das Land Bayern, die Freie Hansestadt Bremen und die Freie und Hansestadt Hamburg an dem Luft- und Raumfahrtkonzern Messerschmitt-Bölkow-Blohm GmbH). Veräußert sie Anteile von bisher rein öffentlichen Betrieben (Deutsche Lufthansa AG,

Volkswagenwerk AG) im Rahmen von Privatisierungsmaßnahmen, so entstehen eigentümerseitig Mischgebilde aus privaten und öffentlichen Eignern. Problematisch hierbei ist meistens die Frage der Aufsicht und der Trennung von privaten (Dividende) und öffentlichen Interessen (Arbeitsplatzschutz).

6.2 Wachstumsfinanzierung durch Kapitalerhöhung

Jedes Unternehmen bewegt sich in seiner spezifischen Unternehmensumwelt. Wenn die Umwelt einer permanenten Veränderung unterworfen ist, so muss sich auch das Unternehmen dieser Herausforderung und einem kontinuierlichen Veränderungsprozess stellen. Das Festhalten an tradierten Werten und Abläufen kann langfristig nicht zum Erfolg führen. Dies ist in Branchen wie etwa dem Bergbau oder der Kohle ersichtlich. Wenn Unternehmen langfristig erfolgreich sein wollen, müssen sie Umweltveränderungen rechtzeitig erkennen und akute und latente Krisen antizipieren.

Die Erforschung typischer Unternehmensphasen respektive Krisenstadien ist noch relativ jung. Einer der Ersten, der sich mit dem Phänomen eines sich verändernden Unternehmens beschäftigt hat, ist *L. Greiner*. Sein Modell eines wachsenden Unternehmens und der dabei typischerweise auftretenden Unternehmenskrisen wird in der Organisationstheorie intensiv diskutiert. Eine entsprechende Theorie der Finanzierung bei verschiedenen Wachstumsschritten existiert nicht. Lediglich Überlegungen zur Erhöhung des Eigenkapitals sind weitgehend unter dem Begriff Kapitalerhöhung erforscht.

Unternehmen, die nach ihrer Gründung wachsen, bedürfen meist höherer Finanzierungsvolumina. Die bei der Gründung eingebrachten Eigenmittel und die gegebenenfalls aufgenommenen Fremdmittel reichen zumeist nicht aus, um die Erweiterungsinvestitionen zu finanzieren. Die Erhöhung des Eigenkapitals wird als Kapitalerhöhung bezeichnet (vgl. Abbildung 19). Die verschiedenen Möglichkeiten der Einlagen- und Beteiligungsfinanzierung werden in Kapitel 7, Abschnitt 1 besprochen. Hier wird zunächst auf die technische Abwicklung einer Eigenkapitalerhöhung eingegangen. Dabei lässt sich zwischen einer Kapitalerhöhung, die lediglich durch Umschichtungen innerhalb des Eigenkapitals, also aus Gesellschaftsmitteln erfolgt,

```
                    ┌─────────────────┐
                    │ Kapitalerhöhungs-│
                    │     formen      │
                    └─────────────────┘
       ┌───────────────┬───────────────┼───────────────┐
┌──────────────┐ ┌──────────────┐ ┌──────────────┐ ┌──────────────────┐
│  Ordentliche │ │   Bedingte   │ │  Genehmigte  │ │ Kapitalerhöhung  │
│Kapitalerhöhung│ │Kapitalerhöhung│ │Kapitalerhöhung│ │      aus         │
│ gem §§ 182 f.│ │ gem. §§ 192 ff.│ │ gem. §§ 202 ff.│ │Gesellschaftsmitteln│
│    AktG      │ │     AktG     │ │    AktG      │ │gem §§ 207 ff. AktG│
└──────────────┘ └──────────────┘ └──────────────┘ └──────────────────┘
```

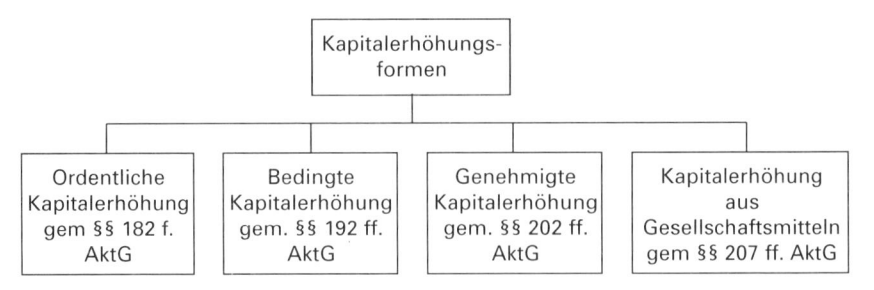

Abbildung 19: Formen der Kapitalerhöhung

und einer Kapitalerhöhung, die die Eigenkapitalbasis als Ganzes erhöht, differenzieren. Bei Letzterer werden wiederum drei Arten unterschieden, sodass sich schließlich vier Formen herauskristallisieren.

Jede Kapitalerhöhung bedarf der Genehmigung durch eine Dreiviertelmehrheit des auf der Hauptversammlung vertretenen Grundkapitals. Der Beschluss ist in das Handelsregister einzutragen und damit öffentlich zu machen. Sofern mehrere Aktiengattungen vertreten sind, ist von jeder dieser Gattungen die Dreiviertelmehrheit einzuholen. Schließlich verlieren die Altaktionäre durch die Aufnahme gleichberechtigter neuer Aktionäre in der Hauptversammlung an Gewicht.

Um die folgenden Abläufe zu verstehen, soll hier nochmals ein Grundverständnis für die bilanzorientierte Finanzbetrachtung vermittelt werden. Zunächst haben wir in der Einführung zwischen Eigen- und Fremdfinanzierung unterschieden, je nachdem welche Rechte dem Kapitalgeber eingeräumt werden. Bei allen Kapitalerhöhungen, die im Folgenden besprochen werden, ist von Eigenfinanzierung auszugehen. Weiterhin wurde zwischen einer Außen- und Innenfinanzierung differenziert. Im Folgenden werden bis auf die Kapitalerhöhung aus Gesellschaftsmitteln (Abschnitt 6.2.3) alle Formen als Außenfinanzierung bezeichnet, da durch die Ausgabe neuer Aktien dem Unternehmen frisches Kapital von außen zugeführt wird.

6.2.1 Ordentliche Kapitalerhöhung

Bei einer ordentlichen Kapitalerhöhung beschließen die Aktionäre gemäß §§ 182 AktG junge, also neue Aktien gegen Einlagen auszugeben. Vorschriften bezüglich des Volumens des neu aufzunehmenden Kapitals, des so genannten Emissionsvolumens, bestehen dabei nicht. Die bisherigen Aktionäre besitzen ein so genanntes Bezugsrecht, das später genauer erläutert wird. Bei der Festsetzung des Emissionskurses liegt es im Interesse des Unternehmens, einen möglichst hohen Kurs zu erzielen, da ihm in diesem Fall ein Maximum an Emissionserlös zufließt. Dies kann an folgendem Beispiel veranschaulicht werden.

Die hier vorgestellte Leder AG beschließt nach Jahren hoher Wachstumsraten in Deutschland den Wechsel in den französischen Markt. Allerdings ist dies aufgrund ihrer relativ knappen Liquidität nicht möglich. Der Vorstand schätzt die Kosten eines Engagements in Frankreich auf 15 Millionen Euro. Diese Summe soll zu einem Drittel durch die Aufnahme eines Kredits und zu zwei Dritteln durch eine Kapitalerhöhung aufgebracht werden. Dieser Vorschlag findet auf der Jahreshauptversammlung großen Zuspruch.

Die Aktien der Leder AG mit dem Nennwert von 5 Euro kosten an der Börse 14,50 Euro. Aufgrund der unklaren Börsenstimmung glaubt die Gesellschaft, den Emissionskurs der jungen Aktien auf 10 Euro festsetzen zu müssen. Die Bilanz der Beispiel AG vor der Kapitalerhöhung gestaltet sich wie folgt:

Bilanz vor der Kapitalerhöhung (in Mio. Euro)

Aktiva		Passiva	
Diverse Aktiva	80	Gezeichnetes Kapital	10
		Gewinnrücklage	3
		Verbindlichkeiten	67
Summe	80		80

Bilanz nach der Kapitalerhöhung (in Mio. Euro)

Aktiva		Passiva	
Diverse Aktiva	80	Gezeichnetes Kapital	15
Bank	15	Kapitalrücklage	5
		Gewinnrücklage	3
		Verbindlichkeiten	72
Summe	95		95

Es gelingt dem mit der Emission betrauten Bankenkonsortium, alle jungen Aktien zu platzieren; die Leder AG verzeichnet daher wie geplant einen Liquiditätszufluss von 15 Millionen Euro. Davon fließen ihr 10 Millionen Euro im Zuge der ordentlichen Kapitalerhöhung zu. Bei einem Emissionskurs von 10 Euro wurde somit eine Million Aktien mit einem Nennwert zu je 5 Euro emittiert, was sich in der Zunahme des gezeichneten Kapitals auf 15 Millionen Euro niederschlägt. Die Differenz in Höhe von 5 Millionen Euro fließt in die Kapitalrücklage. Die restlichen 5 Millionen Euro konnten durch Aufnahme eines weiteren Kredits aufgebracht werden, welche folglich die Zunahme der Verbindlichkeiten erklärt.

Um den im Rahmen einer ordentlichen Kapitalerhöhung entstehenden Nachteilen für die Altaktionäre Rechnung zu tragen, wird diesen ein so genanntes *Bezugsrecht* gewährt. Dieses entschädigt die Altaktionäre zum einen für die mit der Kapitalerhöhung verbundene Verringerung des Aktienkurses, die darauf basiert, dass sich offene und stille Reserven nach erfolgter Erhöhung der Anteile auf eine größere Zahl von Anteilseignern verteilen. Dieser Wertverlust wird auch als *Verwässerung* bezeichnet. Weiterhin müssen die Altaktionäre für die durch die Kapitalerhöhung hervorgerufene Stimmrechtsverschiebung entschädigt werden. Der rechnerische Wert eines Bezugsrechts bestimmt sich aus dem Bezugsverhältnis, dem Bezugskurs der jungen und dem Börsenkurs der alten Aktien.

Das Bezugsverhältnis entspricht der Relation des bisherigen Grundkapitals zum Erhöhungskapital. Es sagt aus, wie viele Altaktien erforderlich sind, um eine neue junge Aktie zu beziehen. Bei der Festsetzung des Bezugskurses gilt es zu beachten, dass dieser den Nennwert nicht unterschreiten darf, da der Verkauf einer Aktie unter Nominalwert (pari) bei Emission nicht erlaubt ist. Die Obergrenze des Bezugskurses ist in der Praxis der aktuelle Börsenkurs der Altaktie, da Aktionäre nicht gewillt sind, neue Aktien zu kaufen, deren Bezugskurs über dem Börsenkurs liegt.

Um den Wert eines Bezugsrechts zu ermitteln, wird im ersten Schritt der neue Kurs der bereits an der Börse gehandelten Altaktien errechnet. Dieser Kurs wird auch Mischkurs genannt. Um diesen zu ermitteln, müssen neben dem Emissionskurs der jungen Aktien (K_{EM}) die Anzahl der jungen Aktien (n_j), der Kurs der alten Aktien vor der Kapitalerhöhung (K_a) sowie die Anzahl der alten Aktien (n_a) bekannt sein. Der Mischkurs (K_M) ergibt sich dann aus der folgenden Formel:

$$K_M = \frac{K_a \times n_a + K_{EM} \times n_j}{n_a + n_j}$$

Nach dem Einsetzen der Daten für die Leder AG kommt man zu folgendem Ergebnis:

$$K_M = \frac{14{,}50 \text{ Euro} \times 2\,000\,000 + 10{,}00 \text{ Euro} \times 1\,000\,000}{2\,000\,000 + 1\,000\,000} = 13{,}00 \text{ Euro}$$

Der rechnerische Wert des Bezugsrechts (BR) ergibt sich dann wie folgt:

$$BR = K_a - K_M = 14{,}50 - 13{,}00 = 1{,}50 \text{ Euro}$$

Um zu errechnen, wie viele Bezugsrechte erworben werden müssen, um eine junge Aktie zu erhalten, benötigt man das Bezugsverhältnis (BV).

$$BV = \frac{n_a}{n_j} = \frac{2\,000\,000}{1\,000\,000} = \frac{2}{1}$$

Wer somit eine Aktie aus der Kapitalerhöhung der Leder AG kaufen möchte und keine Altaktien besitzt, muss zwei Bezugsrechte zum Preis von 1,50 Euro sowie eine junge Aktie zum Emissionskurs in Höhe von 10,00 Euro erwerben. Dem Altaktionär steht es offen, ob er an der Kapitalerhöhung teilnimmt oder nicht. Für den Fall, dass er dies ablehnt, wird er durch den Verkauf des Bezugsrechts für den ihm entstandenen Kursverlust entschädigt.

Neben dem hier aufgrund seiner Anschaulichkeit dargestellten Verfahren kann der Wert des Bezugsrechts auch direkt mithilfe folgender Formel errechnet werden:

Bezugsrecht =

$$\frac{\text{Börsenkurs der alten Aktien} - \text{Bezugskurs der jungen Aktien}}{\text{Bezugsverhältnis} + 1}$$

$$= \frac{14{,}50 - 10{,}00}{2/1 + 1} = 1{,}50 \text{ Euro}$$

Seit 1995 ist es aufgrund einer Änderung des Aktiengesetzes möglich, das Bezugsrecht ohne Vorliegen besonderer Bedingungen auszuschließen. Der Ausschluss des Bezugsrechts der Altaktionäre muss allerdings auf der Grundlage eines Dreiviertel-Mehrheitsbeschlusses durch diese selbst erfolgen und ist nur in drei Fällen zulässig: Zum einen, wenn es sich um eine Kapitalerhöhung gegen Bareinlagen handelt, zweitens, wenn das Volumen der Kapitalerhöhung 10 Prozent des bisherigen gezeichneten Kapitals nicht überschreitet, und drittens, wenn der Emissionskurs der jungen Aktien den aktuellen Börsenkurs der alten Aktien nur unwesentlich (das heißt um nicht mehr als 5 Prozent) unterschreitet. Diese Modifikation des Aktiengesetzes soll es dem Management einer Aktiengesellschaft erleichtern, eine Kapitalerhöhung schneller und kostengünstiger durchzuführen.

6.2.2 Genehmigte und bedingte Kapitalerhöhung

Im Gegensatz zur ordentlichen Kapitalerhöhung ist die Erhöhung des Grundkapitals im Zuge einer genehmigten Kapitalerhöhung gemäß § 292 ff. AktG nicht an das Vorliegen eines bestimmten, gegenwärtigen Finanzierungsanlasses gebunden. Die Hauptversammlung ermächtigt den Vorstand der Aktiengesellschaft für maximal fünf Jahre, das Grundkapital um einen festgelegten Nennbetrag zu erhöhen. Eine Dreiviertelmehrheit der Hauptversammlung bildet hierfür wiederum die Voraussetzung.

Somit ist das Management der Aktiengesellschaft ermächtigt und in der Lage, innerhalb kürzester Zeit ihren Finanzierungsbedarf zu stillen, ohne die Formalien der ordentlichen Kapitalerhöhung erfüllen zu müssen. Mit der freien Wahl des Zeitpunktes wird ihr darüber hinaus die Möglichkeit eröffnet, von einer für sie günstigen Lage am Kapitalmarkt zu profitieren. Man muss jedoch beachten, dass die Aufstockung auf 50 Prozent des gezeichneten Kapitals begrenzt ist.

Des Weiteren muss eine bedingte Kapitalerhöhung im Geschäftsbericht ausgewiesen werden. Im Falle noch ausstehender Einlagen für das bisherige Grundkapital dürfen junge Aktien erst nach deren Einzahlung ausgegeben werden. Die Ausgabe der jungen Aktien an die Arbeitnehmer der Gesellschaft stellt dabei die einzige zulässige Ausnahme dar. Die bedingte Kapitalerhöhung ist zweckgebunden und darf nur in bestimmten Fällen durchgeführt werden. Hierunter fallen, erstens, die Gewährung von Umtausch- oder Bezugsrechten an Gläubiger von Wandel- oder Optionsanleihen, zweitens, die Vorbereitung des Zusammenschlusses mehrerer Unternehmen (Fusion) und, drittens, die Gewährung von Bezugsrechten an Arbeitnehmer der Gesellschaft, die neue Aktien gegen Einlage von Geldforderungen erwerben, die ihnen aus einer von der Gesellschaft eingeräumten Gewinnbeteiligung zustehen. Der Betrag des bedingten Kapitals ist in der Bilanz beim gezeichneten Kapital gesondert aufzuführen und darf die Hälfte des gezeichneten

Abbildung 20: Kapitalzufluss bei der Kapitalerhöhung

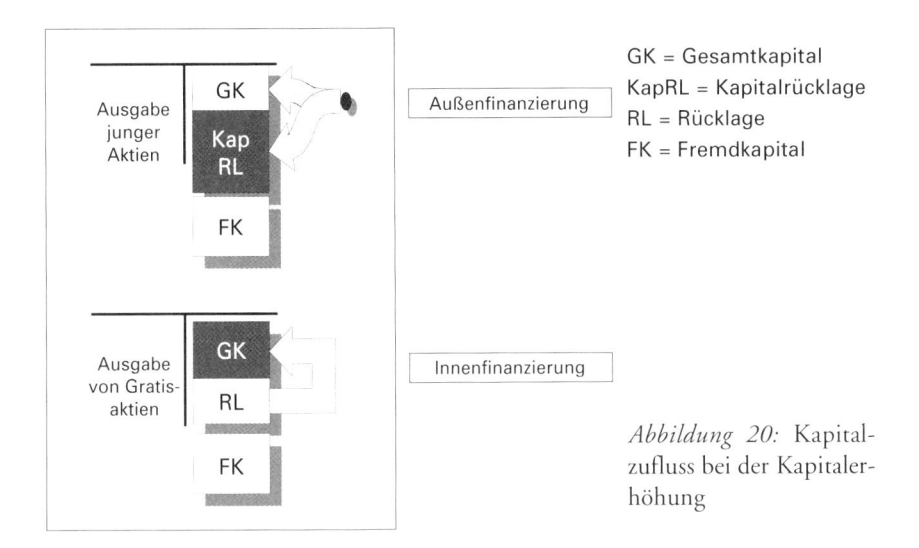

Kapitals nicht überschreiten. Eine Dreiviertelmehrheit der Hauptversammlung ist wiederum Voraussetzung. Zweck, Bezugsberechtigte und Ausgabebetrag müssen im Beschluss der Hauptversammlung erläutert sein.

Im Unterschied zu den bisher dargestellten Formen der Kapitalerhöhung wird den Altaktionären im Rahmen einer bedingten Kapitalerhöhung kein Bezugsrecht für junge Aktien angeboten. Stattdessen räumt die Gesellschaft bei der Ausgabe von Wandelobligationen und Optionsanleihen Bezugsrechte ein.

Abschließend sind die zwei verschiedenen Grundformen der Erhöhung des gezeichneten Kapitals noch einmal in Abbildung 20 dargestellt.

6.2.3 Kapitalerhöhung aus Gesellschaftsmitteln

Im Gegensatz zu den oben dargestellten drei Formen der Kapitalerhöhung fließt dem Unternehmen im Falle einer Kapitalerhöhung aus Gesellschaftsmitteln gemäß §§ 207 ff. AktG kein zusätzliches Kapital zu. Hier erfolgt lediglich eine Umschichtung des bilanzierten Eigenkapitals. Die Übersicht auf Seite 102 zeigt die Zusammensetzung des Eigenkapitals.

Beim gezeichneten Kapital, das bei der AG als Grundkapital, bei der GmbH als Stammkapital bezeichnet wird, handelt es sich um das bei der in Abschnitt 6.1 dargestellten Gründung eingebrachte Kapital, das sich nur bei Kapitaler-

> *Eigenkapitalpositionen gemäß § 266 HGB*
>
> Eigenkapital
> I. Gezeichnetes Kapital
> II. Kapitalrücklage
> III. Gewinnrücklagen
>   a. Gesetzliche Rücklage
>   b. Rücklage für eigene Anteile
>   c. Satzungsgemäße Rücklage
>   d. Andere Gewinnrücklagen
> IV. Gewinn-/Verlustvortrag
> V. Sonderposten mit Rücklagenanteil

höhungen oder -verminderungen ändert. Die Kapitalrücklagen entstehen durch Überschüsse, die ein Unternehmen erzielt, das seine ausgegebenen Anteile zu einem höheren Kurs als dem Nennwert verkaufen kann. Dies erfolgte im oben genannten Beispiel. Die Gewinnrücklagen entstehen durch Thesaurierung, das heißt Nichtausschüttung bzw. Einbehaltung von Gewinnen am Geschäftsjahresschluss. Da über die Gewinnverwendung in der Hauptversammlung beschlossen wird, entscheiden auch über diese Ausschüttung bzw. die Thesaurierung die Aktionäre. Die Möglichkeiten und Grenzen der Bildung von Rücklagen sind außerdem im AktG detailliert geregelt.

Wenn nun von einer Kapitalerhöhung aus Gesellschaftsmitteln gesprochen wird, so handelt es sich um die Umwandlung von Rücklagen in gezeichnetes Kapital. Die Höhe des bilanzierten Eigenkapitals verändert sich somit also nicht. Dieser Vorgang wird unter Bilanzierungsaspekten als Passivtausch bezeichnet.

Voraussetzung für die buchhalterische Unwandelbarkeit der Rücklagen ist, dass sie in der letzten Bilanz als Rücklagen ausgewiesen wurden und dass sie zehn Prozent oder den satzungsgemäß höheren Teil des Grundkapitals überschreiten. Die Unwandelbarkeit ist verboten, falls in der zugrunde gelegten Bilanz ein Verlust, ein Verlustvortrag oder ein anderer Gegenposten zum Eigenkapital ausgewiesen wird. Eine Umwandlung zweckgebundener Rücklagen ist ebenfalls nicht zulässig.

Zur Durchführung einer Kapitalerhöhung aus Gesellschaftsmitteln bedarf es wiederum eines Beschlusses der Hauptversammlung mit einer Dreiviertelmehrheit, die zur Eintragung in das Handelsregister anzumelden ist und mit dieser Wirksamkeit erlangt. Den Aktionären stehen entsprechend ihrer Anteile Zusatzaktien, auch Gratisaktien genannt, zur Verfügung, da ja das gezeichnete Kapital erhöht wurde und damit die Zahl der Aktien bei konstantem Nennwert je Stück gestiegen ist. Die Verwendung des Begriffs *Gratisaktien* ist jedoch irreführend, weil dem Aktionär keine finanziellen Vorteile entstehen; es handelt sich im Falle der Rücklagen letztendlich um nicht ausgezahlte Gewinne an die Aktionäre. Ausgehend von dieser Überlegung kann somit der sinkende Kurswert der Aktie bei gleichzeitig steigendem Grundkapitalvolumen erklärt werden. Kapitalerhöhungen aus Gesellschaftsmitteln werden häufig durchgeführt, um den Kurswert einer Aktie zu senken und damit die Handelbarkeit der Anteile zu erhöhen.

6.3 Kapitalherabsetzung zur Abdeckung von Verlusten

Kapitalherabsetzungen, eine Verminderung des Eigenkapitals also, werden in der Praxis meist nur dann durchgeführt, wenn sich das Unternehmen in finanziellen Schwierigkeiten befindet und deshalb ein Sanierungsbedarf eintritt. Die theoretisch ebenfalls denkbaren Fälle der Entnahme von Kapital durch Gesellschafter oder die Finanzierung von Abfindungen beim Ausscheiden von Gesellschaftern sind eher selten.

Die Kapitalherabsetzung kann bei Einzelunternehmen und Personengesellschaften durch einfache Privatentnahme vom Betriebskonto und damit die bilanzielle Verminderung des Eigenkapitalkontos erfolgen. Bei Kapitalgesellschaften erfordert dies ebenso wie die Kapitalerhöhung die Genehmigung der Gesellschafter (§ 58 GmbHG oder §§ 237 ff. AktG). In Abbildung 21 sind die verschiedenen Formen vorgestellt.

```
                    Kapitalherabsetzung
                         bei der AG
           ┌──────────────────┼──────────────────┐
    Ordentliche         Vereinfachte      Kapitalherabsetzung
    Kapital-            Kapital-          durch Einziehung
    herabsetzung gem.   herabsetzung gem. eigener Aktien gem.
    §§ 222 ff. AktG     §§ 229 ff. AktG   §§ 237 ff. AktG
```

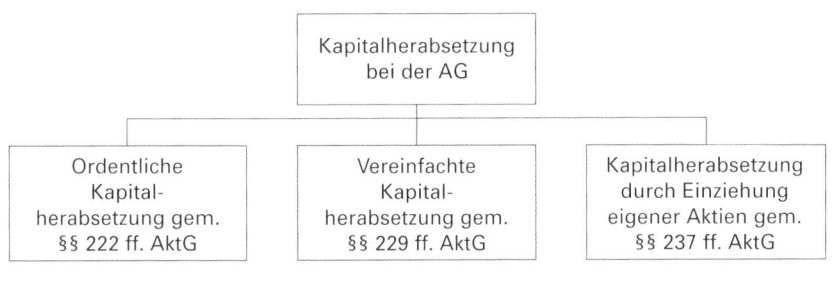

Abbildung 21: Formen der Kapitalherabsetzung

6.3.1 Ordentliche und vereinfachte Kapitalherabsetzung

Im Rahmen einer ordentlichen Kapitalherabsetzung kann gemäß §§ 222 AktG die Verminderung des Grundkapitals durch zwei unterschiedliche Verfahren erfolgen. Denkbar ist zum einen eine Nennwertminderung, bei der der ursprüngliche Nennwert eines Anteils herabgesetzt wird. Entschließt sich ein Unternehmen zu dieser Maßnahme, kann es beispielsweise sein Grundkapital halbieren, indem es Aktien mit einem Nennwert von 100 auf 50 Euro »heruntergestempelt«.

Neben diesem Verfahren kann sich ein Unternehmen auch zu einer Zusammenlegung mehrerer Aktien zu einer Aktie gleichen Nennwerts entschließen. Dies bedeutet, dass die Aktionäre darüber zu beschließen haben, in welchem Verhältnis alte Aktien gegen eine neue einzutauschen sind.

Um zu verhindern, dass Aktionäre mittels einer Kapitalerhöhung sich höhere Dividenden ausschütten, als dies aufgrund des Gewinns des Geschäftsjahres und der Rücklagen möglich ist, darf eine Auszahlung an Aktionäre im Sinne einer Entnahme frühestens sechs Monate nach Eintragung des Herabsetzungsbeschlusses im Handelsregister erfolgen. Anteilseigner könnten sich sonst in Krisensituationen Kapital auszahlen lassen, um so vor einem befürchteten Konkurs bevorrechtigt vor den Gläubigern an Liquidationsmasse zu gelangen.

Ziel der vereinfachten Kapitalherabsetzung ist gemäß §§ 229 ff. AktG die buchmäßige Sanierung des Unternehmens, die auch reine Sanierung genannt wird. Im Gegensatz zur ordentlichen Kapitalherabsetzung sind hier keine besonderen Vorschriften zum Gläubigerschutz zu beachten. Im Gegenzug sind die Zwecke der vereinfachten Kapitalherabsetzung vom Gesetzgeber genau festgelegt. Dies sind der Ausgleich von Wertminderungen, von Verlusten und die Einstellung in die gesetzliche Rücklage.

Ein Unternehmen, das eine vereinfachte Kapitalherabsetzung plant, hat folgende Voraussetzungen zu beachten: Es darf kein Gewinnvortrag vorliegen, freie Rücklagen müssen bereits aufgelöst sein, und die gesetzliche Rücklage darf nach der Herabsetzung nicht mehr als 10 Prozent des Grundkapitals betragen. Darüber hinaus muss das Vorhaben von einer Dreiviertelmehrheit in der Hauptversammlung genehmigt sein.

Es ist zu beachten, dass Gewinne an die Aktionäre nach erfolgter vereinfachter Kapitalherabsetzung erst dann ausbezahlt werden dürfen, wenn die gesetzliche Rücklage wieder mindestens 10 Prozent des Grundkapitals umfasst. Darüber hinaus ist die Gewinnausschüttung in den ersten zwei Jahren nach der Beschlussfassung über eine vereinfachte Kapitalherabsetzung auf 4 Prozent beschränkt.

Da in vielen Fällen das nach diesem Sanierungsschritt im Unternehmen verbleibende Grundkapital nicht zu einer Aufrechterhaltung des Geschäftsbetriebs ausreicht, müssen der Unternehmung in einem weiterem Schritt neue liquide Mittel zugeführt werden.

6.3.2 Kapitalherabsetzung durch Einzug von Aktien

Auch die Kapitalherabsetzung durch Einzug von Aktien bedarf gemäß §§ 237 ff. AktG der Zustimmung einer Dreiviertelmehrheit in der Hauptversammlung. Hier kann, wie im Falle der ordentlichen Kapitalherabsetzung, zwischen zwei verschiedenen Verfahren unterschieden werden.

Die Gesellschaft hat die Wahl zwischen der Einziehung der eigenen Aktien nach vorausgegangenem Erwerb oder der Zwangseinziehung der Aktien, sofern diese in der ursprünglichen Satzung oder durch die Satzungsänderung vor Übernahme oder Zeichnung der Aktien angeordnet oder gestattet war.

Im Rahmen der Kapitalherabsetzung durch Einzug von Aktien sind die für die ordentliche Kapitalherabsetzung gültigen Vorschriften zu beachten, es sei denn, dass eine der folgenden Bedingungen erfüllt ist: Die Aktien werden der Gesellschaft unentgeltlich zur Verfügung gestellt oder zulasten einer freien Rücklage respektive des Bilanzgewinns eingezogen. In diesen beiden Fällen bedarf es zur Durchführung der Kapitalherabsetzung lediglich einer einfachen Mehrheit in der Hauptversammlung. Der Beschluss einer Kapitalherabsetzung ist in das Handelsregister einzutragen.

In Weiterführung des in Abschnitt 6.2 entwickelten Beispiels sei die Leder AG nochmals genannt, die sich zu einer Kapitalherabsetzung durch Einzug zuvor gekaufter eigener Aktien entschließt.

Aufgrund des hohen Verlustvortrages sowie der derzeit getrübten Erwartungen bezüglich der künftigen Gewinnentwicklung der Leder AG notiert die 50-Euro-Aktie derzeit bei 25 Euro. Die Geschäftsführung entschließt sich, zur Sanierung eine Immobilie zum Preis von 5 Millionen Euro zu veräußern. Die im Zuge dieser Transaktion zufließenden liquiden Mittel werden zum Erwerb eigener Aktien im Nennwert von 10 Millionen Euro verwendet, die aber zum Anschaffungspreis zu bilanzieren sind.

Bilanz vor dem Aktienerwerb (in Mio. Euro)

Aktiva		Passiva	
Vermögen	75	Gezeichnetes Kapital	30
Verlustvortrag	5	Gesetzliche Rücklage	3
		Fremdkapital	47
Summe	80		80

Nach dem Erwerb der eigenen Aktien kann nun die Einziehung derselben erfolgen, wobei das Grundkapital um den Nennbetrag der eigenen Aktien in Höhe von 10 Millionen Euro vermindert wird. Scheinbar wie durch ein Wunder verschwindet damit der Verlust, der letztlich zu der Maßnahme der Kapitalherabsetzung Anlass gab. Natürlich entfällt die eine Hälfte der Minderung des Grundkapitals auf den Ausgleich des Verlusts, die andere Hälfte spiegelt die Wertminderung der Aktien wider, die die Leder AG zur Hälfte ihres Nennwerts zurückgekauft hat.

Bilanz nach dem Aktienerwerb (in Mio. Euro)

Aktiva		Passiva	
Vermögen	75	Gezeichnetes Kapital	30
Eigene Aktien	5	Gesetzliche Rücklage	3
Verlustvortrag	5	Fremdkapital	47
Summe	80		80

Bilanz nach der Aktieneinziehung (in Mio. Euro)

Aktiva		Passiva	
Vermögen	70	Gezeichnetes Kapital	20
		Gesetzliche Rücklage	3
		Fremdkapital	47
Summe	70	70	

6.4 Sanierung, Umwandlung, Vergleich und Insolvenz

6.4.1 Sanierung und Turnaround

Unternehmen, die nicht mehr in der Lage sind, ihren Zahlungsverpflichtungen nachzukommen (Illiquidität), oder deren Verluste derart groß sind, dass das Eigenkapital nicht ausreicht, um diese Verluste aufzufangen (Überschuldung), erfüllen den Tatbestand der Insolvenz. Bevor allerdings ein Insolvenzverfahren nach dem 1999 geänderten neuen Insolvenzrecht (InsO, zuvor Konkursordnung KO) eingeleitet wird, muss das Unternehmen prüfen, ob es außer der oben genannten Kapitalherabsetzung weitere Sanierungsmöglichkeiten gibt, die geeignet sind, ein Insolvenzverfahren abzuwenden.

So könnte es versuchen, seine Schulden zu prolongieren, das heißt Stundungen oder eine Streckung der Tilgungszahlungen bei den Gläubigern zu erwirken. Weiterhin kann es den Verkauf von eventuell unterbewerteten Vermögensgegenständen oder so genanntem Reservekapital erwägen. Zuweilen sind Gläubiger auch bereit, ihre Forderungen gegen Anteile am Unternehmen, also Eigenkapitaltitel, zu tauschen, sodass aus Gläubigern Shareholder mit Mitspracherechten werden. Möglicherweise zieht es ein Gläubiger vor, auf Teile seiner Schulden zu verzichten. Dem Gläubiger kann für sein Stillhalten im Insolvenzfall beispielsweise eine vorrangige Besicherung seiner Forderungen eingeräumt werden. Eine andere Möglichkeit besteht darin, dem Gläubiger das Recht auf Separierung des Fremdkapitals als Sondervermögen einzuräumen; im letztlichen Insolvenzfall wird dann seine Forderung abgesondert und fällt nicht in die Konkursmasse.

Unternehmen können sich auch dazu entschließen, ihre Rechtsform zu ändern, um so eine veränderte Haftungsmasse für die Gläubiger zu bieten. Bezüglich der Einzelheiten einer Umwandlung sei auf das umfangreiche Umwandlungsgesetz hingewiesen, das detailliert regelt, wie und wann eine bestimmte Rechtsform in eine andere umgewandelt werden darf.

Gelingt einem Unternehmen die Sanierung, so spricht man auch vom *Turnaround*. Die *Umwandlung* im Sinne einer Umgründung ist nicht zwangsläufig eine Maßnahme der Sanierung, auch wenn die Altgesellschaft meist liquidiert wird, um die Rechtsform ändern zu können. Grund für eine Umwandlung kann auch nur die Verbesserung des Zuganges zu Kapitalmärkten bzw. die Herstellung der Emissionsfähigkeit sein. Abbildung 22 fasst die verschiedenen Arten der Umwandlung zusammen.

```
                        Umwandlung i. w. S.
        ┌──────────────────────┴──────────────────────┐
Umgründung                                    Umwandlung i. e. S.
= Rechtsformänderung                          = Rechtsformänderung
  mit Liquidation                               ohne Liquidation
z. B. Einzelunternehmung
  in KG
                                    ┌──────────────────┴──────────────────┐
                              übertragende                         formwechselnde
                              Umwandlung                            Umwandlung
                        ┌──────────┴──────────┐                   z. B. OHG in KG,
                  auf ein anderes      auf ein neu                  GmbH in AG
                   Unternehmen         gegründetes
                    z. B. GmbH         Unternehmen
                   auf andere KG        z. B. OHG
                                        in neue AG
```

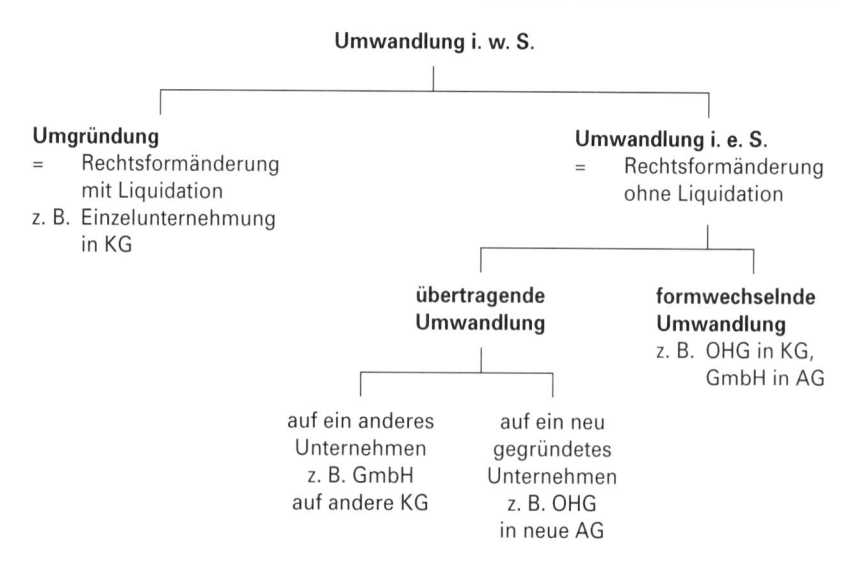

Abbildung 22: Arten der Umwandlung

Wird eine Einzelunternehmung in eine Personengesellschaft umgewandelt, so spricht man von einer Umgründung, bei der sämtliche Vermögenswerte vom zu liquidierenden Unternehmen einzeln auf das neue Unternehmen übergehen (Einzelrechtsnachfolge). Bleibt ein Unternehmen in einer Rechtsformklasse (Personen- oder Kapitalgesellschaft), so wird eine formwechselnde Umwandlung vorgenommen, bei der das Unternehmen nur das Rechtskleid wechselt, ohne dass eine formelle Liquidation nötig wäre. Dies ist auch nicht notwendig, wenn im Rahmen der Gesamtrechtsnachfolge das gesamte Vermögen des alten Unternehmens als Ganzes in das neue Unternehmen eingebracht wird.

6.4.2 Insolvenztatbestände und -verfahren

Ist keine der genannten Sanierungs- oder Umwandlungsmaßnahmen erfolgreich, so ist ein Insolvenzverfahren einzuleiten, das das Unternehmen selbst oder ein betroffener Gläubiger durch Anzeige beim Standortamtsgericht auslösen kann (vgl. Abbildung 23).

Sanierung, Umwandlung, Vergleich und Insolvenz 109

GERICHT
Insolvenzgericht: Amtsgericht im Bezirk eines Landgerichts – Prüfung des Eröffnungsantrags

GLÄUBIGER/SCHULDNER
Beantragung des Verfahrens

Ggf. Einsetzung eines vorläufigen **INSOLVENZVERWALTERS**

Ggf. Geschäftsfortführung bis zur Verfahrenseröffnung

Eröffnungsvoraussetzungen erfüllt?

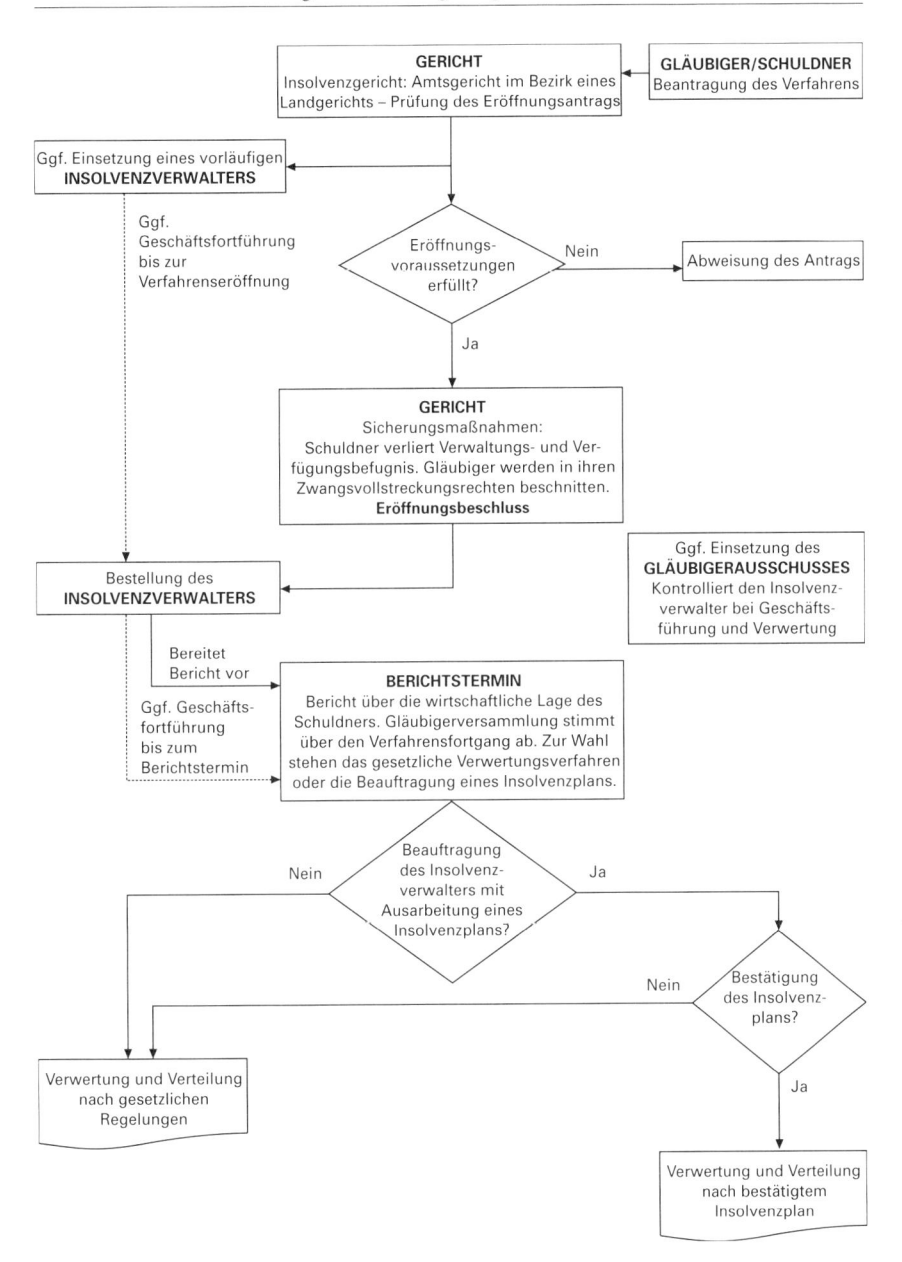

Nein → Abweisung des Antrags

Ja

GERICHT
Sicherungsmaßnahmen: Schuldner verliert Verwaltungs- und Verfügungsbefugnis. Gläubiger werden in ihren Zwangsvollstreckungsrechten beschnitten. **Eröffnungsbeschluss**

Ggf. Einsetzung des **GLÄUBIGERAUSSCHUSSES**
Kontrolliert den Insolvenzverwalter bei Geschäftsführung und Verwertung

Bestellung des **INSOLVENZVERWALTERS**

Bereitet Bericht vor

Ggf. Geschäftsfortführung bis zum Berichtstermin

BERICHTSTERMIN
Bericht über die wirtschaftliche Lage des Schuldners. Gläubigerversammlung stimmt über den Verfahrensfortgang ab. Zur Wahl stehen das gesetzliche Verwertungsverfahren oder die Beauftragung eines Insolvenzplans.

Beauftragung des Insolvenzverwalters mit Ausarbeitung eines Insolvenzplans?

Nein / Ja

Bestätigung des Insolvenzplans?

Nein

Verwertung und Verteilung nach gesetzlichen Regelungen

Ja

Verwertung und Verteilung nach bestätigtem Insolvenzplan

Abbildung 23: Das Insolvenzverfahren

Jedes Insolvenzverfahren hat einen einheitlichen Zweck, nämlich die Verwirklichung der Vermögenshaftung (§ 1 InsO) für die Gläubiger. Bei einem Gerichtstermin entscheiden die Beteiligten gemeinsam über den Fortgang des Verfahrens, das heißt über die Möglichkeit eines außergerichtlichen Vergleiches oder der oben genannten Sanierungsmaßnahmen. Auch während des Verfahrens können sie ihre Entscheidung weiterhin ändern (§§ 29 Abs. 1, 156 ff. InsO).

Neben die schon bestehenden Gründe für die Eröffnung eines Insolvenzverfahrens *Zahlungsunfähigkeit* und *Überschuldung* ist 1999 für juristische Personen auch die so genannte *drohende Zahlungsunfähigkeit* getreten (§ 18 InsO). Diese bedeutet, dass der Schuldner voraussichtlich nicht in der Lage sein wird, seine Zahlungsverpflichtungen bei Fälligkeit zu erfüllen. Es muss sich dabei um eine voraussichtliche Zeitraum-Illiquidität handeln und nicht lediglich um eine vorübergehende Zahlungsstockung. Die Feststellung einer künftig wahrscheinlichen Zahlungsunfähigkeit und damit die Eröffnung eines Insolvenzverfahrens über ein noch liquides, betriebsfähiges Unternehmen führt in der Praxis zu schwerwiegenden Ermessensfragen. Um den Missbrauch des neuen Eröffnungsgrundes als Druckmittel seitens der Gläubiger zu verhindern, muss der Insolvenzantrag in diesem Fall vom Schuldner selbst ausgehen.

Strittig bei derartigen Verfahren, die meist in einer Zwangsvollstreckung, also in der Versteigerung des Restvermögens zur Deckung der nichtbefriedigten Schulden enden, ist die Reihenfolge, in der Ansprüche abgedeckt werden. Hier werden aus- und absonderungsberechtigte Gläubiger, Massegläubiger, nachrangige und nicht nachrangige Insolvenzgläubiger unterschieden. Aussonderungsberechtigte Gläubiger können aufgrund eines persönlichen oder dinglichen Rechts verlangen, dass ein in der Verfügungsmacht des Schuldners befindlicher Gegenstand nicht in die Insolvenzmasse fällt, sondern vorab ausgesondert werden darf. Der absonderungsberechtigte Gläubiger kann beim Insolvenzverwalter eine Zwangsversteigerung eines unbeweglichen Gegenstandes beantragen, aus der er dann vor allen anderen Gläubigern bedient wird. Die restlichen Gläubiger werden als Massegläubiger bezeichnet, wobei auch hier Rangfolgen möglich sind.

Organe der Gläubigermitwirkung sind der *Gläubigerausschuss* und die *Gläubigerversammlung*, die in ihrer Zusammensetzung die Interessenvielfalt widerspiegeln sollen. Der Gläubigerausschuss (§§ 67 ff. InsO) kann vorläufig durch das Insolvenzgericht, endgültig nur durch die Gläubigerversammlung eingesetzt werden. Als Exekutivorgan der Gläubigerversammlung überwacht er die Abwicklung des Verfahrens und unterstützt den Insolvenzverwalter (§§ 69, 160 InsO). Die Gläubigerversammlung (§§ 74 ff. InsO) wird vom Insolvenzgericht einberufen und formal geleitet. Sie, und nicht wie bisher der Insolvenzverwalter, trifft letztlich den Entschluss über den Ablauf des Insolvenzverfahrens. Insbesondere entscheidet sie über die Wahl des Insolvenzverwalters und des Gläubigerausschusses sowie über die Betriebsfortführung, die Sanierung und die Beauftragung des Verwalters mit der Erstellung eines Insolvenzplans.

Durch eine privatautonome Einigung der mitspracheberechtigten Beteiligten kann das Verfahren auch abweichend von den Regelungen der InsO beendet werden. Der *Insolvenzplan* tritt an die Stelle von Vergleich und Zwangsvergleich. Es gibt jedoch keine Mindestquote für Gläubiger. Der Plan ist für alle Verwertungsarten offen und kann daher flexibel gestaltet werden. Das Recht der Planinitiative liegt bei dem von der Gläubigerversammlung dazu beauftragten Insolvenzverwalter oder beim Schuldner (§ 218 InsO). Der Plan ist gegliedert in einen darstellenden Teil (§ 220 InsO), der das bisherige Geschehen sowie die Grundlagen und Auswirkungen des Konzepts beschreibt, und in einen gestaltenden Teil (§ 221 InsO), der die durch den Plan zu verwirklichenden Rechtsänderungen beschreibt, vor allem hinsichtlich der Gläubigerrechte.

7. Möglichkeiten der Außenfinanzierung

Außenfinanzierung bedeutet, wie eingangs dargestellt, die Finanzierung mit Mitteln, die am Geld- und Kapitalmarkt aufgenommen wurden, die also nicht aus dem internen Wertschöpfungsprozess stammen. Man gelangt an Kapital von außen durch neue Eigentümer (Eigenkapital) oder durch Vereinbarungen mit Gläubigern (Fremdkapital). Dabei ist zu beachten, dass ein und dieselbe Person sowohl als Eigentümer als auch als Fremdkapitalgeber auftreten kann. So haben zahlreiche Unternehmer nicht nur Eigenkapital in ihrem Unternehmen gebunden, sondern gewähren demselben Unternehmen aus Sicherheits- oder Steuerüberlegungen auch Darlehen.

7.1 Einlagen- und Beteiligungsfinanzierung

7.1.1 Einlagen- und Beteiligungsfinanzierung für Unternehmen ohne Börsenzugang

Wird einem Unternehmen durch den Eigentümer einer Einzelunternehmung, durch die Miteigentümer (Gesellschafter von Personengesellschaften) oder durch die Anteilseigner (Aktionäre, GmbH-Gesellschafter) Eigenkapital von außen zugeführt, so handelt es sich um eine Eigenfinanzierung in Form der Einlagen- bzw. Beteiligungsfinanzierung. Das Eigenkapital kann dem Unternehmen in verschiedenen Varianten zugeführt werden. Die Geldeinlage ist davon die häufigste. Sie ist lediglich mit geringen Problemen behaftet, da Geld als nominelle Größe keine Bewertung notwendig macht. Kapitalzuführungen in Form von Sacheinlagen (Maschinen, Rohstoffe oder Waren) oder Rechten (Patente, Lizenzen, Wertpapiere) sind ebenfalls möglich, jedoch stellen sich bei ihrer Einbringung Bewertungsprobleme.

Bevor die einzelnen Einlagenvarianten besprochen werden, sei nochmals auf die steuerliche Unterscheidung zwischen Eigen- und Fremdkapital bezüglich der eingeräumten Rechte hingewiesen, die schon in Tabelle 2 angesprochen wurden. Wenn sich ein Unternehmen für die Einlagenfinanzierung entscheidet, sollte es sich bewusst sein, dass diese hinsichtlich der Steuerwirkung ungünstiger ist als eine Fremdkapitaleinlage, deren Kosten, also die Zinsen, als Betriebsausgaben und damit als Aufwand in der Gewinn- und-Verlust-Rechnung absetzbar sind. Im Gegensatz dazu wird der Preis für Eigenkapital, also die Dividenden, aus dem versteuerten Gewinn bezahlt.

Die Beteiligungsfinanzierung kann mithilfe neuer oder bisheriger Gesellschafter erfolgen. Mit Ausnahme des in Abschnitt 5.2 genannten Small Cap Market existiert allerdings für kleine und mittlere Unternehmen, die nicht als innovative Wachstumsunternehmen gelten (Neuer Markt) oder bereits so groß und bekannt sind, dass sie am geregelten Markt notiert werden können, kein institutioneller Eigenkapitalmarkt. So sind diese Unternehmen darauf angewiesen, sich über Beratungsunternehmen oder durch Anzeigen in einschlägigen Zeitschriften neue Anteilseigner zu suchen. Zwar hat sich dieser *graue Beteiligungsmarkt* in den letzten Jahren etwas organisiert, da Banken und große Beratungsunternehmen inzwischen Informationsplattformen für Beteiligungswillige und -suchende anbieten; von einem transparenten Marktplatz kann aber noch bei weitem nicht gesprochen werden. Eine der bekanntesten staatlich geförderten Initiativen ist die Plattform Change, die von der Deutschen Ausgleichsbank und zahlreichen Partnern unterhalten wird und im Internet Beteiligungsmöglichkeiten insbesondere für Unternehmensnachfolgen anbietet.

Je nach Rechtsform gestaltet sich die Beteiligungsfinanzierung unterschiedlich. Für Einzelunternehmen, stille Gesellschaften, OHGs, KGs, BGB-Gesellschaften und GmbHs besteht nicht die Möglichkeit, Eigenkapital über die Nutzung des Kapitalmarkts zu beschaffen. Sie sind nicht emissionsfähig. Der Zugang zur Börse bleibt in Deutschland den Aktiengesellschaften und den Kommanditgesellschaften auf Aktien vorbehalten. Neben dem fehlenden Zugang zum organisierten Kapitalmarkt werden die Gesellschafter eines nicht emissionsfähigen Unternehmens beim Zufluss neuen Kapitals im Rahmen der Beteiligungsfinanzierung mit dem Problem der Neuaufteilung der stillen Reserven und der Beeinträchtigung der Mitspracherechte konfrontiert. Des Weiteren gilt es zu bedenken, dass die erworbenen Geschäftsanteile nicht fungibel sind und sich oft nur unter Schwierigkeiten wieder veräußern lassen. Im Falle einer Veräußerung tritt das so genannte »Lemmon«-Problem im Sinne von Akerlof auf. Dabei wird der Käufer aufgrund der herrschenden *Informationsasymmetrie*, die auf dem Wissensvorsprung des Verkäufers beruht, annehmen, dass zu den Verkaufsmotiven erwartete Ertragsverschlechterungen zählen, die in den offiziellen Verkaufsunterlagen nicht ausgewiesen sind. Der interessierte Käufer ist aufgrund dieser Vermutung nicht mehr bereit, den vom Verkäufer angesetzten Preis zu zahlen, und wird in Verhandlungen entsprechend versuchen, diesen zu kürzen.

Speziell bei der *Einzelunternehmung* bereitet die Beschaffung von Eigenkapital die größten Schwierigkeiten, da primär nur das Vermögen des Unternehmers zur Verfügung steht, wenn dieser die Rechtsform der Einzelunternehmung beibehalten will und nicht bereit ist, einen stillen Gesellschafter aufzunehmen. Der Einzelunternehmer kann das Eigenkapital durch Zuführung aus seinem privaten Vermögen erhöhen, aber auch jederzeit durch Entnahmen verringern. Die Kosten der Beteiligungsfinanzierung sind jedoch gering, da sie lediglich die Handelsregistereintragung sowie die Gewinnausschüttung umfassen.

Bei der *offenen Handelsgesellschaft (OHG)* kann die Beteiligungsfinanzierung durch Einlagen alter Gesellschafter oder durch die Aufnahme neuer Gesellschafter erfolgen. Dabei wird die Einbringung neuen Kapitals seitens der alten Gesellschafter durch deren persönliche Vermögensverhältnisse begrenzt. Es empfiehlt sich nicht, neue Gesellschafter im unbegrenzten Maße aufzunehmen, da die Leitung bei einer großen Anzahl an Gesellschaftern nur schlecht zu handhaben ist. Die auf einem guten persönlichen Verhältnis der Gesellschafter basierende OHG hat daher in der Regel auch lediglich zwei bis vier Gesellschafter. Als Kosten der Beteiligungsfinanzierung in der OHG entstehen Aufwendungen im Bereich des Registerrechts für Eintragungen, Löschungen und Veröffentlichungen, der Gewinnausschüttung nach HGB oder Gesellschaftsvertrag, der Einkommensteuer, wenn die Gesellschafter natürliche Personen sind, der Gewerbesteuer sowie der Publizitätspflicht, falls das Unternehmen eine bestimmte Größe überschreitet.

Bei der *Kommanditgesellschaft (KG)* muss die Anzahl der Komplementäre (Vollhafter) aus den für die OHG angeführten Gründen ebenfalls beschränkt bleiben. Durch die Aufnahme von Kommanditisten (Teilhaftern), deren Haftung – wie bereits bekannt ist – auf die Höhe der Kapitaleinlage beschränkt ist und die von der Geschäftsführung ausgeschlossen sind, besitzt die Kommanditgesellschaft wesentlich bessere Voraussetzungen zur Verbreiterung der Eigenkapitalbasis. Dabei sollte man allerdings beachten, dass Kommanditisten nur so lange zu gewinnen sind, wie das Risiko einer Kapitalbeteiligung als angemessen betrachtet wird. Ein wichtiger Faktor zur Risikobeurteilung ist in diesem Zusammenhang die Höhe des Vermögens der Komplementäre. Die im Rahmen der Beteiligungsfinanzierung anfallenden Kosten entsprechen denen der OHG. Als reine Kapitalanlage weist die Kommanditeinlage aufgrund ihrer mangelnden Fungibilität und Sicherheit Nachteile gegenüber anderen Kapitalanlageformen auf und ist somit nur beschränkt zur Ausweitung der Eigenkapitalbasis einsetzbar.

Die *Gesellschaft mit beschränkter Haftung (GmbH)* besitzt ein in seiner Höhe fixiertes Nominalkapital, welches durch die Ausgabe von Anteilen an die Gesellschafter aufgebracht wird. Die Haftung der Gesellschafter gegenüber der Gesellschaft ist, wie bereits beschrieben, auf die Höhe ihrer Einlage beschränkt, was die Aufnahme von Eigenkapital für eine GmbH erleichtert. Gegenüber börsenfähigen Aktien sind GmbH-Anteile jedoch weitaus weniger fungibel, da für sie kein organisierter Markt existiert. Die Übertragung von Anteilen wird zudem durch die Notwendigkeit einer notariellen Beurkundung erschwert.

7.1.2 Einlagen- und Beteiligungsfinanzierung über die Börse

Im Gegensatz zu nicht emissionsfähigen Unternehmen gestaltet sich die Eigenkapitalbeschaffung für emissionsfähige Unternehmen weitaus einfacher, da hier das transaktionshemmende »Lemmon«-Problem ausgeschaltet ist; dies hängt damit zusammen, dass die einzelnen Marktsegmente zwar unterschiedliche, aber umfangreiche Informations- und Publikationspflichten des kapitalsuchenden Unternehmens gegenüber den Investoren vorschreiben. Der Zugang zur Börse bleibt in Deutschland Kapitalgesellschaften vorbehalten.

Ihre Emissionsfähigkeit verschafft ihnen im Vergleich zu nicht emissionsfähigen Unternehmen Vorteile. So fließt einem emissionsfähigen Unternehmen tendenziell in höherem und leichterem Maße Eigenkapital zu. Das Eigenkapital kann außerdem in viele Teilbeträge aufgeteilt werden, wodurch sich Eigenkapitalgeber bereits mit kleinen Beträgen am Unternehmen beteiligen können. Die Stückelung ist seit einigen Jahren frei, sodass es keinen Mindestnennbetrag je Anteil mehr gibt. Anteile in Cents oder wenigen Euro sind daher nicht unüblich. Ein weiterer Vorteil besteht darin, dass die organisierten und streng beaufsichtigten Märkte Sicherheit und höchste Fungibilität, das heißt die Möglichkeit zur Weiterveräußerung der Anteile bieten.

Für die Ausgabe von Anteilen einer Aktiengesellschaft stehen verschiedene Aktienarten zur Verfügung, die hinsichtlich des Grades der Übertragbarkeit sowie ihres verbrieften Rechtsumfangs differenziert werden können. Die nachfolgende Übersicht fasst diese zusammen.

Übersicht über die Aktienarten

Nach der Stückelung des Grundkapitals:
- Nennwertaktien
- Quotenaktien
- Stückaktien

Nach der Übertragbarkeit der Aktien:
- Inhaberaktien
- Namensaktien

Nach Umfang und Qualität der Rechte:
- Stammaktien
- Vorzugsaktien

Nach dem Ausgabezeitpunkt:
- Alte Aktien
- Neue Aktien

Sonderformen:
- Eigene Aktien
- Vorratsaktien
- Belegschaftsaktien
- Aktienähnliche Rechte

Bei einer *Inhaberaktie* handelt es sich um ein Papier, das gemäß § 929 BGB durch Einigung und Übergabe an den neuen Eigentümer übergeht. Das Unternehmen weiß also nie, wer letztlich gerade Eigentümer und damit stimmberechtigter Teilnehmer auf der nächsten Hauptversammlung ist. Um diese Unsicherheit gerade in Zeiten feindlicher Übernahmen durch Aufkäufer von Anteilen zu umgehen, Unternehmen in den letzten Jahren vermehrt dazu übergegangen, *Namensaktien* auszugeben. Hier kann eine Übertragung nur durch ein Indossament, also eine Abtretung mit Eintragung des neuen

Eigentümers in das Aktienbuch der Unternehmung erfolgen. Darin sind Name, Wohnort und Beruf vermerkt, sodass das Unternehmen jederzeit die Eigentümer namentlich kennt. Will das Unternehmen die Übertragung der Anteile von seiner Genehmigung abhängig machen, so *vinkuliert* es diese Namensaktien. Die Übertragung ist damit gemäß § 68 II AktG von der Zustimmung der Gesellschaft und damit dem Vorstand als gesetzlichem Vertreter abhängig. Zwar ist der Verwaltungsaufwand dieser Aktienbuchführung höher als bei Inhaberaktien, ein zielgerichtetes Investor Relationship, das heißt eine zielgerichtete Betreuung und Information der Eigentümer ist dadurch aber leichter möglich. Da Namensaktien und insbesondere vinkulierte Namensaktien schwerer zu übertragen sind und damit deren Fungibilität eingeschränkt ist, wird dem Käufer derartiger Papiere häufig ein zusätzliches Sonderrecht eingeräumt. Dies kann in höheren Dividenden oder immateriellen Anreizen liegen.

Derartige Vorzüge kommen aber auch bei Inhaberaktien vor. Man unterscheidet daher außerdem zwischen Vorzugs- und Stammaktien. Bei der normalen Aktie, der *Stammaktie*, sind alle bereits genannten Rechte – Stimmrecht, Gewinnanspruch, Anspruch auf Liquidationserlös – enthalten, während die *Vorzugsaktie* Vorzüge insbesondere beim Gewinnanspruch einräumt und dafür meist nicht mit Stimmrechten ausgestattet ist. Eine stimmrechtslose Vorzugsaktie verwehrt damit die Mitwirkung an Entscheidungen in der Hauptversammlung. Der Begriff Vorzugsaktie ist daher eher irreführend.

Nennwertaktien unterscheiden sich von Quoten- oder Stückaktien dadurch, dass bei der klassischen Nennwertaktie auf jedem Stück der nominale Wert, zum Beispiel 5 Euro, abgedruckt ist; er unterscheidet sich in aller Regel vom Börsenwert. Die *Quotenaktie* verbrieft hingegen einen Anteil am Unternehmen, sie gewährt also Bruchteilseigentum, zum Beispiel in Höhe von einem Tausendstel des gesamten Unternehmens. Bei *Stückaktien* handelt es sich ebenfalls um nennwertlose Aktien, wobei in der Satzung vermerkt sein muss, wie viele Stücke derzeit im Umlauf sind.

Von jungen Aktien spricht man bei der Emission, also der Ausgabe neuer Aktien am Primärmarkt. Alte Aktien sind bereits in Umlauf und werden daher am so genannten Sekundärmarkt gehandelt.

Sonderformen der Aktien sind die *eigenen Aktien*, die bereits in Abschnitt 6.3 bei der Kapitalherabsetzung besprochen wurden. Gemäß § 57 AktG ist der Rückkauf eigener Aktien grundsätzlich verboten, wobei die Ausnahmen (Verlustausgleich, Ausgabe von Belegschaftsaktien) in § 71 AktG in Verbindung mit § 272 IV HGB geregelt sind. Belegschaftsaktien sind Anteile, die von den Mitarbeitern gehalten werden, und aktienähnliche Rechte können Anteilsrechte versprechen, wobei keine eigentlichen Eigenkapitalanteile ausgegeben wurden. Diese werden auch als Genussrechte bezeichnet.

Auf den internationalen Eigenkapitalmärkten sind außer den genannten Anteilsformen noch weitere Arten bekannt. So sind beispielsweise die *American Depositary Receipts* (ADR-Papiere) zu nennen, die ausländischen Investoren übereignet werden, denen eventuell ein Zugang zum US-amerikanischen Eigenkapitalmarkt verwehrt ist. ADRs sind Wertpapiere, die Rechte an zugrunde liegenden Aktien verbriefen. Diese werden von der ausgebenden Bank gehalten und können dort jederzeit getauscht oder zurückgegeben werden. Letztlich handelt es sich um eine Platzierung von Anteilen im amerikanischen Markt an der offiziellen Börse vorbei.

Bei *Tracking Stocks* handelt es sich um in den USA übliche Aktien, die nur Anteile an bestimmten Geschäftsbereichen eines Unternehmens verbriefen. So haben große Gesellschaften in den USA ihre Stammaktien, die Anteile am Gesamtunternehmen verbriefen, in den letzten Jahren in Bereichsaktien umgewandelt, die nur Ansprüche an den jeweiligen Geschäftsbereich gewähren. Der Vorteil besteht darin, dass ein Unternehmen nicht wie in Deutschland in Form einer rechtlich selbstständigen Tochtergesellschaft geführt werden muss, um für diese eigene Anteile auszugeben. Es bleibt weiterhin ein Board of Directors (Vorstand) für das gesamte Unternehmen verantwortlich. Allerdings muss für die einzelnen Geschäftsfelder, bei denen Tracking Stocks ausgegeben sind, auch eine eigenständige Rechnungslegung erfolgen.

Die verschiedenen Börsenformen wurden bereits in Kapitel 5 besprochen. Wie konkret ein Unternehmen allerdings im Sinne der Einlagen- und Beteiligungsfinanzierung an diese Börse geht, wird im Folgenden erläutert.

In einem ersten Schritt ist, sofern noch nicht erfolgt, die Umwandlung in die Rechtsform der Aktiengesellschaft vorzunehmen. Der Beschluss hierzu ist wiederum mit einer Dreiviertelmehrheit der aktuellen Anteilseigner herbeizuführen. Weiterhin muss ein *Umwandlungs- und Gründungsbericht* erstellt und der Betriebsrat informiert werden. Die Anmeldung zum Handelsregister erfolgt wie bei jeder Rechtsformwahl bzw. -umwandlung. Im Umwandlungs- und Gründungsbericht ist das Unternehmen ausführlich darzustellen, was heutzutage durch ein so genanntes Due-Diligence-Gutachten erfolgt. Banken, Berater oder Wirtschaftsprüfer haben hier unter Anwendung höchster Sorgfalt alle Seiten des Unternehmens zu beleuchten. So werden nicht nur die wirtschaftlichen Kennzahlen, die wir aus Kapitel 2 und

4 kennen, zur Ermittlung des Unternehmenswertes angewandt, sondern auch Aspekte der Unternehmensumwelt wie Kundenrelation, Konkurrenz und Wettbewerb oder personelle Aspekte und rechtliche Probleme beschrieben. Bereits diese Due Diligence kann erhebliche Kosten verursachen, was bei kleinen und mittleren Unternehmen häufig bereits zu einem Hemmnis für den Börsengang wird.

Ist dieser erste Schritt vollzogen, so wird mithilfe der begleitenden Emissionsbank ein Emissionsplatz ausgewählt. Die verschiedenen Marktsegmente wurden bereits in Kapitel 5 vorgestellt. Dabei ist nicht nur das Segment, sondern auch der Platz an sich sorgfältig auszuwählen. In Deutschland gibt es bislang noch acht Börsenplätze: Berlin, Bremen, Düsseldorf, Frankfurt, Hamburg, Hannover, München und Stuttgart. Obgleich der sicher bekannteste Börsenplatz in Deutschland Frankfurt ist, kann die Wahl einer Regionalbörse für ein regional bekanntes Unternehmen durchaus Vorteile bieten. Handelt es sich um ein großes Unternehmen, so ist auch die Platzierung der Anteile an den bekannten internationalen Börsenplätzen wie New York, London, Zürich oder Tokio zu erwägen. Dabei müssen allerdings die dort geltenden Zulassungsvoraussetzungen und Publizitäts- und Bilanzierungspflichten beachtet werden.

Ist auch dieser Schritt vollzogen, so kann die Emission erfolgen, indem zunächst der Emissionspreis ermittelt wird und danach durch entsprechende Kommunikations- und Werbekampagnen die Platzierung bekannt und attraktiv gemacht wird. Für die Preisfestlegung stehen drei grundsätzlich verschiedene Techniken zur Verfügung: das Festpreis-, das Auktions- und das Bookbuilding-Verfahren. Beim *Festpreisverfahren* wird auf Basis fundamentaler Unternehmensdaten, die zum Beispiel aus dem Due-Diligence-Bericht zu entnehmen sind, ein Emissionspreis festgelegt. Im Gegensatz dazu wird beim *Auktionsverfahren* der Preis durch ein vorbörsliches Gebotsverfahren ermittelt. Jeder Interessierte, in der Regel große Investmenthäuser, können hier im Vorfeld ihre Preis- und Mengenvorstellungen abgeben. Auf der Basis der eingereichten Gebote erfolgt dann eine Zuteilung der Emission auf die Zeichner mit den höchsten Geboten. Erfolgt die Zuteilung zu verschiedenen Preisen je nach Geboten, so handelt es sich um das in den USA gebräuchliche Preistenderverfahren. Wird ein einheitlicher Preis festgelegt, so handelt es sich um das in Europa übliche Mengentenderverfahren. Wird der Preis unmittelbar mit den Interessenten durch Abgabe von Zeichnungswünschen und letztlich aufgrund dieses fiktiven Marktes ermittelt, so handelt es sich um das international inzwischen gebräuchlichste Preisermitt-

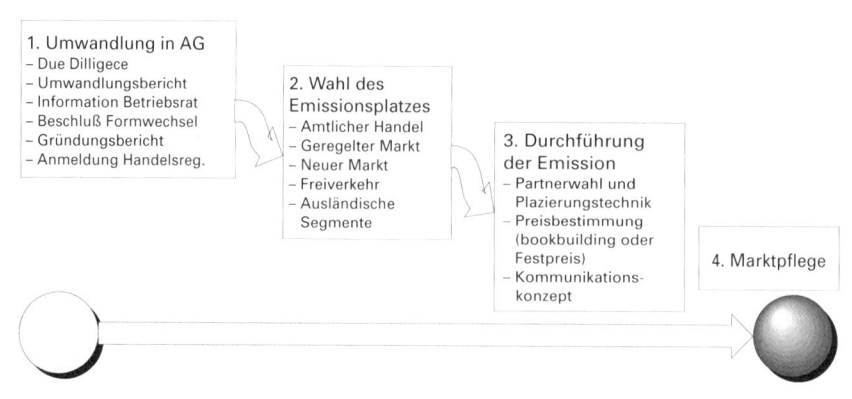

```
1. Umwandlung in AG
 – Due Dilligece
 – Umwandlungsbericht
 – Information Betriebsrat
 – Beschluß Formwechsel
 – Gründungsbericht
 – Anmeldung Handelsreg.

2. Wahl des Emissionsplatzes
 – Amtlicher Handel
 – Geregelter Markt
 – Neuer Markt
 – Freiverkehr
 – Ausländische Segmente

3. Durchführung der Emission
 – Partnerwahl und Plazierungstechnik
 – Preisbestimmung (bookbuilding oder Festpreis)
 – Kommunikationskonzept

4. Marktpflege
```

Abbildung 24: Ablauf eines Börsenganges

lungsverfahren, das *Bookbuilding-Verfahren.* Dieses Verfahren erlaubt auch, durch Kommunikationsinstrumente große und institutionelle Anleger von der Attraktivität der Emission zu überzeugen. Ein Bookrunner nimmt hier im Vorfeld alle Zeichnungswünsche auf und erstellt so ein Meinungsbild über den festzulegenden Preis. Abbildung 24 fasst diese Schritte nochmals zusammen.

7.1.3 Beteiligungsfinanzierung mit Venture-Capital und Business Angels

Um den mangelnden Börsenzugang für neue, kleine oder mittlere Unternehmen und die hohen Aufwendungen eines Börsenganges abzufangen, kann auch die Einschaltung so genannter Kapitalbeteiligungs- (KBG) und Venture-Capital-Gesellschaften (VCG) in Betracht gezogen werden. Beide führen kleinen und mittleren Unternehmen Eigenkapital zu, unterscheiden sich jedoch hinsichtlich ihrer Ausrichtung. Während VCG sich vor allem jungen, innovativen Unternehmen aus Hightech-Branchen zuwenden und auf die Wertsteigerung ihrer Engagements zielen, bevorzugen KBG langjährig bestehende Unternehmen aus traditionellen Branchen und laufende Gewinnausschüttungen. Des Weiteren beschränken sich VCG nicht auf die reine Mittelvergabe, sondern stellen, so weit möglich und notwendig, dem Management Know-how zur Verfügung. Die Grenzen zwischen VCG und KBG sind jedoch so fließend, dass in der Praxis die hier vorgenommene Un-

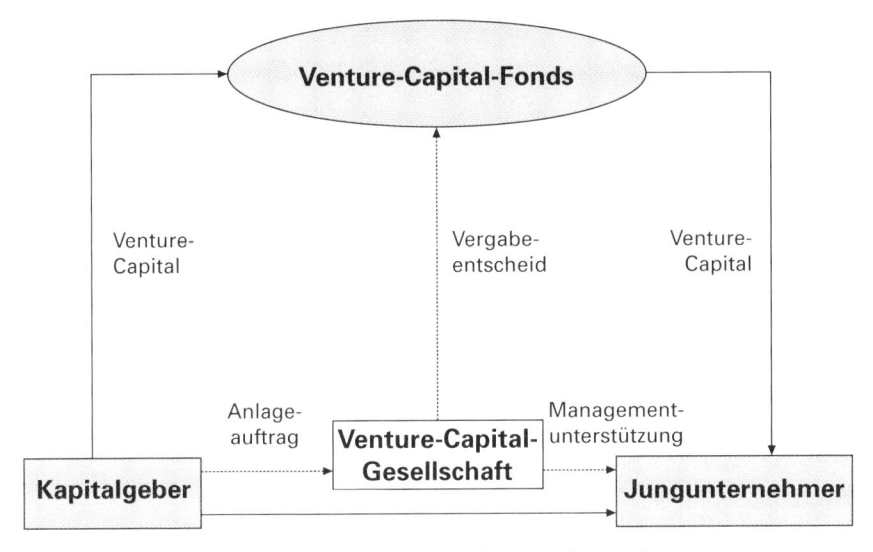

Abbildung 25: Einbezug eines VC-Fonds bei der Beteiligungsfinanzierung

terscheidung keine Bedeutung mehr hat und folglich allgemein vom Markt für Beteiligungskapital gesprochen wird.

Bei einer Beteiligungsfinanzierung durch eine Beteiligungsgesellschaft werden im ersten Schritt Mittel in Fonds eingebracht, die in der Regel von institutionellen Anlegern, wie Banken, Versicherungen oder vermögenden Privatpersonen, gespeist werden (vgl. Abbildung 25).

Im Anschluss werden mögliche Beteiligungsunternehmen hinsichtlich ihrer Eignung und Fähigkeit, den Erwartungen der Beteiligungsgesellschaft Genüge zu tun, überprüft. Dabei gilt es, die Stärken und Schwächen der Unternehmung zu durchleuchten und eine realistische Zukunftsprognose zu erstellen. Wenn ein Unternehmen den Anforderungen der Beteiligungsgesellschaft entspricht, dann werden verschiedene Beteiligungsformen in Erwägung gezogen. Eine offene Beteiligung in einer AG oder GmbH, Kommanditist in einer KG, stille Beteiligung als typischer oder atypischer Gesellschafter, Genussrechte oder Kombinationen können hier als Beispiele angeführt werden. Die Desinvestition kann im Rahmen eines Rückverkaufs an die Gründer, einer Veräußerung an interessierte Dritte oder einer Einführung an einer nationaler oder internationalen Börse erfolgen. Um die letztere Möglichkeit zu vereinfachen, sind in einigen Ländern wie Frankreich oder Deutschland neue Börsensegmente für Wachstumsunternehmen geschaffen worden.

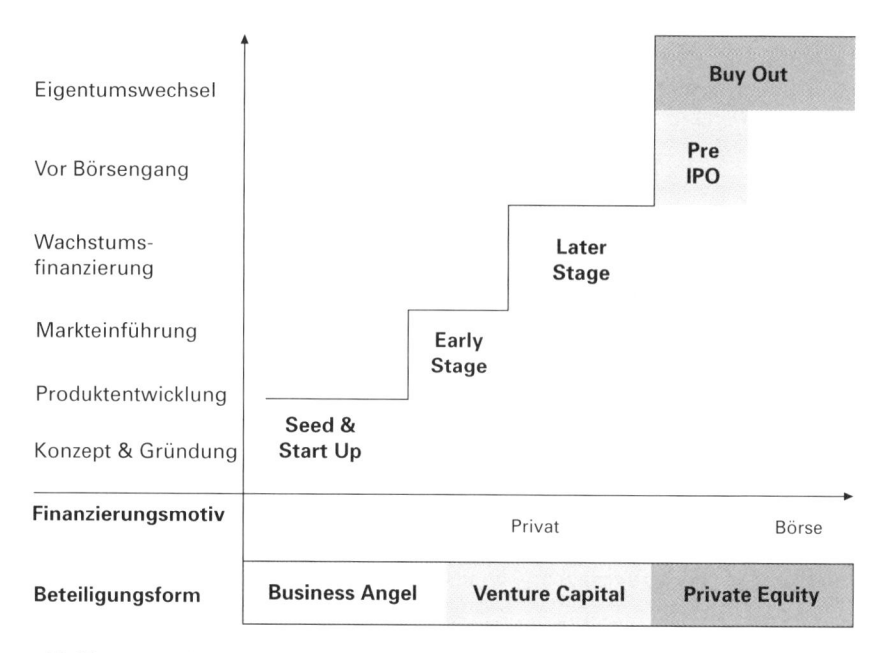

Abbildung 26: Phasen der VC-Finanzierung

Inzwischen gibt es in Deutschland über 4 000 VC-Gesellschaften, wobei die großen von Banken und Versicherungen geführt werden und meist mit gemeinnützigen Kapitalbeteiligungsgesellschaften von Bund und Ländern oder den staatlichen Banken wie die KfW zusammenarbeiten.

Abbildung 26 zeigt, wie die Finanzierungsphasen, bei denen Venture-Capital zum Einsatz kommt, eingeteilt werden.

Mit *Seed Financing* wird die Phase bezeichnet, in der ein Unternehmer Kapital benötigt, um seine Aktivitäten von der ersten Idee bis hin zur Erforschung und Entwicklung von Prototypen und Mustern zu finanzieren. Diese Phase wird häufig vom Unternehmer selbst oder mittels öffentlicher Fördergelder finanziert. Einnahmen sind in dieser Phase nicht zu erwarten.

Die *Start-up-Phase* ist gekennzeichnet durch die eigentliche Unternehmensgründung und die detaillierte Planung des Marktein- und -auftritts. Hier werden Businesspläne von Experten geprüft sowie Marktchancen und potenzielle Marktanteile prognostiziert. Auch hier sind noch keine Einnahmen zu erwarten, und vereinzelt konzentrieren sich VC-Gesellschaften bereits auf diese frühe Phase. Der Beratungsbedarf ist hier erheblich, und die so genannte Burn Rate, also der Mittelverbrauch, steigt an. Diese *Early-*

Stage-Phase kann ihrerseits in Teilphasen zerlegt werden, wobei VC-Gesellschaften diese Einteilung vielfach vorgeben und als Finanzierungsrunden von der Einhaltung bestimmter Erfolgskennzahlen (Meilensteine) abhängig machen. Bei der Auswahl von Unternehmen durch die VC-Gesellschaften spielen in diesen frühen Phasen vor allem die Qualifikationen der Gründer und die bisherige Gründungsgeschichte (Track Record) eine große Rolle.

In der anschließenden *Later-Stage-Phase* ist die Finanzierung von Wachstumsinvestitionen zur Erweiterung einer erfolgreich eingeführten Unternehmung zu gewährleisten. Häufig sind hier bereits Restrukturierungen notwendig, die einen gesteigerten Kapitalbedarf nach sich ziehen. Die Umorganisation im Management, das Ausscheiden und die Abfindung von Mitgründern, der Aufbau zusätzlicher oder neuer Vertriebswege sowie nicht selten die Vorbereitung eines Börsenganges (Initial Public Offering, IPO) machen eine weitere Finanzierungsrunde nötig. Diese Phase wird häufig auch als *Bridge Financing*, das heißt Überbrückungsfinanzierung bis zum Börsengang, bezeichnet.

Die letzte Phase wird als *Exit* bezeichnet, wobei hier neben dem klassischerweise von VC-Gesellschaften angepeilten Börsengang weitere Alternativen denkbar sind. Der Verkauf an industrielle Investoren wird als Trade Sale bezeichnet, der Verkauf an andere VC-Gesellschaften als Secondary Purchase. Weiterhin kann ein Buy Back erfolgen, der Unternehmer oder die Alteigentümer und Gründer kaufen also die Anteile von der Beteiligungsgesellschaft zurück, um wieder Alleineigentümer zu werden.

Wenn als Venture-Kapitalisten nicht Gesellschaften, sondern Privatpersonen bzw. informelle Investoren auftreten, werden diese als *Business Angels* bezeichnet. Inzwischen haben sich in Europa zahlreiche BA-Netzwerke gebildet, die ihre Erfahrungen aus der Beteiligung an meist jungen Unternehmen weitergeben.

Häufig beteiligten sich Privatpersonen an jungen Unternehmen, noch bevor institutionelle VC-Gesellschaften diese Unternehmen als Investitionsmöglichkeit entdecken. Sie haben damit eine Brückenfunktion von der Gründungsidee bis zur Start-up-Finanzierung (Bridge Financing). Dieser Markt für Private Equity wächst seit Jahren, da vermögende Privatpersonen zunehmend ihre Investments nicht mehr in klassischen Anlageformen, sondern bei wachstumsstarken Jungunternehmen suchen. Auch die Renditeaspekte können hier eine Rolle spielen, wie die Chance, durch die Förderung eines innovativen Unternehmens eventuell neue Technologien für das eigene Unternehmen zu testen und sie letztlich zu integrieren. Die Business An-

```
                        Venture-Capital
    ┌──────────────┬──────────────┬──────────────┬──────────────┐
 Institutionelles  Corporate     Öffentliches    Informelles
      VC              VC              VC              VC
```

- Institutionelles VC
  - Unabhängige VC
  - Tochtergesellschaften von Kreditinstituten
  - Tochtergesellschaften von Finanzdienstleistern
  - Unternehmensbeteiligungsgesellschaft
- Corporate VC
  - Externe VC-Ges.
  - Eigene VC-Ges.
  - Direkte Beteiligung
  - Spin-offs Joint Ventures
- Öffentliches VC
  - Small Business Companies
  - Community Development Funds
  - Mittelständische Beteiligungsgesellschaften
  - Förderprogramme
- Informelles VC
  - Passiver informeller Investor
  - Business Angel individuell aktiv
  - BA-Syndikate BA-Fonds
  - Coach, Mentor Senior

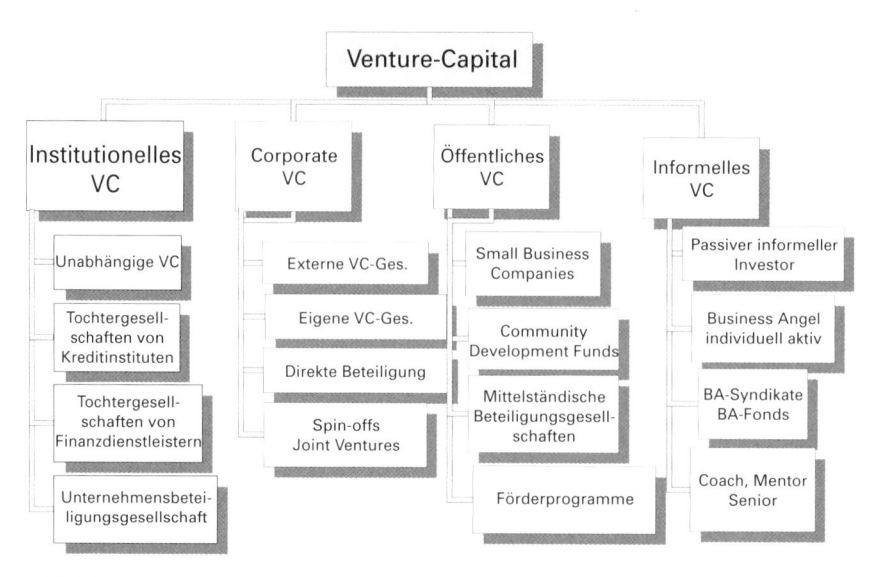

Abbildung 27: Arten von Risikokapitalgebern

gels übernehmen dann nicht nur Finanzierungs-, sondern auch Beratungs- und Coaching- bzw. Patenfunktionen. Von den Erfahrungen des Paten kann ein Jungunternehmer weit über die Finanzierungsseite hinaus profitieren.

Abbildung 27 vermittelt eine zusammenfassende Übersicht über die verschiedenen Arten von Risikokapitalgebern.

7.1.4 Beteiligungsfinanzierung durch Mitarbeiter und Management

Immer mehr Unternehmen tendieren in den letzten Jahren dazu, nicht nur Eigenkapital durch Außenstehende zu suchen, sondern ihre Mitarbeiter und Manager am Unternehmen zu beteiligen. So werden Mitarbeitern in Unternehmen stille Beteiligungen als Lohn- oder Gehaltsersatz angeboten und so Ausschüttungen vermieden, was letztlich eine Selbstfinanzierung (vgl. Kapitel 8) darstellt. Die Beteiligung kann auch durch Ausgabe von Mitarbeiter- oder Belegschaftsaktien erfolgen, wobei auch hier Lohnanteile im Innenverhältnis umgewandelt werden können oder in Form einer Kapitalerhöhung durch Angebot von Anteilsscheinen an Beschäftigte von außen zufließen.

Insbesondere die für Manager als Anreiz gedachte Möglichkeit, sich am Unternehmen zu beteiligen, führte in der Vergangenheit zu einer Welle von Beteiligungsmodellen, die zusammenfassend unter dem Begriff *Stock-Option-Modelle* bekannt wurden. So sollen Aktienoptionen, also die Alternative, zu einem fest vereinbarten Preis (Basispreis) Anteilsscheine vom Unternehmen zu einem späteren Zeitpunkt zu erwerben, das Management bzw. die Mitarbeiter dazu anspornen, den Unternehmenswert bis zu diesem Zeitpunkt zu steigern, um letztlich von einem Kursanstieg der Anteile zu profitieren. Da ein Kursanstieg zugleich auch den Aktionären zugute kommt, scheint dieser Anreiz im Sinne eines volkswirtschaftlichen *Pareto-Optimums* allen zu nutzen. Die Interessen der Manager, insbesondere der Finanzmanager sollen auf diese Weise enger an jene der Shareholder geknüpft werden.

Bei allen Aktieoptionsprogrammen wird der Aktienkurs und nicht eine Leistungskennziffer (zum Beispiel Output pro Arbeitsstunde oder Kundenzahlen) als Bemessungsgrundlage für die Belohnung der Manager verwandt. Dieser ist zwar leicht mess- und überprüfbar, er vernachlässigt aber Zeitverzögerungen von wertschaffenden Entscheidungen oder Anreize für die in Kapitel 1 genannten Stakeholder gegenüber den Shareholdern. So können Finanztransaktionen bewusst so angelegt werden, dass zum Ausübungszeitpunkt der Option der Kurs für den Ausübenden der Option optimal gestaltet ist. Wird die Option ausgeübt, so wird dem Unternehmen durch den Kauf der Anteilsscheine zusätzliches Kapital von außen zugeführt. Die Höhe dieser Außenfinanzierung sollte im Finanzplan mit den Wahrscheinlichkeiten der Ausübung der Optionen vermerkt sein und ist durch wegen der damit verbundenen Verschiebung der Anteilsrechte (Stimmrechte, Dividendenteil) auch von den Alteigentümern in der Hauptversammlung wie eine Kapitalerhöhung mit einer Dreiviertelmehrheit zu beschließen.

Um Manipulationen bei dieser Art der Beteiligungsfinanzierung zu vermeiden und ausreichend Anreize für eine Leistungssteigerung zu bieten, sollte der Kreis der Mitarbeiter, an die Aktienoptionen gegeben werden, eingeschränkt bleiben, die Höhe des Basispreises attraktiv sein und die Laufzeit der Optionen überschaubar bleiben. Damit man das Zurechnungsproblem von Mehrleistung und dessen Auswirkung auf den Anteilspreis an einer Börse umgehen kann, bieten sich die weiter oben besprochenen Tracking Stocks an, deren Kurse in direktem Verhältnis zu den Bereichsleistungen stehen. Einer Neutralisierung des Anreizeffektes durch die schnelle Wiederveräußerung der Anteile seitens der Mitarbeiter und Manager sollte mittels einer Mindesthaltedauer begegnet werden.

Wenn Manager mehr als nur Optionen zur Beteiligung am Unternehmen erwerben wollen, so kann das Management Buy Out (MBO) in Erwägung gezogen werden. Hier werden Teile oder das gesamte Unternehmen dem Management zum Kauf angeboten. Die erfolgreiche finanzielle Neustrukturierung der Restaurant- und Einzelhandelskette Nordsee bietet ein Beispiel für ein solches MBO. Hier entschloss sich 1996 nach fünfzigjährigem Eigentum die Unilever-Gruppe, das Tochterunternehmen mithilfe einer Investmentbank zu verkaufen. Die Apax-Gruppe finanzierte daraufhin den Erwerb mit Anteilen der Manager (Management Buy In), wobei auch zahlreiche ehemalige Manager von Nordsee an dem Kauf beteiligt wurden. Der Vorteil einer derartigen Finanzierung liegt darin, dass das Know-how im Management erhalten bleibt. Aus Managern werden Eigentümer.

7.1.5 Investor Relations und Finanzmarketing

Mit zunehmender Eigen- und Beteiligungsfinanzierung wächst auch der Wunsch von Anteilseignern, laufend, langfristig und ausreichend über die Geschäftsentwicklung informiert zu sein. Eine offene Informationspolitik über geplante Finanztransaktionen und Investitionen kann zur Stabilisierung des Kurses beitragen und die häufig psychologisch geprägte Kursbildung beeinflussen. Investor-Relations-Aktivitäten werden auch unter dem Stichwort Finanzmarketing zusammengefasst. Letztlich sollen mit den Instrumentarien des Marketing aktuelle und potenzielle Kapitalgeber des Unternehmens davon überzeugt werden, dass ihr Engagement richtig war bzw. ist.

Durch eine hohe Transparenz wird das Anlegerrisiko reduziert, die Anteilseigner fühlen sich sicherer und fordern eventuell geringere Risikozuschläge auf die Ausschüttung; sie bringen mehr Verständnis in der Hauptversammlung auf, wenn Finanzentscheidungen getroffen werden. Gerüchten und Spekulationen wird so vorgebaut.

Wie in jedem Kommunikationsmodell muss auch bei Investor Relations zunächst geplant werden, welche Information weitergegeben werden soll. Dabei ist ein Ausgleich zwischen den Informationsansprüchen der Anleger und den Interessen des Unternehmens zu finden. Während Kapitalgeber eher die Risikoaspekte ihrer Kapitalüberlassung interessieren, will das Unternehmen über die Kommunikation zu den Investoren eine positive

Grundstimmung zum Unternehmen selbst und dem Investment herstellen. Um jedoch das Vertrauen der Anleger zu gewinnen, müssen Informationen glaubwürdig sein und dürfen nicht beschönigend Probleme verschweigen. Die Konzentration auf das Wesentliche ist ein weiterer Kommunikationsgrundsatz. Dabei ist die Vorabanalyse der Zielgruppen (Kleinaktionäre, Aktionärsgruppen, Multiplikatoren, institutionelle Anleger) von Bedeutung. Als Kommunikationsmaßnahmen kommen Roadshows, Round-Table-Diskussionen, Einzelgespräche mit institutionellen Investoren, Bilanz-Pressekonferenzen oder die Publikation und gezielte Streuung von Finanznachrichten infrage.

Die direkte Kommunikation mit Großinvestoren hat Vorteile aufgrund geringer Streuverluste. So genannte Lead Investors und Finanzanalysten benötigen detaillierte Informationen, die häufig in so genannten DVFA-Präsentationen gegeben werden (zu DVFA vgl. Kapitel 2, Abschnitt 2). In Roadshows werden große Finanzplätze besucht, um das eigene Unternehmen oder die geplante und zu finanzierende Investition vor Ort vorzustellen. Der Erfolg dieser Veranstaltungen hängt entscheidend von der Identifikation und Einladung der »richtigen« Investoren ab. Das so genannte Investors Targeting zielt darauf ab, diese professionellen und für die eigene Branche und das Unternehmen interessanten Investoren zu identifizieren und auf die Roadshow einzuladen. Die Vielfalt an unpersönlichen Ansprachen durch Versand von Finanznachrichten, CDs, E-Mails und Ähnlichem ist dagegen eher skeptisch zu beurteilen. Die erheblichen Streuverluste stellen auch im klassischen Produktmarketing ein Problem dar.

Bei Investor Relations wird auf die so genannte Asset Allocation des Investors gezielt. Dies ist in der Finanzsprache die Aufteilung seines Kapitals auf verschiedene Investments. In einer professionellen Investorkommunikation wird der Anleger demnach gezielt auf die Vorzüge bzw. die so genannte Performance gerade dieser Investition hingewiesen.

7.2 Langfristige Kreditfinanzierung und Kreditsicherheiten

7.2.1 Kreditcharakteristika und Kreditarten

Die Kreditfinanzierung ist eine Fremdfinanzierung und wie die Einlagen- und Beteiligungsfinanzierung eine Außenfinanzierung. Dabei wird dem Unternehmen Fremdkapital von außen, das heißt von Gläubigern für eine bestimmte Zeit, also befristet überlassen und ein zivilrechtliches Schuldverhältnis begründet.

Der Gläubiger übernimmt bei der Kreditfinanzierung keine Haftung für die Geschäftstätigkeit des Unternehmens, erwirbt dafür aber auch kein Mitspracherecht bei unternehmerischen Entscheidungen. Dieser formale Ausschluss wird jedoch häufig dadurch umgangen, dass Gläubiger ihren Kapitaleinsatz an Bedingungen knüpfen und damit das Kapital letztlich doch nicht frei disponierbar ist. Der Kreditgeber partizipiert auch nicht am Erfolg bzw. Gewinn des Unternehmens und erhält stattdessen für seine Kapitalüberlassung Zinsen, die ebenfalls frei vereinbar sind. So können fixe oder variable Zinssätze, einmalige oder mehrere jährliche Zinstermine, vorschüssige oder nachschüssige Zinszahlungen vereinbart werden. Kredite werden meist nur gegen Kreditsicherheiten gegeben, und die Zins- und Tilgungszahlungen sind aus Sicht des Unternehmens als feste Größe in die Finanzplanung aufzunehmen, da eine Zahlungsunfähigkeit an einem Zins- oder Tilgungstermin zur Insolvenz führen kann.

Das Fremdkapital kann bei Banken oder auf dem Kapitalmarkt aufgenommen werden. Als weitere Formen der Kapitalaufnahme gelten Kredite von Kapitalsammelstellen, wie zum Beispiel von Versicherungen, von Marktpartnern, die unter anderem in Form von Lieferantenkrediten gewährt werden, Kreditsubstitute, wie Factoring oder Leasing, sowie Gesellschafterdarlehen.

Die Einteilung der Kreditarten kann nach unterschiedlichen Kriterien erfolgen. Sehr häufig werden Kredite nach ihrer Fristigkeit differenziert. Die Zeiträume, die anzusetzen sind, werden in der Literatur nicht einheitlich verwendet. Kredite mit einer Laufzeit von weniger als einem Jahr gelten zumeist als kurzfristige Kredite. Mittelfristige Kredite weisen eine Laufzeit von ein bis fünf Jahren auf. Kredite mit einer Laufzeit von mehr als fünf Jahren stellen langfristige Kredite dar. Diese Einteilung ist abgeleitet aus § 268 Abs. 5 HGB. Allerdings verwendet jede Bank ihr eigenes Einteilungsraster.

Eine Einteilung der Kredite nach ihrer Verwendungsart ist ebenfalls sinnvoll. Kredite, die zur Finanzierung des Anlagevermögens dienen, werden unter dem Begriff Investitionskredite zusammengefasst. Besteht das Ziel des Kredits hingegen in der Finanzierung des Umlaufvermögens, wird von Betriebsmittel- oder Umsatzkrediten gesprochen. Kredite, die zur Finanzierung des privaten Konsums aufgenommen werden, heißen Konsum- oder Konsumentenkredite. Häufig kommt es vor, dass Kredite zur Überbrückung des Zeitraums bis zum Erhalt eines längerfristigen Kredits aufgenommen werden. In diesem Fall spricht man von Zwischenkrediten.

7.2.2 Kreditfähigkeits- und Kreditwürdigkeitsprüfung

Mit der Einräumung eines Kredits geht der Kreditgeber das Risiko ein, dass der Kredit nicht fristgerecht, nur teilweise oder gar nicht getilgt wird. Analoges gilt für die Zinszahlungen. Die Einschätzung dieses Risikos wird im Rahmen der Kreditwürdigkeitsprüfung vorgenommen, bei der die Kreditfähigkeit und die Kreditwürdigkeit unter persönlichen und sachlichen Aspekten beleuchtet werden.

Im Rahmen der Kreditfähigkeitsprüfung werden die rechtlichen Verhältnisse des Kreditantragstellers festgestellt und damit seine Fähigkeit geprüft, Kreditverträge rechtswirksam abschließen zu können. Sie ist grundsätzlich bei natürlichen, voll geschäftsfähigen Personen, bei juristischen Personen des privaten und öffentlichen Rechts sowie bei Personengesellschaften (OHG, KG) gegeben. Natürliche Personen sind eingeschränkt erst ab dem siebten Lebensjahr, in vollem Umfang nach Vollendung des 18. Lebensjahres geschäftsfähig. Für nicht geschäftsfähige Personen werden Kredite über gesetzliche Vertreter aufgenommen, für beschränkt geschäftsfähige Personen reicht die Zustimmung des gesetzlichen Vertreters aus. Im Falle von juristischen Personen und Personengesellschaften erfolgt der Nachweis der Kreditfähigkeit durch eine Prüfung der Legitimation zur gesetzlichen Vertretung des Unternehmens.

Bei der Prüfung der Kreditwürdigkeit durch den Kreditgeber muss man zwischen der persönlichen und der wirtschaftlichen Kreditwürdigkeit unterscheiden. Im Rahmen der Prüfung der *persönlichen Kreditwürdigkeit* wird die persönliche Vertrauenswürdigkeit der Person, die einen Kredit in eigenem oder im Namen einer Unternehmung aufnimmt, überprüft. Die häufig auf Erfahrungen in der Vergangenheit aufbauende Prüfung besitzt einen moralischen sowie einen fachlichen Aspekt. Kriterien, die zur Beurteilung herangezogen werden können, sind die Ausbildung, der Werdegang, familiäre Verhältnisse, Erfahrungen, Lebensstil oder besondere Fähigkeiten. Dass es hierzu keinen vorgegebenen Katalog an Prüfkriterien geben kann, erscheint klar, zumal dies von der Verwendung des Krediteshängt. So wird ein Gläubiger die Kreditwürdigkeit bei einem Biochemiker, der einen Kredit zum Aufbau einer Fahrradfabrik benötigt, anders beurteilen als bei einem Ingenieur mit ansonst gleichen persönlichen Eigenschaften. Dass sich Gläubiger gerade bei der Einschätzung dieser persönlichen oder gar moralischen Komponenten häufig irren, liegt auch daran, dass Kreditsuchende ihre persönlichen Verhältnisse nicht exakt angeben. Teilweise werden hierzu von den Gläubigern auch Detekteien oder Auskunfteien eingeschaltet, die gegebenenfalls über Zahlungsprobleme in der Vergangenheit des Schuldners berichten. Große Auskunfteien sind hier die SCHUFA – Schutzgemeinschaft für allgemeine Kreditsicherung – sowie die Creditreform. Die SCHUFA ist eine Gemeinschaftseinrichtung kreditgebender Unternehmen, also vornehmlich von Banken. Durch die Unterschrift bei Kreditanträgen oder Kontoeröffnungen bei Banken stimmen die Kunden meist der Datenübermittlung an die SCHUFA zu. Diese Regelung ist meist in den so genannten allgemeinen Geschäftsbedingungen enthalten. Die SCHUFA erfasst die Personal- und Vertragsdaten, Schuldverhältnisse und anderes. Die Vertragspartner der SCHUFA können dann diese Daten abrufen, um sich auf diese Weise für ihre Finanzentscheidungen über den Vertragspartner zu informieren. Außerdem hat jeder Bürger Anspruch darauf, von der SCHUFA eine Auskunft über die zu seiner Person gespeicherten Informationen zu erhalten.

Bei der *wirtschaftlichen Kreditwürdigkeitsprüfung* stehen die wirtschaftlichen Verhältnisse der antragstellenden Person oder Unternehmung im Vordergrund, auf deren Grundlage Rückschlüsse über die Fähigkeit zur Tilgung bzw. zur Zahlung von Zinsen gezogen werden. Hier untersucht man die momentanen und zukünftigen Einkommensverhältnisse, die Vermögensverhältnisse oder bei Unternehmen die Kapitalstruktur.

Es sei aber davor gewarnt, aus den Daten der Vergangenheit, über die die Bilanzen Auskunft geben, ohne weiteres auf die künftigen wirtschaftlichen Verhältnisse zu schließen. So manche Bilanzposition kann sich als überbewerteter Vermögensgegenstand ohne Substanz erweisen. Auf künftige wirtschaftlich erfolgreiche Geschäftsjahre kann auch nicht allein aufgrund eines statistischen Trends geschlossen werden. Die Unzulänglichkeiten der wirtschaftlichen Kreditwürdigkeitsprüfung werden damit deutlich. Auch hier haben sich wie bei der persönlichen Kreditwürdigkeitsprüfung inzwischen Unternehmen gebildet, die die Bewertung bzw. das Rating für den Gläubiger übernehmen.

So beschäftigen sich große Ratingagenturen wie Standard & Poor's oder Moody's seit vielen Jahren damit, Unternehmen regelmäßig zu beobachten und alle verfügbaren Daten auszuwerten, um bei Anfragen Bewertungspunkte von A bis D abzugeben. Als John Moody 1909 damit begann, Ratings für amerikanische Railroad Bonds zu erstellen, erbrachte er eine abgrenzbare Dienstleistung für Pensionsfonds, die Wert auf eine objektive dritte Meinung darüber legten, in welche Gesellschaft sie ihr Geld investieren sollten. Inzwi-

Tabelle 5: Ratingklassen von Standard & Poor's und Moody's

S&P's	Moody's	Bedeutung der Symbole
AAA	Aaa	Extrem starke Zinszahlungs- und Tilgungskraft des Emittenten
AA	Aa	Sehr starke Zinszahlungs- und Tilgungskraft des Emittenten
A	A	Gute Zinszahlungs- und Tilgungskraft; der Schuldner ist aber anfälliger für negative Wirtschaftsentwicklungen als mit AAA (Aaa) oder AA (Aa) bewertete Emittenten
BBB	Baa	Ausreichende Zahlungsfähigkeit; bei negativer Wirtschafts- oder Umfeldentwicklung kann die Zinszahlungs- und Tilgungsfähigkeit stärker beeinträchtigt werden als in höheren Ratingklassen
BB	Ba	Noch ausreichende Zinszahlungs- und Tilgungsfähigkeit; es sind aber Gefährdungselemente vorhanden, die zu Abstufungen führen können
B	B	Derzeit noch ausreichende Zahlungsfähigkeit; starke Gefährdungselemente vorhanden
CCC		Starke Tendenz zu Zahlungsschwierigkeiten
CC C		Emittent mit CCC bewertet, allerdings sind die zugrunde liegenden Verbindlichkeiten nachrangig besichert
	Caa Ca	Zins- und Tilgungszahlung stark gefährdet oder eingestellt
CI		Zinszahlungen eingestellt
D	C	Emittent zahlungsunfähig

schen sind die Adressaten der Ratings vielfältig, sodass zwischen Kredit- und Emissionsratings unterschieden werden kann. Die Interessenten können Einzelratings kaufen oder einen Informationsservice abonnieren. Allerdings gibt ein Rating lediglich die relative Stellung des betrachteten Unternehmens innerhalb des Kreises der mit derselben Methode gerateten Unternehmen wieder. So wird das Rating eher zu einem Ranking, das Objekte ordnet und nicht absolut bewertet.

Tabelle 5 enthält eine Gegenüberstellung der bei den beiden genannten Ratingagenturen gebräuchlichen Bonitätsklassen.

Die Beurteilung der wirtschaftlichen Kreditwürdigkeit hängt stark von den Sicherheiten ab, die der Schuldner zu bieten hat. Die verschiedenen persönlichen und sachlichen Sicherheiten, die traditionell für einen Kredit eingesetzt werden, sind Gegenstand des folgenden Abschnitts.

7.2.3 Kreditsicherheiten

7.2.3.1 Grundsätzliche Möglichkeiten der Kreditabsicherung

Für den Kreditgeber besteht nach der Überlassung des Kapitals an den Schuldner ein Ausfall- und Zinsänderungsrisiko. Das Ausfallrisiko bedeutet, dass der Schuldner seinen Verpflichtungen nicht oder nicht termingerecht nachkommen kann. Das Zinsänderungsrisiko besteht darin, dass bei variabel vereinbarten Zinsen die Zinsen und damit die Zinseinnahmen für den Gläubiger sinken.

Den Risiken kann grundsätzlich auf verschiedene Weise begegnet werden. Zunächst kann das Risiko beschränkt werden, indem der Fremdkapitalgeber versucht, eine ausgewogene Mischung an Kreditengagements einzugehen. Dies wird auch als *Portfoliotechnik* bezeichnet, bei der höher verzinsliche Engagements mit hohem Risiko mit niedriger verzinslichen Engagements mit niedrigem Risiko gemischt werden. Eine weitere Möglichkeit bildet die *Risikoteilung*, das heißt, mehrere Fremdkapitalgeber schließen sich zusammen, um einen Gesamtbetrag aufzubringen. Diese Form der Kreditvergabe wird auch als Konsortial- oder syndizierter Kredit bezeichnet. Was die Risikostreuung betrifft, so wird das Risiko durch eine zeitliche, sachliche oder persönliche Streuung minimiert. Ähnlich wie bei der oben genannten Risikostreuung im Portfolio wird hier aber das Kreditrisiko auf mehrere Branchen bzw. Bereiche verteilt. Eine *Risikokompensation* liegt vor, wenn der Fremdkapitalgeber das Risiko durch Gegengeschäfte ausschaltet. Diese Technik wird als Hedging bezeichnet und wurde bereits in Kapitel 5 bei den Finanzmärkten als Geschäftsmotiv von Finanzmarktteilnehmern besprochen. Eine Risikoüberwälzung ist sicher vorteilhaft, sofern der Kapitalgeber jemanden findet, der für ihn das Risiko tragen will. Hier sind institutionelle Anbieter wie die Hermes-Versicherung oder die Ausgleichsbank zu nennen, die Kreditrisiken gegen eine Gebühr bzw. Prämie übernehmen.

Die wohl häufigste Form der Absicherung gegen Kreditrisiken stellt die Honorierung dar; der Fremdkapitalgeber berücksichtigt das inhärente Risiko entsprechend in der Gestaltung der Kreditkonditionen gegenüber dem Schuldner. Dieses *Risk Adjusted Pricing*, die Konditionengestaltung entsprechend dem Risiko also, ist heute gebräuchlich und mithilfe der in Kapitel 4 genannten *Value-at-Risk-Modelle* möglich. Auf die dort ebenfalls genannten Capital Asset Pricing Models mit den dort einbezogenen Risikozuschlägen sei ebenfalls hier nochmals hingewiesen.

Sicher wird ein verunsicherter Gläubiger den Schuldner bei der Kapitalverwendung beobachten und sich eventuell außerordentliche Informationsrechte einräumen lassen. Eine formale Mitbestimmung oder Teilnahme an den Aufsichtsorganen ist zwar nicht möglich, wird aber teilweise als Bedingung für die Kreditvergabe vereinbart.

Letztlich kann zur Absicherung gegen Kreditrisiken die Einräumung von Kreditsicherheiten dienen. Betrachten wir die nachfolgend erläuterten Sicherheiten zunächst im Überblick. Die dabei vorgenommene Einteilung folgt der Unterscheidung zwischen Versprechungen von natürlichen oder juristischen Personen und der Besicherung durch reale Sachen.

Überblick über die Personal- und Realsicherheiten

- Bürgschaft (§§ 765 ff. BGB) → selbstschuldnerisch, Höchstbetrag, Ausfall
- Garantie → Gewährleistung, Bietung
- Wechselsicherung → Hinterlegung
- Pfand (§§ 1204 BGB) → Sachen und Rechte
- Sicherungsübereignung → Besitzmittlungsverhältnis nach § 930 BGB
- Zession → still, offen, Mantel, Global
- Grundschuld (§ 1191 BGB) → fiduziarisch
- Hypothek (§ 1113 BGB) → akzessorisch
- Rentenschuld (§ 1199 BGB) → Rente aus Grundstück

7.2.3.2 Bürgschaft, Garantie und Schuldbeitritt

Im Falle der Personalsicherheit wird die Haftung des Schuldners um die Haftung einer oder mehrerer anderer Personen ergänzt. Dies kann durch eine Bürgschaft, eine Garantie oder einen Schuldbeitritt erfolgen.

Die Eignung einer Bürgschaft als Mittel der Kreditsicherung hängt entscheidend von der Kreditwürdigkeit des Bürgen ab. Die Bürgschaft ist ein Vertrag zwischen dem Bürgen und dem Gläubiger eines Dritten, in dem sich der Bürge dem Gläubiger gegenüber verpflichtet, für die Erfüllung der Verbindlichkeiten des Dritten einzustehen (vgl. Abbildung 28). Die Bürgschaft ist akzessorisch, das heißt, sie ist in Bestand und Höhe abhängig von einer bestehenden Forderung, der so genannten Hauptschuld. Erhöht sich diese infolge von auflaufenden Zinszahlungen oder sonstigen Kapitalkosten, so haftet der Bürge auch dafür. Tilgungszahlungen der Hauptschuld führen im Gegenzug zu einer Minderung der Höhe der Bürgschaft.

Die Bürgschaft ist ein einseitig verpflichtender Schuldvertrag. Bürgschaften können hinsichtlich der Höhe und der zeitlichen Dauer begrenzt werden. Aufgrund der mit einer Bürgschaftserklärung einhergehenden umfassenden Verpflichtungen bedarf diese der Schriftform. Diese gesetzliche Vorschrift entfällt, wenn es sich bei der Person des Bürgen um einen Vollkaufmann handelt.

Folgende Arten der Bürgschaft sind zu unterscheiden: Bei der *Ausfallbürgschaft* verfügt der Bürge über das Recht der Einrede auf Vorausklage (§ 771

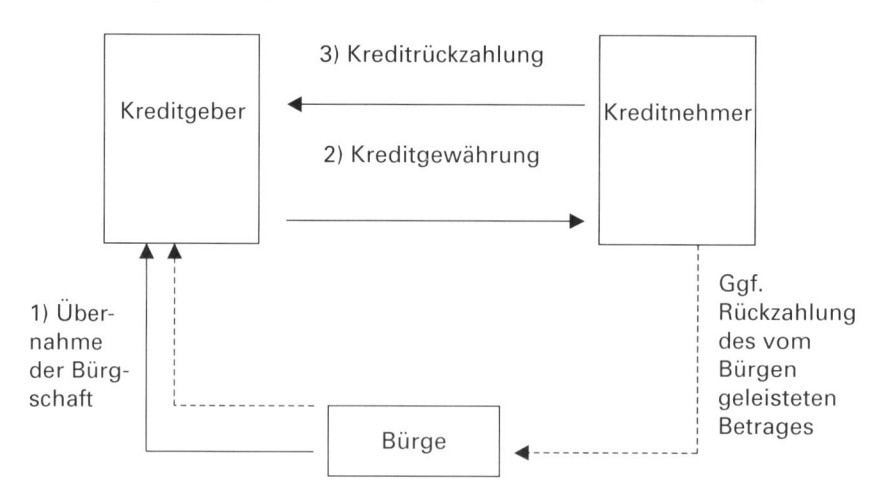

Abbildung 28: Die Bürgschaft

BGB). Dahinter verbirgt sich das Recht des Bürgen, erst dann seiner Verpflichtung nachzukommen, wenn der Gläubiger erfolglos eine Zwangsvollstreckung aus dem Vermögen des Hauptschuldners veranlasst hat. Der Bürge haftet bei der Ausfallbürgschaft also ausschließlich für den durch den Gläubiger nachgewiesenen Ausfall des Hauptschuldners.

Im Rahmen einer *selbstschuldnerischen Bürgschaft* verzichtet der Bürge auf die Einrede auf Vorausklage. Er wird somit behandelt, als ob er selber der Hauptschuldner sei. Die selbstschuldnerische Bürgschaft ist die häufiger angewendete Bürgschaftsart. Für Vollkaufleute ist sie im Zuge des Betriebs ihres Handelsgeschäfts die einzig zulässige Bürgschaftsart.

Des Weiteren werden in Abhängigkeit von der Anzahl der Bürgen und der Beziehung, in der sie zueinander stehen, weitere Formen unterschieden. Bei der *Mitbürgschaft* haften alle Bürgen gesamtschuldnerisch für dieselbe Verbindlichkeit, auch dann, wenn sie die Bürgschaft nicht gemeinschaftlich übernommen haben. Bei der *Nachbürgschaft* haftet der Nachbürge erst nach erwiesener Zahlungsunfähigkeit der Haupt- und Vorbürgen. Die *Rückbürgschaft* regelt das Haftungsverhältnis zwischen einem Haupt- und einem Nachbürgen. Der Rückbürge haftet gegenüber dem Hauptbürgen, wenn dieser aus seiner Bürgschaft heraus Zahlungen leisten musste.

Eine Unterart der Bürgschaft ist der *Kreditauftrag*. Der Kreditauftrag beruht auf einem bürgerschaftsähnlichen Vertragsverhältnis. Dabei wird ein möglicher Kreditgeber von einer Person beauftragt, einem Dritten im eigenen Namen und auf eigene Rechnung Kredit zu gewähren. Als Beispiel kann hier die Aufforderung einer Muttergesellschaft an ihre Hausbank, der Tochtergesellschaft einen Kredit zu gewähren, herangezogen werden. Der Kreditnehmer haftet aus dem Kreditvertrag, der Auftraggeber als Bürge für die entstehende Verbindlichkeit.

Im Gegensatz zur Bürgschaft ist die *Garantie* nicht gesetzlich geregelt. Ihr Gegenstand ist ein bürgschaftsähnlicher Vertrag. Der Garantiegeber verpflichtet sich dabei gegenüber dem Garantienehmer, für den Eintritt eines bestimmten Erfolges oder das Ausbleiben eines bestimmten Misserfolges Gewähr zu übernehmen. Der Unterschied zur Bürgschaft besteht darin, dass die Garantie nicht akzessorisch, sondern vielmehr von der dem Vertragsabschluss zugrunde liegenden Forderung unabhängig ist. Dieses Merkmal bezeichnet man auch mit dem Begriff fiduziarisch. Die Verpflichtung des Garanten ist daher umfassender als die des Bürgen.

Garantien werden zumeist für klar definierte Einzelgeschäfte abgegeben. Sie finden häufig Verwendung im Außenhandel. Garantiegeber sind unter anderem Staat, Organisationen der Europäischen Union, Banken und Kreditgarantiegemeinschaften einzelner Branchen.

Der *Schuldbeitritt* ist eine vertragliche Vereinbarung, wonach einem Kreditnehmer eine weitere Person beitritt und gesamtschuldnerisch die Haftung für einen Kreditbetrag übernimmt. Der Schuldbeitritt kann sowohl mit dem Gläubiger als auch dem Kreditnehmer vereinbart werden, wobei im letztgenannten Fall eine Genehmigung des Gläubigers notwendig ist.

7.2.3.3 Eigentumsvorbehalt, Abtretung und Pfandrecht

Realsicherheiten sind Sachwerte, die vom Kreditnehmer zur Absicherung des Kredits bereitgestellt werden. Der Kreditgeber erhält somit zur Absicherung seines Risikos Rechte an Vermögensteilen des Gläubigers. Realsicherheiten sind der hier genannte Eigentumsvorbehalt, die Abtretung, das Pfandrecht und die im nächsten Abschnitt zu besprechenden Grundpfandrechte, bei denen Grundstücke als reale Sicherheiten dienen.

Verkauft ein Unternehmen ein Produkt nicht gegen Barzahlung, sondern gegen eine Forderung, so läuft es Gefahr, dass der Käufer, der Eigentümer der bezahlten Ware geworden ist, zahlungsunfähig wird, bevor er die Rechnung begleicht. Das Risiko, im sich anschließenden Insolvenzverfahren Verluste zu erleiden, wird durch den Einsatz des so genannten *Eigentumsvorbehalts* neutralisiert. Der Eigentumsvorbehalt verschiebt den Eigentumsübergang vom Verkäufer einer Ware zum Käufer auf den Zeitpunkt der Bezahlung der Ware. Durch die Übergabe der Ware wird der Käufer nur Besitzer einer beweglichen Sache, der Verkäufer bleibt hingegen Eigentümer der Ware bis zum Zahlungseingang.

Der Eigentumsvorbehalt ist das wichtigste Sicherungsmittel für die weit verbreiteten Lieferantenkredite. Je nach Umfang des Eigentumsvorbehalts lassen sich folgende Formen unterscheiden: Der *einfache Eigentumsvorbehalt*, der sich aus § 455 BGB ergibt, sieht vor, dass der Verkäufer einer beweglichen Sache deren Eigentümer bleibt, bis die Zahlung des Käufers erfolgt ist. Bei Nichtzahlung oder Zahlungsverzug kann der Verkäufer die Herausgabe der Sache fordern. Die Wirkung des einfachen Eigentumsvorbehalts setzt dann aus, wenn die Ware weiterverarbeitet oder mit anderen Gegenständen verbunden wird, wenn die Ware wesentlicher Bestandteil eines Grundstücks wird oder wenn sie gutgläubig von einem Dritten erworben wurde.

Der *verlängerte Eigentumsvorbehalt* ist die Konstruktion, die in der Praxis den Gläubiger vor den oben beschriebenen Risiken schützt. Er erfolgt als Ermächtigung zur Weiterveräußerung durch den Käufer der Ware unter gleichzeitiger Vorausabtretung der entstehenden Forderung an den Lieferanten der Ware (§ 398 BGB) oder in Form einer Ermächtigung zur Weiterverarbeitung der Ware durch den Käufer mit der Vereinbarung des Eigentumsübergangs an den hergestellten Erzeugnissen auf den Lieferanten (§ 950 BGB).

Im *erweiterten Eigentumsvorbehalt* wird der Eigentumsübergang an einer Sache davon abhängig gemacht, ob der Käufer auch die Zahlungsverpflichtungen für die anderen vom Verkäufer bezogenen Sachen erfüllt hat.

Die *Abtretung von Forderungen und Rechten* (Zession) zur Sicherung von Krediten ist in der Praxis von besonderer Bedeutung (vgl. Abbildung 29). Der Kreditgeber tritt als Zedent Forderungen, über die er verfügt, in einem formfreien Abtretungsvertrag an den Kreditgeber als Zessionar ab.

Forderungen, für die ein gesetzliches, vertragliches oder kollektives Abtretungsverbot besteht, können nicht abgetreten werden. Die Abtretung der Forderung kann dem Drittschuldner angezeigt werden. Geschieht dies, so handelt es sich um eine offene Zession. Wird von einer Anzeige Abstand genommen, handelt es sich um eine stille Zession. Während bei der stillen Zession der Schuldner seine Zahlungen weiterhin an den ursprünglichen Gläubiger leisten kann, ist bei der offenen Zession eine befreiende Leistung nur an den neuen Gläubiger möglich. Abbildung 30 zeigt die Rechtsbeziehungen bei offener und stiller Zession.

Die Forderungsabtretung kann sich auf einzelne Forderungen beziehen. Meist findet sie aber bei einer Forderungsmehrheit Anwendung als *Mantelzession*, bei der sich der Kreditnehmer verpflichtet, laufende Forderungen bis zu einer bestimmten Gesamthöhe abzutreten. Sie erfolgt durch die Einreichung von Rechnungskopien oder Forderungslisten. Dem Kreditnehmer wird dabei eine Auswahlmöglichkeit eingeräumt. Bei der *Globalzession* erfolgt eine Abtretung aller gegenwärtigen und zukünftigen Forderungen zum Beispiel einer bestimmten Kundengruppe. Der Zessionar wird bereits bei der Entstehung der Forderung deren Gläubiger. Eine Auflistung der Forderung entfällt.

Verfügt ein Kreditnehmer über wertvolle bewegliche Sachen oder Wertpapiere, so kommt für diese als Sachsicherheit das *Pfandrecht* in Betracht (vgl. Abbildung 31). Das Pfandrecht ist ein dingliches Recht, das es dem Kreditgeber gestattet, die verpfändete Sache oder das Recht mit Vorrang vor anderen Gläubigern zu verwerten. Das Pfandrecht ist wie die Bürgschaft eine akzessorische Sicherheit. Mit der Tilgung des zu sichernden Kredits er-

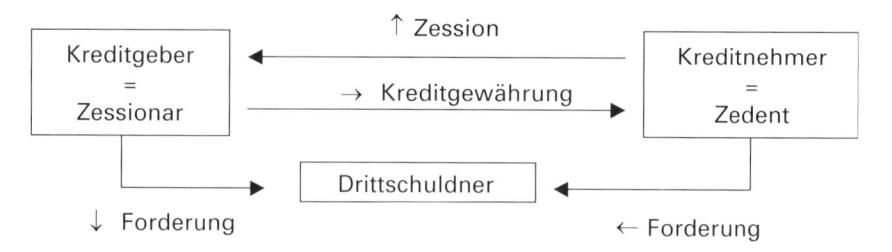

Abbildung 29: Die Forderungsabtretung

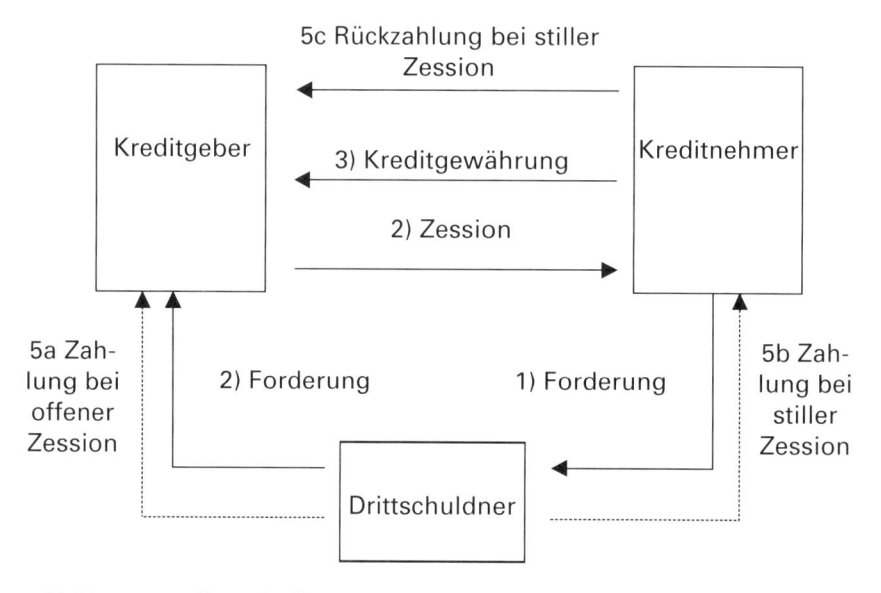

Abbildung 30: Stille und offene Zession

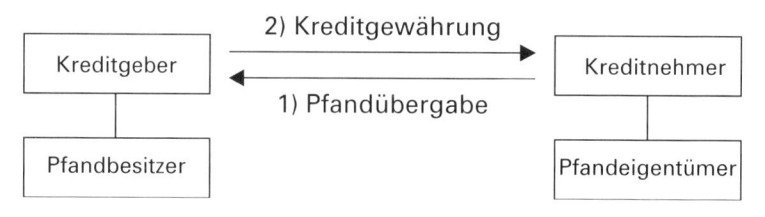

Abbildung 31: Das Pfandrecht

lischt das Pfandrecht des Kreditgebers. Die Entstehung eines Pfandrechts ist an folgende Voraussetzungen gebunden: Es muss eine Forderung vorliegen, auf die sich das Pfandrecht bezieht. Weiterhin ist eine Einigung der beteiligten Parteien, dass dem Gläubiger das Pfandrecht zusteht, zu erreichen, und das Pfand ist zu übergeben. Man muss dabei beachten, dass das Pfand nach erfolgter Übergabe weiterhin Eigentum des Schuldners bleibt, sich jedoch im Besitz des Kreditgebers befindet.

Als Übergabe des Pfandes gilt sowohl die effektive Übergabe der Sache als auch eine Übergabe eines Herausgabeanspruchs durch denjenigen, der unmittelbar im Besitz der Sache ist. Hier muss allerdings eine Anzeige der Verpfändung gegenüber dem unmittelbaren Besitzer erfolgen. Weiterhin gilt die Übergabe des mit einem Indossament versehenen Orderpapiers, beispielsweise eines Lagerscheins bei Lagerung der Sache unter Mitverschluss des Kreditgebers.

Mit der Übergabe der beweglichen Sache ist diese der Nutzung durch das Unternehmen entzogen. Als Pfandrechte eignen sich also nur bewegliche Sachen, die für die Aufrechterhaltung der Geschäftstätigkeit nicht zwingend notwendig sind. Kommt der Kreditnehmer seinen Verpflichtungen nicht nach, so kann der Gläubiger die Pfandsachen veräußern (§ 1228 BGB). Er muss jedoch vorher dem Kreditnehmer den Verkauf androhen. Des Weiteren muss der Verkauf im Rahmen einer öffentlichen Versteigerung erfolgen (§1234 BGB). Bevor diese jedoch stattfindet, gilt es, gesetzlich definierte Wartefristen zu respektieren (§ 1220 BGB).

Die Vorschriften über die Entstehung und Verwendung von Pfandrechten beschränken die Anwendung dieser Kreditsicherungsform auf die Fälle, in denen Wertpapiere oder zeitweise nicht benötigte Waren verpfändet werden können. Das Konstrukt der *Sicherungsübereignung* (vgl. Abbildung 32) erlaubt demgegenüber dem Kreditnehmer, die sicherungsübereignete Sache weiterhin zu nutzen. Für den Kreditgeber entfällt im Gegenzug die Notwendigkeit einer Verwahrung der sicherungsübereigneten Sache. Diese bleibt al-

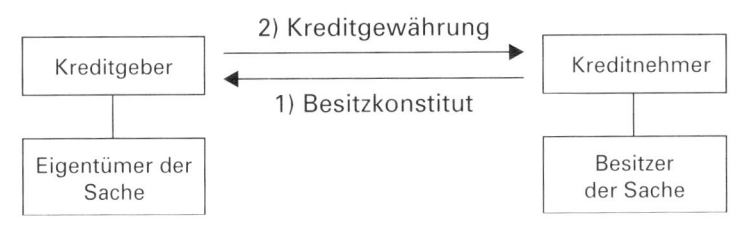

Abbildung 32: Die Sicherungsübereignung

so im unmittelbaren Besitz des Kreditnehmers, der Kreditgeber erwirbt nur den mittelbaren Besitz. Dies ist durch schriftliche, vertragsmäßige Vereinbarung eines Besitzkonstituts möglich, im Rahmen dessen der Kreditgeber dem Kreditnehmer den Besitz an der Sache überlässt.

Es lassen sich drei Arten der Sicherungsübereignung unterschieden: die Einzelübertragung, die Raum- und die Mantelübereignung. Bei der *Einzelübereignung* wird eine konkrete Sache, zum Beispiel ein Auto, übereignet. Bei der *Raumübereignung* werden Sachen, die sich in einem bestimmten Raum befinden, übereignet, wobei für Sachen, die unter Eigentumsvorbehalt stehen, eine Anwartschaft auf Eigentum vereinbart wird. Die *Mantelübereignung* erfolgt in Form eines Rahmenvertrags. Dabei werden die zu übertragenden Sachen, welche der Kreditnehmer dem Kreditgeber zur Verfügung stellt, in Listen detailliert aufgeführt.

Die Sicherungsübereignung stellt den Kapitalgeber vor eine Vielzahl von Problemen, da die übereignete Sache unter Eigentumsvorbehalt stehen, bereits einem anderen Gläubiger übereignet worden sein, dem Pfandrecht eines Vermieters oder Wertminderungen unterliegen kann. Der Wert der Sicherungsübereignung hängt von der Art des Sicherungsgutes ab. Während börsengehandelte Produkte leicht zu verwerten sind, gestaltet sich dies für Spezialmaschinen äußerst schwierig. Des Weiteren ist der Zustand des Sicherungsgutes in die Bewertung einzubeziehen. Der Kreditgeber verpflichtet den Kreditnehmer daher, die Sicherungsgüter vorschriftsmäßig zu pflegen und aufzubewahren. Das Risiko eines natürlichen Untergangs muss, so weit wie möglich, durch den Abschluss von Versicherungen minimiert werden.

7.2.3.4 Grundschuld und Hypothek

Verfügt ein Kreditnehmer über Grundstücke und Gebäude, unbewegliches Vermögen also, so kann er dem Kreditgeber Sicherheiten in der Form von Grundpfandrechten anbieten. Grundpfandrechte sind von besonderer Bedeutung bei der Sicherung langfristiger Kredite. Ein Grundpfandrecht entsteht durch die Eintragung der Belastung ins Grundbuch. Das Grundbuch ist das vom zuständigen Amtsgericht geführte öffentliche Register aller Grundstücke seines Bezirks. Für jedes Grundstück wird ein Grundbuchblatt angelegt, aus dessen Bestandsverzeichnis Art, Lage und Größe sowie die mit dem Eigentum verbundenen Rechte hervorgehen. In der sich anschließenden ersten Abteilung werden die Namen der Eigentümer sowie der Rechtsgrund und Zeitpunkt des Grundstücksübergangs festgehalten. Die zweite Abteilung gibt einen Überblick über die Lasten und Beschränkungen des Grundstückseigentümers. Dort sind beispielsweise Wohn-, Nießbrauch- oder Vorkaufsrechte eingetragen. In der dritten und letzten Abteilung werden die Grundpfandrechte sowie deren Veränderungen und Löschungen chronologisch aufgeführt. Grundpfandrechte können in Form der Hypothek, der Grund- sowie der Rentenschuld bestellt werden. Die Rentenschuld ist jedoch zur Kreditsicherung ungeeignet, da sie regelmäßige Zahlungen aus einem Grundstück bewirkt.

Die *Hypothek* ist eine Grundstücksbelastung, die eine bestehende Forderung eines Gläubigers besichert, für den ein dinglicher Anspruch an das Grundstück und ein persönlicher Anspruch an den Schuldner besteht. Die Hypothek ist akzessorisch und damit direkt abhängig von der Höhe der Forderung. Dies bedeutet, dass ein Kreditgeber, der seine Forderung durch eine Hypothek sichert, Ansprüche gegenüber dem Kreditnehmer auf eine Rückzahlung zuzüglich Zinsen und Nebenkosten des Kredites besitzt und sich dazu sowohl persönlich beim Kreditnehmer als auch aus dessen Grundstück unter Einschluss seiner Bestandteile wie Zubehör und Erträge befriedigen darf.

Folgende Arten von Hypotheken sind zu unterscheiden: Die *Verkehrshypothek* wird bei gutgläubigem Erwerb durch Dritte in das Grundbuch eingetragen und kann in Form einer Brief- oder Buchhypothek erfolgen. Beim Abschluss einer *Briefhypothek* bestätigt das Grundbuchamt den Grundbucheintrag durch die Ausgabe einer öffentlichen Urkunde, die auch als Hypothekenbrief bezeichnet wird. Der Gläubiger muss dabei die Höhe seiner Forderung nicht gesondert nachweisen, wenn er sein Pfandrecht ausüben will. Er erwirbt in diesem Fall die Hypothek mit dem Entstehen der Forderung und der Übergabe des Hypothekenbriefes. Bei der *Buchhypothek* erfolgt lediglich ein Eintrag ins Grundbuch. Der Gläubiger erhält in diesem Fall keine Urkunde. Eine Abtretung kann nur durch eine Umschreibung des Grundbuchs vollzogen werden. Bei einer *Sicherungshypothek* muss der Gläubiger vor Ausübung seines Pfandrechts die Höhe der Forderung nachweisen. Dabei kann er sich nicht auf die Eintragung ins Grundbuch berufen. Die Sicherungshypothek ist grundsätzlich eine Buchhypothek. Bei der *Höchstbetragshypothek* haftet das Grundstück in Höhe des im Grundbuch eingetragenen Höchstbetrags. Wie die Sicherungshypothek ist die Höchstbetragshypothek grundsätzlich eine Buchhypothek, bei welcher der Gläubiger die Höhe seiner Forderung nachzuweisen hat, wenn er sein Pfandrecht geltend machen will.

Die *Grundschuld* ist im Gegensatz zur Hypothek ein Grundpfandrecht, das nicht an das Bestehen einer Forderung gebunden ist. Sie ist somit fiduziarisch. Beispielsweise besteht bei einem Kredit, der durch eine Grundschuld abgesichert wird, zwar ein wirtschaftlicher, aber kein rechtlicher Zusammenhang. Das Recht des Begünstigen, eine bestimmte Geldsumme aus dem Grundstück zu erhalten, bleibt auch bei vorübergehender Abdeckung des Kreditsaldos bestehen. Der Kreditnehmer, der Sicherungsgeber also, wird vor einer missbräuchlichen Verwertung der Grundschuld durch den Sicherungsvertrag geschützt. Fällig wird eine Grundschuld nach vorheriger Kündigung. Die Kündigungsfrist beträgt sechs Monate. Für die Grundschuld gelten – mit Ausnahme der rechtlichen Verbundenheit von Grundpfandrecht und Forderung – die gleichen Vorschriften wie bei der Hypothek. Wie bei der Hypothek muss man daher zwischen Brief- und Buchgrundschuld unterscheiden. Die so genannte Eigentümergrundschuld ist in § 1996 BGB geregelt und kann durch die Rückzahlung einer Hypothek entstehen, bei der der Wert der Rückzahlung zu einer Eigentümergrundschuld wird. Des Weiteren lässt sich die Eigentümergrundschuld von einem Grundstückseigentümer in das Grundbuch eintragen, um später an einen zukünftigen Kreditgeber abgetreten zu werden.

7.3 Das Darlehen als langfristiger Kredit von Kreditinstituten

7.3.1 Bankdarlehen und Kreditklemme

Langfristige Bankkredite, auch Darlehen genannt, werden als Investitionskredite in den Unternehmen zur Beschaffung oder Erstellung von Gütern des Anlagevermögens verwandt, teilweise dienen sie aber auch der Beschaffung von Vorräten. Charakteristisches Merkmal eines Darlehens ist eine Laufzeit von mindestens vier bis zu 30 Jahren. Als Kreditgeber kommen unterschiedliche Akteure in Betracht: Kreditinstitute oder Realkreditinstitute, die als private oder öffentlich-rechtliche Grundkreditanstalten Darlehen gewähren und sich durch die Ausgabe von Pfandbriefen bzw. Kommunalobligationen refinanzieren. Weiterhin sind Bausparkassen, die das Sparkapital ihrer Kunden bündeln und daraus Darlehen für Wohnungsbauvorhaben ge-

Tabelle 6: Öffentlich geförderte langfristige Kredite

AKA	Die AKA-Kredite werden von der AKA-Ausfuhr-Kredit-Gesellschaft mbH gewährt, hinter der sich ein Zusammenschluss von 50 im Exportgeschäft tätigen Banken verbirgt. Zur Unterstützung des Exportkreditgeschäfts bietet die AKA mittel- bis langfristige Kredite (maximal zehn Jahre) an, um den Investitionsgüterexport, teils auch durch Mittel der Bundesbank unterstützt, zu fördern.
KfW	KfW-Kredite werden von der staatlichen Kreditanstalt für Wiederaufbau bereitgestellt und dienen der Förderung der deutschen Wirtschaft sowie auch speziell der deutschen Exporte. Hier existieren folgende Programme: – Mittelstandsprogramm Inland, Ausland – Umweltprogramm – Beteiligungsfonds
Deutsche Ausgleichsbank	Kredite der deutschen Ausgleichsbank dienen insbesondere zur Unterstützung von Existenzgründern. Junge Unternehmen erhalten mittels zinsverbilligter Kredite Anschub- und Wachstumshilfen. Hier existieren folgende Programme: – Existenzgründungsprogramm – Umweltprogramm – Eigenkapitalergänzungsprogramm
Kreditgemeinschaften und öffentliche Haushalte	Kreditgemeinschaften sind branchenspezifische Einrichtungen, die das Ziel einer ausreichenden Kreditversorgung mittelständischer Unternehmen verfolgen. Dazu gewähren sie Teilgarantien in Form von Ausfallbürgschaften, die bis zu 80 Prozent des Kreditbetrags abdecken. Bei den öffentlichen Programmen sind zu nennen: – Eigenkapitalhilfeprogramm – BMZ-Niederlassungs- und Investitionszulageprogramme
Industriekreditbank AG	Die Industriekreditbank AG, eine von deutscher Industrie und Banken getragene Bank, vergibt mittel- bis langfristige Kredite an die gewerbliche Wirtschaft. Sie refinanziert sich über die Ausgabe von Wertpapieren oder Darlehensaufnahme am Bankenmarkt.
European Recovery Program (ERP)	Hier werden Regional- und Aufbauprogramme speziell für Existenzgründer aufgelegt. Neu sind Innovationsprogramme und Umweltprogramme zur Förderung spezieller Technologien.

währen, zu nennen und nicht zuletzt die Versicherungen, die aus ihrem Deckungsstock – Spareinteilen und Prämien der Versicherten – Darlehen bereitstellen. Wegen der strengen rechtlichen Regelungen können diese Darlehen nur Kreditnehmern erster Bonität gewährt werden. Letztlich sind noch die Kreditinstitute mit Sonderaufgaben wie die KfW oder die Ausgleichbank zu nennen, die zum Beispiel Firmengründern spezielle Gründungsdarlehen zur Verfügung stellen.

Da in den letzten Jahren die Bereitschaft der Geschäftsbanken zur Kreditvergabe an kleine und mittlere Unternehmen aufgrund ihrer Einlagenstruktur zurückgegangen ist, kann von einer *Kreditklemme* in der mittelständischen Wirtschaft gesprochen werden. Zur Problemlösung entwickelten sich öffentlich-rechtliche Spezialkreditinstitute, die sich der Kreditförderung im Langfristbereich widmen, indem sie staatliche, zentrale Aktionen der Kreditvergabe durchführen oder langfristige Kredite an ausgewählte Wirtschaftsbereiche vergeben. Daneben werden sie häufig aktiv, wenn das Potenzial einer einzelnen Bank bei einer Kreditvergabe unzureichend ist, und bilden mit dieser ein Bankenkonsortium. Die wichtigsten geförderten langfristigen Kredite sind in der Tabelle 6 beschrieben.

Wegen der langen Laufzeiten der Darlehen nehmen die Kreditinstitute eine äußerst umfangreiche Kreditwürdigkeitsprüfung vor. Als Sicherheiten dienen Grundpfandrechte. Kreditinstitute sichern die Darlehen zumeist durch Eintragung einer Grundschuld, Realkreditinstitute hingegen mit Hypotheken. Für die Beleihung von Immobilien gibt es bestimmte Höchstgrenzen, die das Kreditvolumen und somit das Risiko des Kreditgebers begrenzen. In den meisten Fällen liegt die Beleihungsgrenze bei 60 Prozent des Verkehrswertes, Bausparkassen beleihen sogar bis zu 80 Prozent des Verkehrswertes.

7.3.2 Kapitalkosten von Darlehen

Die Kapitalkosten setzen sich aus verschiedenen Faktoren zusammen. *Zinskosten*, die über die Festlegung der Nominalzinssätze bestimmt werden, lassen sich unterschiedlich gestalten. Kredite mit variabler Verzinsung finden immer öfter Verwendung, Festzinsvereinbarungen über die gesamte Laufzeit sind dagegen heute eher die Ausnahme. Die variablen Zinsen sind an einen Referenzzinssatz wie beispielsweise den Diskontsatz oder den Euribor gekoppelt und werden mit einem individuellen Risikozuschlag versehen. Darüber hinaus ist es üblich, ein Damnum zu bestimmen, das heißt einen Darlehensteil, der dem Kreditnehmer nicht ausgezahlt wird und somit die Kapitalkosten beeinflusst. Schätzungskosten, Beurkundungsgebühren sowie Eintragungs- und Löschungsgebühren des Grundbuchamts sind ebenfalls zu berücksichtigen.

Die *Tilgung* eines Darlehens kann auf verschiedenen Wegen erfolgen. Die *Annuität* ist, wie in Kapitel 3 beschrieben, eine periodisch gleich bleibende Zahlung, die sich aus kontinuierlich fallenden Zinsleistungen und kontinuierlich steigenden Tilgungen zusammensetzt. Sie lässt sich durch die Multiplikation des Barwertes des Darlehens mit dem Wiedergewinnungsfaktor (vgl. Kapitel 3, Abschnitt 2) ermitteln.

Um den Unterschied zwischen einem Annuitäten-, einem Abzahlungs- und einem Festdarlehen zu verdeutlichen, sei hier nochmals eine Beispielrechnung vorgestellt: Ein Unternehmer nehme bei einer Bank ein Darlehen in Höhe von 100 000 Euro auf. Die Laufzeit betrage fünf Jahre, der Zinssatz 10 Prozent. Wenn er mit der Bank vereinbart, dass die Tilgung und Verzinsung des Darlehens über eine Annuität erfolgen soll, dann sieht sein Auszahlungsplan folgendermaßen aus:

Annuitätendarlehen: Auszahlungsplan (in Euro)				
Jahr	Restschuld zu Jahresbeginn	Zinsen	Tilgung	Annuität	Restschuld zum Jahresende
1	100 000	10 000	16 379,70	26 379,70	83 620,30
2	83 620,30	8 362,03	18 017,67	26 379,70	65 602,63
3	65 602,63	6 560,26	19 819,44	26 379,70	45 783,19
4	45 783,19	4 578,32	21 801,38	26 379,70	23 981,81
5	23 981,81	2 398,18	23 981,52	26 379,70	0,29
Summe		31 898,79	99 999,71	131 898,50	

Beim Abzahlungsdarlehen werden die Auszahlungen im Zeitablauf geringer, weil die regelmäßig gezahlten Tilgungsbeträge konstant sind, die Zinsanteile aber sinken. Die Höhe der jährlichen Tilgungsrate ergibt sich aus der Division des Kreditbetrags durch die Laufzeit des Darlehens. Der Tilgungsbetrag beläuft sich hier auf 100 000 Euro/5 Jahre = 20 000 Euro.

Abzahlungsdarlehen: Auszahlungsplan

Jahr	Restschuld zu Jahresbeginn	Zinsen	Tilgung	Gesamte Auszahlung	Restschuld zum Jahresende
1	100 000	10 000	20 000	30 000	8 000
	80 000	8 000	20 000	28 000	6 000
	60 000	6 000	20 000	26 000	4 000
	40 000	4 000	20 000	24 000	2 000
	20 000	2 000	20 000	22 000	0
Summe		30 000	100 000	130 000	

Festdarlehen: Auszahlungsplan

Jahr	Restschuld zu Jahresbeginn	Zinsen	Tilgung	Gesamte Auszahlung	Restschuld zum Jahresende
1	100 000	10 000	0	10 000	100 000
2		10 000	0	10 000	100 000
3		10 000	0	10 000	100 000
4		10 000	0	10 000	100 000
5		10 000	100 000	110 000	0
Summe		50 000	100 000	150 000	

Beim Festdarlehen kommt es im Rahmen der Laufzeit nur zu Zinszahlungen. Die Tilgung erfolgt am Ende der Darlehenslaufzeit durch eine einmalige Rückzahlung des aufgenommenen Kreditbetrags.

Um die Vorteilhaftigkeit langfristiger Bankkredite einschätzen zu können, muss die effektive Zinsbelastung bestimmt werden, die zumeist von der nominellen Zinsbelastung abweicht. Zu ihrer Bestimmung kann folgende praxisübliche Faustformel herangezogen werden, die ein mögliches Damnum berücksichtigt.

$$r = \frac{Z + D/n}{K} \times 100$$

mit:
r = Effektivzinssatz
Z = Nominalzinssatz
D = Damnum (in Prozent des Darlehensbetrags)
K = Auszahlungskurs
n = Laufzeit

Diese Formel gilt für den Fall, dass das Darlehen am Ende der Laufzeit zurückgezahlt wird. Andere Tilgungsvarianten erfordern eine Modifikation der Formel. Erfolgt eine Tilgung in jährlich gleichen Raten, ist für die Berechnung der Gesamtlaufzeit n in die Grundformel die mittlere Laufzeit t_m einzusetzen.

$$t_m = \frac{n + 1}{2}$$

Erfolgt hingegen eine Tilgung in jährlich gleich bleibenden Raten nach einer tilgungsfreien Zeit, ist zur Bestimmung der Gesamtlaufzeit n in der Grundformel die mittlere Laufzeit t_m unter Berücksichtigung der tilgungsfreien Zeit t_f einzusetzen.

$$t_m = t_f + \frac{(n - t_f) + 1}{2}$$

7.4 Langfristige Fremdfinanzierung über den Kapitalmarkt

7.4.1 Fremdfinanzierung mit Schuldverschreibungen

Wird langfristiges Fremdkapital nicht bei Banken und Kreditinstituten, sondern am freien Kapitalmarkt aufgenommen, so handelt es sich um den Verkauf so genannter Schuldverschreibungen oder Bonds. Die Schulden werden verbrieft bzw. verschrieben und so als Wertpapier handelbar (fungibel) gemacht. Ob als Obligation, Pfandbrief, Bond oder Anleihe, in jedem Fall handelt es sich um eine Schuldverschreibung. Die Begriffsvielfalt ist hier überwältigend, und fast markttäglich kommen neue Begriffsschöpfungen durch Kombinatorik der möglichen Rechte im Schuldbrief zustande. Die

> *Arten der langfristigen Fremdfinanzierung*
>
> Schuldverschreibung, Anleihe, Obligation
> - für anonymen Kapitalmarkt als Teilschuldverschreibung (verbrieft Anteile, nicht Quoten)
> - vertretbare, fungible Wertpapiere, i. d. R. als Inhaberpapiere
> - bestimmter Nennbetrag bei Rückzahlung meist durch Auslosung aus Tilgungsfonds
> - meist vorzeitiges Kündigungs- bzw. Rückkaufsrecht
>
> Formen in Abhängigkeit vom Emittenten, zum Beispiel
> - Industrieobligation
> - Pfandbrief
> - Bankobligation
> - Kommunalobligation
>
> Sonderformen:
> - Wandelschuldverschreibung (convertible bond), Optionsschuldverschreibung (warrant)
> - Zerobonds, Floating Rate Notes, Doppelwährungsanleihen, Anleihen mit Swap
> - Schuldscheindarlehen von Kapitalsammelstellen oder Versicherungen
> - Darlehen und langfristige Kredite von Kreditinstituten
> - Gesellschafterdarlehen
> - Genussscheine

Zusammenstellung auf dieser Seite oben vermittelt einen Überblick über die verschiedenen Instrumente der langfristigen Fremdfinanzierung.

Die Anleihe, das klassische Instrument der langfristigen Fremdkapitalfinanzierung, wendet sich im Gegensatz zu einem langfristigen Bankkredit nicht an einen bestimmten Kreditgeber, sondern an den Kapitalmarkt, wo sie in so genannten Teilschuldverschreibungen anonym gehandelt wird. Schuldverschreibungen gehören zur Gruppe der vertretbaren Wertpapiere. Sie werden zumeist als Inhaber- und nur in seltenen Fällen als Orderpapiere begeben. Mit der Ausgabe einer Schuldverschreibung verpflichtet sich der Emittent dem Käufer der Schuldverschreibung gegenüber, vertraglich fixierte Zins- und Tilgungszahlungen zu leisten.

Eine Anleihe lässt sich in ihre zwei Bestandteile, Mantel und Bogen, zerlegen. Der Mantel stellt die eigentliche Schuldurkunde dar und verbrieft das Forderungsrecht des Gläubigers gegenüber dem Emittenten der Anleihe. In der Schuldurkunde werden beispielsweise das Volumen der Anleihe, ihr Nominalwert, die Nominalverzinsung, die Zinstermine sowie die Laufzeit schriftlich fixiert. Der Bogen besteht seinerseits aus den Zinscoupons, die einen halbjährlich oder jährlich zu zahlenden Zinsbetrag ausweisen, sowie einem Erneuerungsschein, der zur Zuteilung eines Bogens berechtigt.

In Abhängigkeit vom Emittenten existieren Anleihen der öffentlichen Hand (Staats-, Länder-, Kommunalanleihen), Anleihen von Kreditinstituten (Bankanleihen, Kommunalobligationen, Pfandbriefe) und von privaten Unternehmen (Industrieobligationen mit/ohne Sonderrechte). Da Unternehmen in den letzten Jahren verstärkt Schuldverschreibungen emittieren und so den traditionellen öffentlichen Anleihen Konkurrenz machen, widmen wir uns dieser Finanzierungsform etwas ausführlicher.

Voraussetzung zur Emission einer Industrieanleihe ist die Emissionsfähigkeit eines Unternehmens (die nicht an eine bestimmte Rechtsform gebunden ist), das heißt eine gute Bonität und ein gewisses Mindestemissionsvolumen. Diese Bedingungen werden an den verschiedenen Marktplätzen für Anleihen, den so genannten Rentenmärkten, vorgegeben. Die Rentenmärkte sind an den üblichen Börsenplätzen angesiedelt, wobei sich innerhalb Europas insbesondere Frankfurt auf den Handel mit Rentenpapieren spezialisiert hat.

Zu beachten ist, dass der Nennbetrag, zu welchem die Anleihe emittiert wird, weder mit dem Ausgabe- noch mit dem laufenden Kurs übereinstimmen muss. Entsprechen sich Nennwert und Ausgabekurs, so wird der Ausgabekurs auch als pari (= 100 Prozent) bezeichnet, Ausgabekurse unterhalb/oberhalb des Nennwerts liegen somit unter/über pari.

Die durchschnittliche Laufzeit einer Industrieanleihe liegt zwischen acht und 15 Jahren. Je nach Ausgestaltung der Anleihe ist diese von Beginn an oder ab einem vorher festgelegten Zeitpunkt zu tilgen. Ein Aufschub der Tilgungszahlungen erlaubt es dem Unternehmen, seine Liquidität nach Aufnahme des Fremdkapitals zu schonen und die Tilgung in den Jahren zu beginnen, in denen erste signifikante Erlöse aus dem investierten Fremdkapital in die Unternehmung zurückfließen.

Ein weiterer Flexibilitätsgewinn für die Unternehmung ist die Ausstattung der Anleihe mit einem vorzeitigen Kündigungsrecht des Emittenten. Dies gibt ihm die Möglichkeit, die Anleihe zu bei der Emission festgelegten Konditionen früher als geplant zu tilgen, um beispielsweise von einer für ihn günstigeren Lage am Kapitalmarkt zu profitieren. Der umgekehrte Fall, das heißt ein vorzeitiges Kündigungsrecht des Schuldners, ist äußerst selten.

Die Besicherung von Anleihen erfolgt zumeist über Grundpfandrechte, wobei die im vorhergehenden Abschnitt beschriebene Grundschuld am häufigsten genutzt wird. Seltener sind Bürgschaften anzutreffen. Finden diese Verwendung, so bürgen zumeist Konzernmütter oder die öffentliche Hand. Unternehmen mit erstklassiger Bonität verzichten teilweise auf Sicherheitsleistungen und arbeiten stattdessen mit einer so genannten »Negativklausel«. Darin verpflichtet sich der Schuldner vertraglich, zukünftig keine Belastungen seiner Vermögensteile zugunsten anderer Gläubig zuzulassen. Sie ist ebenfalls unter den Begriffen Negativerklärung oder Negativrevers bekannt.

7.4.2 Emissionsverfahren bei Schuldverschreibungen

Bei der Emission sind verschiedene Verfahren üblich. In der Praxis herrscht die so genannte Fremdemission vor, bei der ein Bankenkonsortium unter der Leitung eines Konsortialführers, welcher zumeist mit der Hausbank des Unternehmens identisch ist, die Emission übernimmt.

Zu unterscheiden sind Platzierungs- und Übernahmenkonsortien. Im Rahmen einer Platzierung durch ein *Platzierungskonsortium* tritt dieses als Kommissionär auf und handelt im eigenen Namen auf Rechnung des Emittenten. Das Emissionsrisiko, das heißt die aus einer nicht vollständigen Platzierung entstehenden Probleme, verbleibt somit beim Emittenten. Anders gestaltet es sich im Falle einer Platzierung durch ein *Übernahmekonsortium*, da hier das gesamte Emissionsvolumen vom Konsortium erworben und von diesem im eigenen Namen und auf eigene Rechnung vertrieben wird. Sämtliche damit verbundenen Risiken sind vom Übernahmekonsortium zu tragen.

Neben der Fremdemission gibt es die so genannte Selbstemission, die gegenüber der Fremdemission Kostenvorteile von ungefähr 2,5 Prozent des Emissionserlöses aufweist. Allerdings ist hier das Risiko der Unterbringung der Anleihe am Kapitalmarkt größer, da in vielen Fällen geeignete Distributionskanäle fehlen.

Mit der Emission einer Anleihe entstehen einmalige und laufende Kosten. Der größte einmalige Kostenblock ist die Konsortialgebühr, die je nach gewählter Konsortiumsart unterschiedlich hoch ausfallen kann. Zu weiteren anfallenden Kosten zählen die Börseneinführungsprovision, die Börsenzulassungsgebühr sowie die Ausgaben im Bereich Druck und Veröffentlichung. Die Höhe der einmaligen Kosten kann auf circa 5 bis 6 Prozent des Nominalbetrags der Anleihe veranschlagt werden. Die halbjährlich oder jährlich zu leistenden Zinszahlungen sind der Gruppe der laufenden Kosten

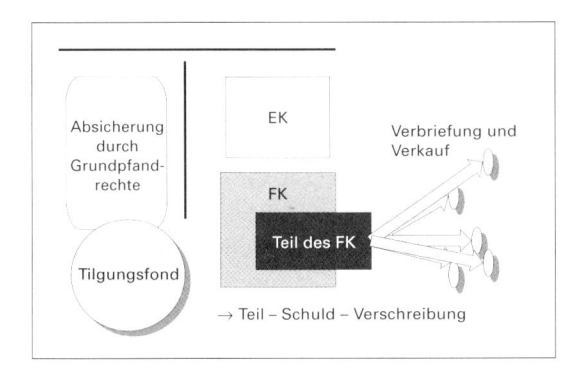

Abbildung 33: Grundmodell einer Schuldverschreibung

zuzuordnen. Ihre Höhe richtet sich neben der Höhe der Kapitalmarktzinsen zum Emissionszeitpunkt nach der Bonität der Unternehmung, dem Volumen der Anleihe sowie nach weiteren Ausstattungsmerkmalen.

Neben der hier beschriebenen klassischen Industrieobligation (vgl. zusammenfassend dazu Abbildung 33) sind in den letzten Jahren vielfältige Gestaltungsformen entwickelt worden, die den gewachsenen Anforderungen von Käufern wie Emittenten Rechnung tragen.

Die *Wandelschuldverschreibung*, auch Wandelanleihe genannt, bildet eine besondere Form der Industrieobligation. Hier erwirbt der Gläubiger neben den Ansprüchen der Industrieobligation ein Umtauschrecht auf Aktien, das er nach Ablauf einer bestimmten Sperrfrist wahrnehmen kann. Für eine Aktiengesellschaft, die ihre Kapitalbasis erweitern will, bietet sich die Möglichkeit einer Ausgabe von Wandelschuldverschreibungen gegebenenfalls an, wenn sich eine Platzierung von Aktien oder Industrieobligationen als schwierig erweist. Mögliche Gründe dafür könnten gedämpfte Erfolgsaussichten des Unternehmens, ein niedriges Niveau der Aktienkurse oder ein hohes Zinsniveau bei Anleihen sein. Mit dem Instrument der Wandelschuldverschreibung wird dem Käufer die Möglichkeit eröffnet, von Steigerungen des Aktienkurses zu profitieren, ohne gleichzeitig das mit dem Erwerb von Aktien verbundene Risiko tragen zu müssen. Im Gegenzug werden Wandelschuldverschreibungen zu einem niedrigeren Zinssatz als Industrieobligationen verzinst. Zur Besicherung der Wandelschuldverschreibung wird zumeist die Negativklausel herangezogen.

Die Ausgabe von Wandelschuldverschreibungen bedarf eines Beschlusses der Hauptversammlung, da zur Wahrung des Umtauschrechts eine bedingte Kapitalerhöhung vorgenommen werden muss. Den Aktionären ist ein Bezugsrecht einzuräumen, welches an der Börse gehandelt wird. Der Ausgabekurs einer Wandelschuldverschreibung liegt in der Praxis immer weit über pari, wodurch es zu der für den Gläubiger typisch niedrigen Effektivverzinsung kommt. Nach Ablauf der Sperrfrist kann ein Umtausch in Aktien nach Maßgabe eines festgelegten Umtauschverhältnisses vorgenommen werden. Ferner ist es möglich, die Wandelschuldverschreibung derart zu gestalten, dass Zuzahlungen in Abhängigkeit vom Umtauschzeitpunkt zu leisten sind. Steigende Zuzahlungen vermitteln Anreize zu einem möglichst frühen Umtausch der Anleihe, sinkende Zuzahlungen wirken entsprechend verzögernd.

Bei der *Optionsanleihe* hat die Obligation über die gesamte Laufzeit Bestand. Jedoch erwirbt der Käufer einer Optionsanleihe zusätzlich zu den Rechten der Teilschuldverschreibung ein Optionsrecht auf den Bezug von Aktien. Im Gegensatz zur Wandelschuldverschreibung erfolgt also kein Umtausch des Papiers in Aktien. Durch die Ausgabe einer Optionsanleihe bliebt das Fremdkapital bis zum Ende der Laufzeit der Obligation bestehen, und im Falle einer Ausübung der Option fließt dem Unternehmen neues Eigenkapital durch die Ausgabe junger Aktien zu. Bei der Emission einer Optionsanleihe gelten die gleichen aktienrechtlichen Vorschriften wie bei der Begebung einer Wandelschuldverschreibung.

Eine weitere Sonderform der Industrieobligation ist die *Gewinnschuldverschreibung*. Ihre Besonderheit liegt darin, dass sie ein Sonderrecht auf Gewinnbeteiligung des Fremdkapitalgebers verbrieft. Wie im Falle der Teilschuldverschreibung erfolgt zunächst eine Festverzinsung, die als Mindestverzinsung zu interpretieren ist. Darüber hinaus wird die Gewinnschuldverschreibung mit einer variablen Zusatzverzinsung ausgestattet. Diese kann sich beispielsweise an der Höhe der Aktiendividende orientieren: Steigt die Aktiendividende um ein Prozent, so führt dies zur Gewährung einer Zusatzverzinsung in Höhe eines halben Prozentpunktes.

Optiert die Unternehmung für eine rein gewinnabhängige Verzinsung, muss der Käufer auf eine Festverzinsung verzichten. Meistens wird die gewinnabhängige Verzinsung nach oben begrenzt.

Neben den herkömmlichen Festzinsanleihen, auch Straight Bonds genannt, haben sich in den letzten Jahren neue Anleiheformen auf den Kapitalmärkten durchgesetzt. Dazu zählen unter anderem Nullcouponanleihen, Anleihen mit variabler Verzinsung und Doppelwährungsanleihen.

Das charakteristische Merkmal einer *Nullcouponanleihe*, auch Zerobonds genannt, liegt darin, dass sie nicht laufend verzinst wird. Der Emittent einer Nullcouponanleihe leistet vielmehr lediglich eine Zahlung bei Fälligkeit, die sowohl Zinsen als auch Tilgung umfasst. Man unterscheidet zwischen echten Nullcouponanleihen und Kapitalzuwachsanleihen. *Echte Nullcouponanleihen* stellen ein Abzinsungsdarlehen dar; die Anleihe wird mit einem hohen Abschlag vom Nennwert emittiert und am Laufzeitende zum Nennwert getilgt. *Kapitalwachstumsanleihen* hingegen werden zu einem normierten Emissionskurs begeben und am Laufzeitende zu einem Kurs getilgt, der vor der Emission der Anleihe festgelegt wurde. Kapitalwachstumsanleihen können auch als Aufzinsungspapiere bezeichnet werden. Der Zinsertrag der Nullcouponanleihe entspricht am Laufzeitende der Differenz aus Nennwert und Emissionskurs. Als Besonderheit ist des Weiteren auf eine stark ausgeprägte Kursreagibilität von Nullcouponanleihen gegenüber Marktzinsschwankungen hinzuweisen. Dies ist darauf zurückzuführen, dass im Kurs der Nullcouponanleihe neben dem Kapitalbetrag auch die Zinsen mitverzinst werden und hierdurch eine Hebelwirkung entsteht.

Die steuerliche Behandlung von Nullcouponanleihen fällt unterschiedlich aus, je nachdem ob sie sich in Privatbesitz oder im Besitz von Unternehmen befinden. Ist Letzteres der Fall, so stellen Zinserträge und Kursgewinne Einkünfte aus Gewerbebetrieb dar, die zu versteuern sind. Eventuelle, aus einem Engagement in Zerobonds stammende Verluste können gegen andere Einkünfte aufgerechnet werden. Falls sich Wertpapiere im Besitz von Privatpersonen befinden, unterliegen grundsätzlich nur die Zinserträge einer Besteuerung. Kursgewinne und -verluste bleiben unberücksichtigt, es sei denn, es liegt ein Spekulationsgeschäft nach § 23 EstG vor. Aufgrund der einmaligen Zahlung am Laufzeitende sind die in der Regel an den Emittenten gestellten Bonitätsanforderungen höher als bei Couponanleihen.

Floating Rate Notes werden im Gegensatz zu fest verzinslichen Wertpapieren nicht mit einem fixen, über die gesamte Laufzeit festgeschriebenen, sondern mit einem in bestimmten Zeitabständen dem Marktzinsniveau anzupassenden Zinssatz ausgestattet. Die periodische Neufestlegung des Zinssatzes orientiert sich an einem so genannten Referenzzinssatz, beispielsweise dem Interbanken-Geldmarktsatz Euribor (Euro Interbank Offered Rate). Dieser wird wiederum um im Vorfeld der Emission festgelegte Auf- oder Abschläge korrigiert.

An den Euromärkten haben Floater Festzinsanleihen als führendes Marktinstrument abgelöst. Durch die Emission bzw. den Kauf einer Floating Rate Note erhalten sowohl der Emittent als auch der Käufer stets eine fast marktkonforme Verzinsung, ohne dass sie ein Kursrisiko eingehen, da diese Anleiheform zu den Anpassungszeiten in der Nähe ihres Emissionspreises notiert. Durch die variable Verzinsung entsteht jedoch ein Zinsänderungsrisiko für den Emittenten bei steigendem Zinsniveau, für den Kapitalanleger bei fallendem Zinsniveau.

Doppelwährungsanleihen (auch als Multi oder Dual Currency Notes bezeichnet) besitzen die Eigenart, dass die Mittelaufbringung und die Rückflüsse in unterschiedlichen Währungen erfolgen. Hinsichtlich der Gestaltung verfügt der Emittent über einen großen Spielraum. Zinszahlungen können beispielsweise sowohl in der Einzahlungs- als auch in der Rückzahlungswährung erfolgen. Die Emissionsrendite liegt zwischen den Renditen ähnlicher Anleihen in den jeweiligen Währungsräumen. Dementsprechend reagiert der Kurs der Doppelwährungsanleihe auf Marktzinsänderungen sowie Wechselkursschwankungen. Gegen Ende der Laufzeit sind ausschließlich die Veränderungen der kursrelevanten Parameter im Raum der Rückzahlungswährung der Doppelwährungsanleihe von Bedeutung.

Genussscheine sind Wertpapiere, die schuldrechtliche Ansprüche gegenüber einer AG verbriefen, die aber – im Gegensatz zu Aktien – keine Mitgliedschaftsrechte beinhalten. Entsprechend verfügt der Genussscheininhaber weder über ein Stimmrecht auf der Hauptversammlung noch über ein Mitwirkungsrecht an der Geschäftsführung. Das Genussscheinrecht ist nicht spezialgesetzlich geregelt und kann von Unternehmen jeder Rechtsform gewährt und individuell gestaltet werden.

Genussscheine können grundsätzlich folgende Ansprüche verbriefen: die Beteiligung am Gewinn, am Liquidationserlös, die Beteiligung an Nutzungs- oder Bezugsrechten für Sach- und Dienstleistungen sowie Bezugsrechte im Sinne von Optionsgenussscheinen und letztlich die Möglichkeit des Umtauschs (Wandelgenussschein).

Genussscheine besitzen Eigenkapitalcharakter, falls das Genussscheinkapital der Unternehmung langfristig oder sogar unbefristet zur Verfügung gestellt wird und der Genussscheininhaber an Unternehmensgewinnen wie -verlusten beteiligt wird. Die Vorteile des Emittenten liegen also in der Schaffung eines Verlustpuffers, der nicht über die klassischen Partizipationsrechte wie Mitsprache- und Mitwirkungsrecht verfügt. Andererseits besitzen Genussscheine Fremdkapitalcharakter, wenn das Genussrecht in einer fixen oder variablen Verzinsung besteht. Ausschüttungen, zum Beispiel in Form von Zins- oder Dividendenzahlungen, sind für den Emittenten des Genussscheins steuerlich absetzbar, da sie steuerlich als Ausschüttungen auf Fremdkapital und damit als gewinnmindernde Aufwendungen gelten.

Die Ausgabe von Genussscheinen bedarf grundsätzlich der Zustimmung einer Dreiviertelmehrheit der Hauptversammlung; den Aktionären ist ein Bezugsrecht einzuräumen.

Motive für die Begebung von Genussscheinen sind beispielsweise der Verlustausgleich für Aktionäre aufgrund von Kapitalherabsetzungen oder die Schaffung zusätzlicher Vorteile für die Aktionäre, die bei außergewöhnlich guten Erträgen neben der Dividende gewährt werden sollen.

Genussscheine sind in der heutigen Praxis der Beteiligungsfinanzierungspraxis eher selten anzutreffen.

7.5 Kurzfristige Kreditfinanzierung

7.5.1 Übersicht über kurzfristige Kreditinstrumente

Unter der kurzfristigen Fremdfinanzierung ist die Zuführung von Fremdkapital in ein Unternehmen zu verstehen, das diesem in der Regel bis zu einem Jahr zur Verfügung steht. Unabhängig davon werden Warenkredite aller Art der kurzfristigen Fremdfinanzierung zugerechnet.

Grundsätzlich dient die kurzfristige Fremdfinanzierung der Beschaffung der notwendigen Liquidität zur Aufrechterhaltung der Geschäftstätigkeit. Ihre verschiedenen Formen sind in der nachfolgenden Übersicht zusammengefasst.

Übersicht über kurzfristige Kreditinstrumente

- Lieferantenkredit → Skonto versus Fremdkapitalzins
- Kundenanzahlung → zeitliche Begrenzung in der Bilanz
- Kontokorrentkredit (§§ 355 HGB) → Partner ist Kaufmann, Saldenanerkenntnis
- Diskontkredit → drei gute Unterschriften, max. 90 Tage, guter Handelswechsel, BPL
- Lombardkredit → bewegliche Sachen oder Forderungen als Faustpfand
- Avalkredit → Bank übernimmt Bürgschaft oder Garantie
- Akkreditiv → Auftrag an Bank, an Begünstigten gegen Dokument zu zahlen
- Rembourskredit → Akkreditiv mit Wechselakzeptanz durch zweite Bank
- Negoziierungskredit → Ankauf einer Tratte mit Dokumenten durch beauftragte Bank
- Eurokredite → Kredite vom Eurogeldmarkt zu FIBOR-, LIBOR-, PIBOR-Sätzen

7.5.2 Kurzfristige Bankkredite

Beim *Kontokorrentkredit* räumt ein Kreditinstitut einem Kreditnehmer einen Kredit in einer bestimmten Höhe ein, auch Kreditlinie genannt, der vom Kreditnehmer entsprechend seinem Bedarf bis zum vereinbarten Höchstbetrag in Anspruch genommen werden kann. Kontokorrentkredite weisen in der Regel eine Laufzeit von sechs bis zwölf Monaten auf; sofern der Kreditnehmer jedoch keinen Anlass zur Auflösung des Vertragsverhältnisses gibt, wird der Kontokorrentkredit prolongiert, das heißt automatisch verlängert. Somit kann ein Kontokorrentkredit auch zur Abdeckung eines langfristigen Finanzbedarfs eingesetzt werden, was jedoch seinem klassischen Ziel, der Sicherung der Zahlungsbereitschaft in Spitzenzeiten, entgegensteht. Die mittel- oder sogar langfristige Bindung der Mittel, zum Beispiel aufgrund der Finanzierung bedeutender Posten des Anlagevermögens, birgt die Gefahr eines »Einfrierens« des Kredits in sich und führt folglich im Falle der Kündigung durch den Kreditgeber zu Zahlungsschwierigkeiten aufseiten des Kreditnehmers. Um dieser Gefahr zu begegnen, führt der Kreditgeber eine laufende Kreditkontrolle durch.

Die Einräumung eines Kontokorrentkredits durch ein Kreditinstitut setzt üblicherweise voraus, dass der Kreditnehmer einen Großteil seines Zahlungsverkehrs über das Kreditinstitut abwickelt. In einigen Fällen kann das Kreditinstitut sogar eine Ausschließlichkeitserklärung vom Kreditnehmer verlangen, mittels derer sich der Kreditnehmer verpflichtet, sämtliche Zahlungsvorgänge über das Kreditinstitut abzuwickeln. Dies erlaubt dem Kreditinstitut im Rahmen der oben beschriebenen laufenden Kreditkontrolle umfassendere Einblicke in die finanzielle Situation des Unternehmens. Die Kenntnis der finanziellen Situation des Kreditnehmers ist jedoch häufig unzureichend, um den Sicherheitsüberlegungen des Kreditgebers Rechnung zu tragen. Dieser fordert vom Kreditnehmer daher die Stellung von Sicherheiten.

Da Kontokorrentkredite, wie bereits erwähnt, kurzfristige Schwankungen im Kapitalbedarf des Unternehmens abdecken, kann zwischen Betriebs-, Saison- oder Zwischenkrediten unterschieden werden. *Betriebskredite* dienen der kurzfristigen Finanzierung von Lohn- und Gehaltszahlungen, der Ausnutzung von Skonti oder der Beschaffung von Roh-, Hilfs- oder Betriebsstoffen. *Saisonkredite* werden zur Finanzierung von saisonal auftretenden Beschäftigungsspitzen eingesetzt. Als Beispiel können hier die im Rahmen der Weinernte anfallenden Personalaufwendungen in einem besonders ertragreichen

Jahr erwähnt werden. *Zwischenkredite* werden zur Finanzierung von bedeutenden Bauvorhaben oder Emission von Wertpapieren eingesetzt.

Der Kontokorrentkredit ist ein sehr flexibel einsetzbares Finanzierungsinstrument, da der Kreditnehmer selbst entscheiden kann, in welcher Höhe er den ihm gewährten Kreditrahmen in Anspruch nimmt und wofür er ihn einsetzt. Die Inanspruchnahme eines Kontokorrentkredits ist jedoch mit sehr hohen Kapitalkosten verbunden, die circa 5 Prozent über den Geldmarktsätzen liegen. Der Kreditnehmer zahlt neben den Sollzinsen eine Kreditprovision, die als Zuschlag zu den Zinsen oder in Form einer Bereitstellungsprovision berechnet werden kann. Ferner sind Umsatzprovisionen, die als Gebühr für die Kontoführung und die Bereitstellung erhoben werden, und Barauslagen wie Gebühren, Porti oder fremde Spesen zu zahlen. Überschreitet der Kreditnehmer die Kreditlinie betragsmäßig oder zeitlich ohne ausdrückliche Vereinbarung, muss er darüber hinaus eine so genannte Überziehungsprovision entrichten.

Zur Deckung des kurzfristigen Kapitalbedarfs kann neben dem Kontokorrentkredit der *Lombardkredit* herangezogen werden. Beim Lombardkredit erfolgt die Vergabe eines Bankkredits gegen ein »Faustpfand«, wobei die verpfändeten Güter nicht in voller Höhe ihres Wertes beliehen werden. Die Beleihungsgrenzen schwanken je nach Art des Pfandes zwischen 50 Prozent (Waren) und 80 Prozent (mündelsichere festverzinsliche Wertpapiere). Voraussetzung der Lombardierung ist, dass das Sicherungsgut wertbeständig und schnell verwertbar ist. Folglich müssen die Sicherungsgüter für eine bestimmte Zeit haltbar und marktgängig sein, das heißt gegebenenfalls an einer Börse gehandelt werden. Verpfändbar sind demnach vor allem Wertpapiere, Waren, Wechsel, Forderungen und Edelmetalle.

Vom Kontokorrentkredit unterscheidet sich der Lombardkredit vor allem dadurch, dass er zu einem festen Termin in voller Höhe bereitgestellt bzw. zurückgezahlt wird. Er weist also nicht die Flexibilität eines Kontokorrentkredites auf. Die Kapitalkosten liegen in der Regel zwischen denen eines Wechseldiskontkredits und denen eines Kontokorrentkredits. Die zu leistenden Zinszahlungen orientieren sich an den Spitzenrefinanzierungssätzen der nationalen Zentralbanken, die im Allgemeinen die Obergrenze des Tagesgeldsatzes darstellen. Hinzu kommt ein individueller Risikozuschlag des Kreditnehmers. Außerdem fallen Kosten im Zuge der Bewertung, Verwaltung und Verwahrung des verpfändeten Gutes an.

Neben dem Diskont- und Lombardkredit ist der *Wechselkredit* zu nennen. Der Wechsel ist ein schuldrechtliches Wertpapier, das strengen gesetzlichen Vorschriften unterliegt. Er verbrieft ein Vermögensrecht, welches vom Inhaber des Wechsels geltend gemacht werden kann. Ein Kunde, der von einem Lieferanten Hilfsstoffe bezogen hat, kann beispielsweise diesem anstelle einer Barzahlung oder der Ausnutzung eines Zahlungsziels einen Wechsel anbieten. Zu unterscheiden sind der gezogene Wechsel, die so genannte Tratte, und der eigene Wechsel, der so genannte Solawechsel.

Der *gezogene Wechsel* enthält die unbedingte Anweisung des Ausstellers als Gläubiger an den Bezogenen als Schuldner, die Wechselsumme zu einem festgelegten Zeitpunkt, dem so genannten Verfallstag, an eine im Wechsel genannte Person oder die Firma (Remittenten) oder deren Order zu zahlen. Der *eigene Wechsel* hingegen enthält das Versprechen des Ausstellers, selbst an den im Wechsel genannten Wechselnehmer oder dessen Order bei Fälligkeit des Wechsels eine bestimmte Geldsumme zu zahlen. Beim Solawechsel ist also der Aussteller selbst der Schuldner, beim gezogenen Wechsel dagegen der Gläubiger. Der Bezogene bzw. der Schuldner der Wechselsumme zahlt aber nicht an den Gläubiger (Aussteller), sondern auf Anweisung des Gläubigers an einen Dritten, dem der Gläubiger seinerseits den im Wechsel genannten Betrag schuldet. Kommt der Bezogene seinen Verpflichtungen nicht nach, so wird die Forderung des Dritten (Remittenten) gegen den Aussteller nicht ausgeglichen. Folglich haftet der Aussteller des Wechsels als Rückgriffsschuldner.

Der Wechsel ist ein geborenes Orderpapier, das durch Einigung und Übergabe der indossierten Urkunde übertragen werden kann. Mit dem Indossament übernimmt der Indossant die Haftung für die Annahme und Einlösung des Wechsels. Der gezogene Wechsel muss die in der Übersicht

---

Übersicht: Die acht gesetzlichen Merkmale des gezogenen Wechsels

1. Die Bezeichnung »Wechsel« im Text der Urkunde;
2. die unbedingte Anweisung zur Zahlung einer Geldsumme;
3. die Angaben des Bezogenen (die aus dem Wechsel zahlungsverpflichtete Person oder Firma);
4. die Angabe des Verfallstages;
5. die Angabe des Zahlungsortes (fehlt der Zahlungsort, so gilt hilfsweise der Wohnort des Bezogenen);
6. der Name des Wechselnehmers (Remittenten) ist der Aussteller gleichzeitig Remittent, so genügt die Angabe »an eigene Order«;
7. Tag und Ort der Ausstellung (fehlt der Ausstellungsort, so gilt der Wechsel als an dem Ort ausgestellt, der beim Namen des Ausstellers angegeben ist);
8. eigenhändige Unterschrift des Ausstellers.

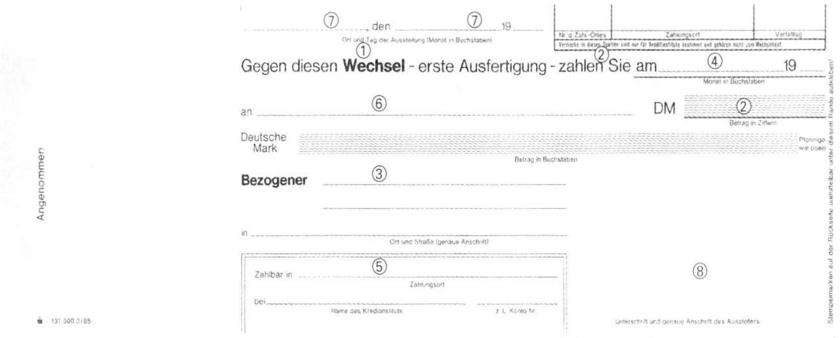

Abbildung 34: Wechselformular mit den acht gesetzlichen Bestandteilen

genannten acht gesetzlichen Bestandteile aufweisen (vgl. auch Abbildung 34 mit den entsprechenden Nummern).

Neben den gesetzlichen Bestandteilen sind in den Wechseltext auch so genannte kaufmännische Bestandteile aufzunehmen, auf die hier jedoch nicht weiter eingegangen wird.

Wird ein gezogener Wechsel, das heißt die Zahlungsanweisung des Ausstellers, vom Bezogenen angenommen (akzeptiert), so wird der Wechsel nicht mehr als Tratte, sondern als Akzept bezeichnet.

Da der Bezogene die Zahlung erst bei Fälligkeit des Wechsels leisten muss, entsteht zwischen dem Aussteller und dem Bezogenen eine Kreditbeziehung. Weitere Kreditbeziehungen entstehen, falls der Aussteller das Akzept vor Fälligkeit mit seinem Indossament weitergibt. Bis zur Einlösung bleiben er und alle weiteren Indossanten aus dem Wechsel verpflichtet.

Die Kreditfunktion des Wechsels ist eng mit dessen Sicherungsfunktion verbunden. Aufgrund der strengen gesetzlichen Vorschriften (Prinzip der Wechselstrenge) sowie der Loslösung von dem zugrunde liegenden Rechtsgeschäft (Kaufvertrag) stellt der Wechsel ein besonders geeignetes Sicherungsmittel dar, da er dem Wechselgläubiger im Falle einer Nichtzahlung bei Fälligkeit Prozessvorteile verschafft.

Löst der Bezogene einen Wechsel bei Fälligkeit nicht ein, kann der Wechsel zu Protest (Wechselprotest) gegeben werden. In diesem Fall steht dem Inhaber grundsätzlich ein Rückgriffsanspruch gegen seine Vormänner zu, wobei der Wechselinhaber nicht an die Reihenfolge seiner Vormänner gebunden ist, die gesamtschuldnerisch haften. Nach der Art des Rückgriffs unterscheidet man zwischen einem Reihenregress – Rückgriff erfolgt lediglich auf den unmittelbaren Vorbesitzer des Wechsels – und einem Sprungregress, das heißt, ein oder mehrere Indossanten werden übersprungen. Voraussetzung für den Rückgriff ist die rechtzeitige Erhebung eines Protests über die Nichtzahlung, der nur von Notaren, Gerichtsvollziehern oder bei Wechseln bis zu einer Summe von 1 000 Euro auch von einem Postbeamten in einer öffentlichen Urkunde festzuhalten ist. Jeder Wechselgläubiger kann seine Rechte durch Vorlage des protestierenden Wechsels in einem so genannten Urkundenprozess innerhalb kürzester Zeit geltend machen. Die Fristen zwischen Klagezustellung und Verhandlung sind äußerst kurz bemessen und schwanken in Abhängigkeit vom Wohnsitz des Beklagten zwischen 24 Stunden und sieben Tagen. Ziel des Wechselprozesses ist es, möglichst schnell einen vollstreckbaren Titel des Beklagten zu erwirken. Wechselkredite treten in verschiedenen Formen auf und werden im Folgenden erläutert.

Refinanziert sich ein Unternehmen, das Wechsel seiner Kunden besitzt, durch deren Verkauf vor Fälligkeit an ein Kreditinstitut, entsteht ein *Diskontkredit*. Die Höhe des Diskontkredits, der von einem Kreditinstitut gewährt wird, ist für den einzelnen Kunden begrenzt und kommt in der so genannten Diskontlinie zum Ausdruck. Selbstverständlich ist eine einwandfreie Kreditwürdigkeit des Kunden Voraussetzung zum Ankauf von Wechseln durch die Bank. Das Kreditinstitut vergütet für den Wechsel die Wechselsumme abzüglich der Zinsen für die Restlaufzeit (Diskont) und der Spesen. Obwohl dem Wechseldiskont ein Kaufvertrag über das Wertpapier zugrunde liegt, entsteht eine Kreditbeziehung, da das Kreditinstitut vor Fälligkeit des Wechsels in Vorleistung tritt. Geht der angekaufte Wechsel zu Protest, stellt das Kreditinstitut Regressansprüche gegen den Einreicher und zieht den Diskontkredit zurück.

Das Kreditinstitut hat im Rahmen eines bestimmten Kontingents die Möglichkeit, den angekauften Wechsel zur Rediskontierung an die Deutsche Bundesbank einzureichen, um sich zu refinanzieren. Die Deutsche Bundesbank kauft jedoch nur Wechsel, die bestimmten Anforderungen genügen. Grundlegende Voraussetzung ist, dass dem zu rediskontierenden Wechsel ein Handels- oder Warengeschäft zugrunde liegt. Finanzwechsel werden von der Bundesbank nicht angenommen. Ferner rediskontiert die Bundesbank nur Wechsel, die eine Restlaufzeit von mehr als 90 Tagen aufweisen, mindestens drei gute Unterschriften tragen (eine davon ist das Indossament der Bank an die Landeszentralbank) und bei dem Kreditinstitut an einem Bankplatz, an einem Ort also, an dem die Bundesbank eine Niederlassung unterhält, zahlbar sind.

Der Ablauf eines Diskontkredites ist in Abbildung 35 wiedergegeben.

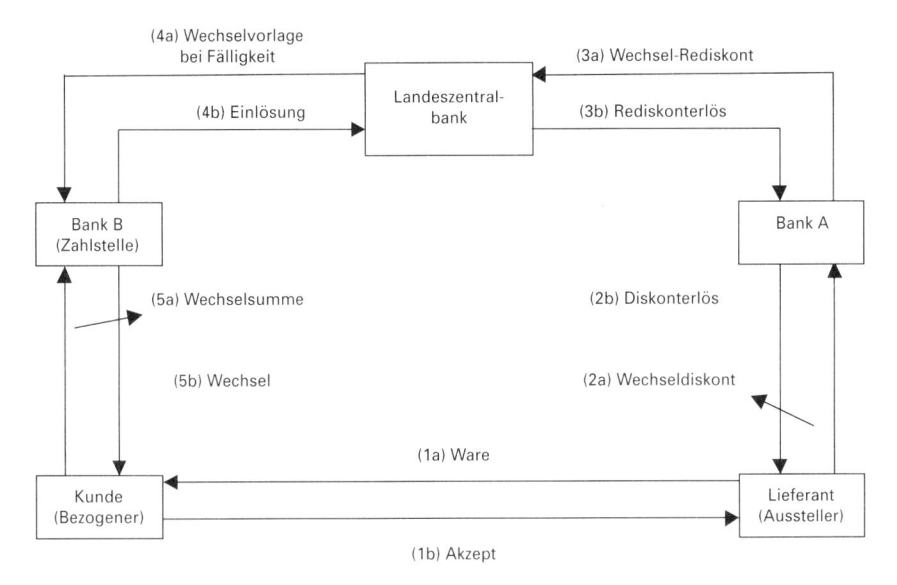

Abbildung 35: Ablauf eines Diskontkredites

Der Lieferant liefert Waren an seinen Kunden (1a) und zieht einen Wechsel, den der Kunde akzeptiert (1b). Der Lieferant refinanziert sich durch die Weitergabe des Wechsels an seine Bank A (2a, 2b). Die Bank A wiederum refinanziert sich, indem sie den Wechsel an die Landeszentralbank verkauft (3a, 3b). Bei Fälligkeit legt diese den Wechsel der im Wechsel bezeichneten Zahlstelle Bank B vor (4a), die ihn einlöst (4b). Die Bank B präsentiert den Wechsel dem Bezogenen (5a), der ihn bezahlt (5b).

Mithilfe des Diskontkredits ist es möglich, den Kreditspielraum eines Unternehmens zu relativ geringen Kapitalkosten zu erweitern. Die Kosten des Diskontkredits bestehen aus dem Diskont, der von der Bank einbehalten wird. Dieser Diskontbetrag richtet sich nach dem Diskontsatz der Deutschen Bundesbank und wird in Abhängigkeit von der Rediskontierungsfähigkeit, den Ergebnissen der Kreditverhandlung mit dem Kreditnehmer sowie der Wechselsumme mit einem Zuschlag versehen. Für bundesbankfähige Wechsel beträgt der Zuschlag ungefähr 0,75 bis 2,5 Prozent p. a., für andere Wechsel 2 bis 4 Prozent.

Der Zinssatz für den Diskontkredit lässt sich nach folgender praxisüblicher Faustformel berechnen:

$$R = \frac{DB + DS}{KB} \times \frac{360}{WL}$$

mit:
R = Zinssatz
DB = Diskontbetrag
DS = Diskontspesen
KB = Kreditbetrag (vom Kreditinstitut ausbezahlt)
WL = Wechsellaufzeit

Betrachten wir dazu ein Beispiel: Der Wechselbetrag belaufe sich auf 120 000 Euro, die Laufzeit des Wechsels auf 90 Tage, der Diskontsatz auf 6 Prozent, und die Diskontspesen schließlich auf 5 Euro. Nach Anwendung unserer oben aufgeführten Formel erhalten wir:

$$r = \frac{120\,000 \times 0{,}06/4 + 5}{120\,000 - (120\,000 \times 0{,}06/4 + 5)} \times \frac{360}{90} = 6{,}11 \text{ Prozent}$$

Es sei jedoch daran erinnert, dass den relativ geringen Kapitalkosten des Diskontkredits die strengen wechselrechtlichen Vorschriften und eine eingeschränkte Anpassungsfähigkeit gegenüberstehen.

Im Rahmen der bisher behandelten Formen des kurzfristigen Bankkredits wird der Unternehmung durch das Kreditinstitut Geld zur Verfügung gestellt. In diesem Zusammenhang wird daher von *Geldleihe* gesprochen. Entschließt sich das Kreditinstitut hingegen, der Unternehmung keine finanziellen Mittel, sondern seine Kreditwürdigkeit zur Verfügung zu stellen – das Kreditinstitut gibt seinen guten Namen her und steht für die Unternehmung ein –, wird von Kreditleihe gesprochen. Formen der Kreditleihe sind der Akzept- und Avalkredit.

Der *Akzeptkredit* ist ein Wechselkredit, bei dem der Bankkunde einen Wechsel auf sein Kreditinstitut zieht, den das Kreditinstitut akzeptiert. Der Kunde hat dem Kreditinstitut den Wechselbetrag vor dem Zeitpunkt der Fälligkeit des Wechsels bereitzustellen. Das Kreditinstitut löst den Wechsel bei Fälligkeit zulasten des Kunden ein. Im Außenverhältnis besitzt der Bankkunde somit ein Wertpapier, das durch das Bankakzept über eine einwandfreie Bonität verfügt. Für die Verwertung des akzeptierten Wechsels gibt es zwei Möglichkeiten. Zum einen kann der Wechsel an einen Lieferanten als Zahlungsmittel weitergegeben werden. Zum Zweiten ist die Einreichung zum Diskont bei einem akzeptierenden Kreditinstitut möglich.

Wegen der Risiken, die mit der Akzeptierung eines Wechsels verbunden sind, gewähren die Banken nur erstklassigen Kreditnehmern Akzeptkredite. Da es für die Banken von besonderem Interesse ist, die Wechsel zur Refinanzierung einsetzen zu können, werden Akzeptkredite folglich zur Finanzierung von Warengeschäften – zumeist mit dem Ausland – eingesetzt.

Bei einem *Avalkredit* (§§ 765–778 BGB in Verbindung mit §§ 349–351 HGB) übernimmt ein Kreditinstitut die Haftung für die Verbindlichkeiten eines Kunden gegenüber einem Dritten in Form einer Bürgschaft oder Garantie. Wie beim Akzeptkredit werden der Unternehmung hier also wiederum keine Geldmittel bereitgestellt. Für das Kreditinstitut entsteht mit der Gewährung eines Avalkredits eine Eventualverbindlichkeit, die nur dann zu einer Verbindlichkeit wird, wenn der Kreditnehmer seinen Verpflichtungen gegenüber einem Dritten nicht nachkommt. Die Bonitätsanforderungen, die an den Kreditnehmer gestellt werden, sind daher hoch. Der Avalkredit findet überall dort Anwendung, wo der Dritte nicht daran interessiert oder in der Lage ist, die Kreditwürdigkeit des Kreditnehmers detailliert zu prüfen. Hinsichtlich der dem Avalkredit zugrunde liegenden Bürgschaft lassen sich verschiedene Kreditformen unterscheiden. Die Bürgschaften können sein: die Zoll-, Frachtstundungsbürgschaft, Bietungs-, Anzahlungs-, Leistungs- und Gewährleistungsgarantie.

Die Kapitalkosten, die durch Inanspruchnahme eines Avalkredits entstehen, fallen in Form der Avalprovision an. Sie ist an das Kreditinstitut meist quartalsweise im Voraus zu entrichten und beläuft sich auf 1 bis 2,5 Prozent pro Jahr.

7.5.3 Kurzfristige Handelskredite

Handelskredite werden in den Bereichen Industrie und Handel von Geschäftspartnern gewährt und beruhen auf Warenlieferungen. Kreditinstitute sind nur indirekt durch die Finanzierung des Handelspartners eingeschaltet. Formen der Handelskredite sind Lieferanten- und Kundenkredit.

Der *Lieferantenkredit* ist das am häufigsten angewandte und daher bekannteste Instrument im Bereich der Handelskredite. Dem Volumen nach haben Lieferantenkredite eine ebenso hohe Bedeutung für die Finanzierung deutscher Unternehmen wie die kurz- bis mittelfristigen Bankkredite. Beim Lieferantenkredit liegt ein Kaufvertrag zwischen einem Lieferanten als Kreditgeber und einem Abnehmer als Kreditnehmer zugrunde, der Waren oder Dienstleistungen unter Stundung des Kaufpreises, also auf Ziel, erhält. Hierbei geht die Initiative zumeist vom Lieferanten aus. Dieser verspricht sich durch die Gewährung eines Kredites Umsatzsteigerungen und wendet den Lieferantenkredit als wichtigen Bestandteil seines Marketing-Mix an. Die Sicherung des Kredits erfolgt meist durch Vereinbarung eines Eigentumsvorbehalts. Der Lieferantenkredit kann in Form eines Buch- oder eines Wechselkredits auftreten. Beim Buchkredit erfolgt eine Lieferung der Ware oder Dienstleistung; dabei kann die Zahlung innerhalb eines bestimmten Zeitraums – der Skontofrist – unter Abzug des Skontosatzes vom Rechnungsbetrag oder innerhalb der Zahlungsfrist ohne Abzug des Skontobetrags vom Rechnungsbetrag vorgenommen werden. Der Wechselkredit entsteht durch die Akzeptierung eines der Rechnung beigelegten Wechsels durch das belieferte Unternehmen.

Der Lieferantenkredit darf nicht mit Krediten von Lieferanten verwechselt werden, die dazu dienen, die Geschäftsausstattung eines potenziellen Abnehmers zu finanzieren, und vom Abnehmer langfristig über die gelieferten Waren zurückgezahlt werden. Ausstattungskredite werden beispielsweise zur Einrichtung von Tankstellen oder Gaststätten gewährt.

Wird einem Unternehmen ein Lieferantenkredit gewährt, so stehen ihm unterschiedliche Entscheidungsalternativen offen (vgl. Abbildung 36). Es kann das eingeräumte Zahlungsziel nutzen, wodurch sich Ziel- und Rechnungspreis entsprechen. Der Kredit wird durch Absprachen oder Verzögerungen verlängert, das heißt prolongiert, was zu einem Aufschlag der entstehenden Zinsen auf den Kaufpreis führen kann. Letztlich ist eine Skontoausnutzung möglich, indem der Zielpreis um das Skonto gemindert wird. Dies ergibt den Barpreis.

Als Skonto wird der Preisnachlass bei Zahlung vor Fälligkeit bezeichnet. Durch den Verzicht auf diesen entstehen dem Unternehmen so genannte

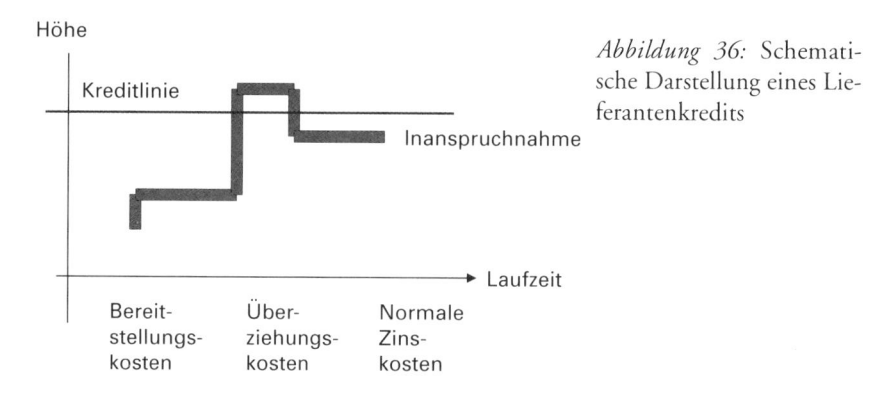

Abbildung 36: Schematische Darstellung eines Lieferantenkredits

Opportunitätskosten im Sinne eines entgangenen Skontoabzuges. Diese können auf das Jahr bezogen hohe Prozentwerte erreichen.

Ein Unternehmer, der darüber nachdenkt, ob er das eingeräumte Skonto nutzen oder eine Zahlung sofort leisten soll, kann sich nach folgender Faustformel verhalten:

$$r = \frac{S \times 360}{z-s}$$

mit:
r = Jahressatz in Prozent
S = Skontosatz in Prozent
z = eingeräumtes Zahlungsziel in Tagen
s = vorgegebene Skontofrist in Tagen

Wenn also ein Unternehmer Waren für 20 000 Euro geliefert bekommt und der Lieferant ein Zahlungsziel von 30 Tagen einräumt bzw. darauf hinweist, dass bei einer Bezahlung innerhalb der nächsten fünf Tage 2,5 Prozent Skonto abzugsfähig sind, so kann die Kalkulation wie folgt aussehen:

- 2,5 Prozent Skonto von 20 000 Euro ergeben einen möglichen Skontoabzug von 500 Euro. Das Unternehmen muss so innerhalb der nächsten fünf Tage nur 19 500 Euro zahlen.
- Das Unternehmen kann jedoch auch beschließen, das Skonto nicht auszunutzen und den Rechnungsbetrag erst in 30 Tagen zu zahlen. Allerdings entstehen in diesem Fall Opportunitätskosten, die folgende Größe erreichen:

$$r = \frac{0{,}025 \times 360}{30-5} = 0{,}36 = 36 \text{ Prozent}$$

Durch die Nichtausnutzung des Skontos entstehen dem Unternehmen hochgerechnet auf ein Jahr 36 Prozent Opportunitätskosten, was bedeutet, dass eine Fremdfinanzierung der Vorauszahlung bereits nach 5 Tagen bis zu 36 Prozent Zinsen kosten könnte, um mit dem Lieferantenkredit gleichgestellt zu sein.

In der Praxis ist zu beobachten, dass trotz der hohen Opportunitätskosten viele mittlere und kleinere Unternehmen Lieferantenkredite in Anspruch nehmen. Als Ursache gelten die oft unzureichende Kapitalausstattung sowie der Mangel an Sicherheiten, der ihnen den Zugang zu Bankkrediten verwehrt. Neben den hohen Opportunitätskosten muss man ferner beachten, dass die Gefahr der Abhängigkeit vom Lieferanten steigen kann. Aus Sicht des Kreditnehmers weist der Lieferantenkredit jedoch auch einige Vorteile auf, da er schnell, bequem, formlos und ohne langwierige Kreditwürdigkeitsprüfung in Anspruch genommen werden kann. Darüber hinaus kann er auch dann genutzt werden, wenn Kreditlinien bei Banken bereits ausgeschöpft sind.

Beim *Kundenkredit* dreht sich die Konstellation des Lieferantenkredits um, das heißt, dass auf Basis einer vertraglichen Vereinbarung zwischen einem Lieferanten und einem Kunden Letzterer den Lieferanten durch eine Anzahlung auf eine zukünftig zu erbringende Leistung kreditiert. Der Kundenkredit ist daher auch unter den Bezeichnungen Abnehmerkredit, Vorauszahlungskredit und Kundenanzahlung bekannt. Der Kundenkredit ist eine viel genutzte Finanzierungsalternative, die immer dort eingesetzt wird, wo zwischen Planung und Fertigstellung viel Zeit verstreicht und besondere Bedürfnisse des Kunden individuell gelöst werden. Dementsprechend werden Kundenkredite häufig im Großanlagen- oder Schiffbau eingesetzt.

Der Kundenkredit erlaubt dem Lieferanten, seine Liquidität zu schonen, da sich der Abnehmer an der Deckung des Kapitalbedarfs zwischen Auftragseingang und Zahlung beteiligt. Dies ist umso wichtiger, je teurer und zeitaufwändiger die Erstellung der Leistung ist. Des Weiteren verschaffen ihm die Anzahlung und die dem Abnehmer damit entstehenden Kosten Aufschluss über dessen Fähigkeit, seinen Verbindlichkeiten nachzukommen. Die Bereitstellung von Kreditbeträgen signalisiert dem Lieferanten außerdem ein fortwährendes Interesse des Kunden an der Leistungserstellung, das Nichtabnahmerisiko wird somit verringert.

Die Höhe des Kundenkredits und die Staffelung der Zahlungen vonseiten des Abnehmers sind von verschiedenen Faktoren abhängig. Zum einen ist die Marktstellung des Geschäftspartners bzw. dessen Stärke im Wettbewerb von besonderer Bedeutung. Daneben muss man die Auftragslage des Lieferanten beachten; ist dessen Auftragslage gut, so hat er die Möglichkeit, einen Kundenkredit auszuhandeln. In verschiedenen Branchen haben sich jedoch im Laufe der Jahre auch branchenübliche Zahlungsbedingungen herausgebildet, die als bedeutsame Anhaltspunkte dienen können. Im Baugewerbe ist es beispielsweise üblich, jeweils ein Drittel des Kaufpreises nach Vertragsabschluss, nach Fertigstellung des Rohbaus und schließlich nach Übergabe des Gebäudes zu zahlen. Die Besicherung des Kredits erfolgt zumeist über Bankbürgschaften. Garantien oder Konventionalstrafen können ebenfalls vertraglich geregelt werden.

7.5.4 Certificates of Deposit

Während bisher stets kurzfristige Kreditmöglichkeiten besprochen wurden, die mithilfe von Banken zu realisieren sind, ist abschließend noch ein Instrument zu erwähnen, das zunehmend von großen und internationalen Unternehmen unter Umgehung von Kreditinstituten (Disintermediation) in Anspruch genommen wird. Der Verkauf so genannter CD-Papiere bedeutet, dass wie bei der Finanzierung auf dem Kapitalmarkt durch Ausgabe von Schuldtiteln (vgl. Kapitel 7, Abschnitt 4) auch hier Schuldtitel begeben werden, diese aber kurzfristig einzulösen sind. Basis der ausgegebenen kurzfristigen Schuldtitel sind handelbare Wertpapiere, in der Regel Wechsel, die nicht bei einer Bank diskontiert werden, sondern als Sicherheit für ein CD-Papier dienen. Zunehmend werden auch Forderungen verbrieft.

Ein CD-Papier hat auf dem Kapitalmarkt nur dann eine Chance auf Verkauf, wenn der Käufer des CD die Anlage als ebenso risikolos einstuft wie die Einlage als Festgeld bei einer Bank. Insbesondere auf dem Euromarkt werden diese kurzfristigen Anlagen auf dem Geldmarkt gehandelt und sind durch ihre Verbriefung meist begehrter als die bloße Ausleihung von Geld für kurze Zeit. Als Emittenten kommen auf dem Markt die großen Industrieunternehmen und Handelshäuser vor, als Investoren zumeist Investmentgesellschaften, die kurzfristige Liquiditätsspitzen anlegen wollen. Sofern Banken beteiligt sind, tauchen diese als Vermittler (Dealer, Agent, Arranger) auf.

CD-Papiere werden meist ohne Verzinsung als abdiskontierte Papiere begeben. Das bedeutet, dass sich die Verzinsung aus dem unter dem Rückzahlungspreis liegenden Ausgabepreis ergibt. Eine laufende Verzinsung ist nicht vorgesehen, wobei der Abschlag bzw. Diskont sich an dem aktuellen Referenzzinssatz in London (LIBOR), Frankfurt (FIBOR) oder einem anderen Geldmarktplatz orientiert.

Die Laufzeit der CD-Papiere beträgt bis zu zwei Jahren, wobei auch unbefristete CD-Programme existieren, das heißt Unternehmen immer wieder Neuplatzierungen mit denselben hinterlegten Sicherheiten vornehmen, sobald die alten CD-Papiere ausgelaufen sind. Ein CD-Volumen unter 50 Millionen Euro ist ungewöhnlich, wobei jedoch gelegentlich auch kleinere Tranchen vorkommen.

Häufig werden auch die CD-Programme oder -Einzelpapiere von Ratingagenturen bewertet. Insbesondere Standard & Poor's sowie Moody's verwenden eigenständige Ratingsymbole für CD-Papiere.

Aus Emittentensicht sind vor allem die niedrigen Finanzierungskosten zu nennen, da Banken und deren Kosten ausgeschaltet wurden. Durch die kurzfristige Mobilisierbarkeit bei gutem Rating kann eine Flexibilität im Finanzplan des Unternehmens erreicht werden. Liquiditätsreserven können zurückgefahren werden, da zum Beispiel in einem laufenden CD-Programm jederzeit durch Forderungshinterlegung CD-Papiere begeben werden können. Insbesondere Unternehmen mit revolvierendem hohen kurzfristigen Finanzbedarf bieten die CD-Papiere eine echte Alternative zu den bereits dargestellten kurzfristigen Kreditfinanzierungen über Banken.

7.6 Kreditsubstitute

In Konkurrenz zu den von den Banken vergebenen kurz- und langfristigen Krediten haben sich in den letzten Jahrzehnten Finanzierungsinstrumente entwickelt, die Bankkredite ersetzen können. Abbildung 37 gibt einen Überblick über diese als Kreditsubstitute bezeichneten Finanzierungsquellen.

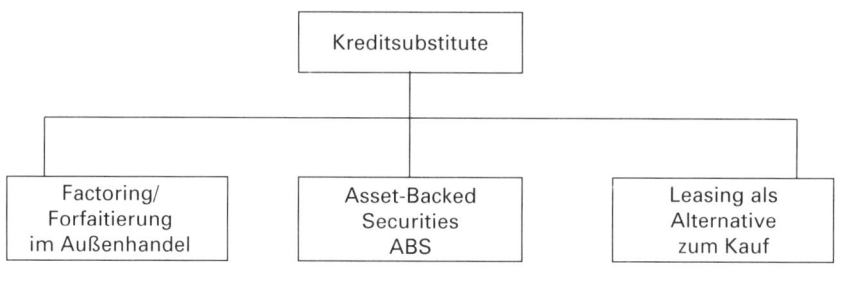

```
                    Kreditsubstitute
         ┌──────────────┼──────────────┐
   Factoring/      Asset-Backed     Leasing als
   Forfaitierung    Securities      Alternative
   im Außenhandel      ABS          zum Kauf
```

Abbildung 37: Überblick über Kreditsubstitute

7.6.1 Factoring

Unter dem Begriff Factoring versteht man den Ankauf von Forderungen aus Lieferungen und Leistungen einer Unternehmung bei oder zumeist vor Fälligkeit durch eine Factoring-Gesellschaft. Da der Kauf dieser Forderungen sofort bezahlt wird, kann das Factoring insbesondere zur Steuerung der Liquidität verwendet werden.

Braucht eine Unternehmung liquide Mittel, wird sie beispielsweise einen

```
Lieferant  ──Lieferung Ware (1)──►  Kunde
          ◄──Zahlungsversprechen (2)──
```

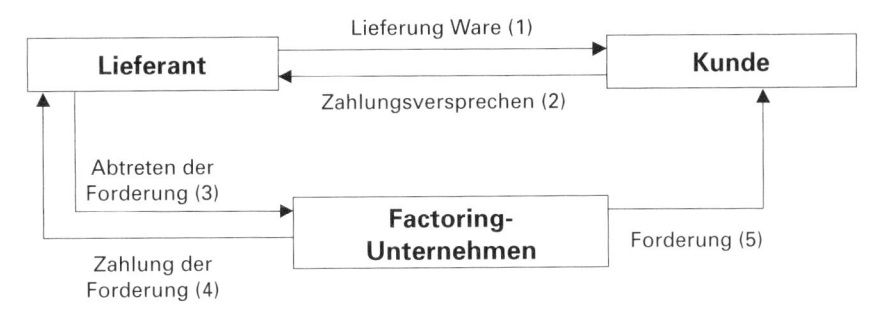

```
       Abtreten der
       Forderung (3)  ──►  Factoring-      Forderung (5)
                            Unternehmen
       Zahlung der
       Forderung (4)
```

Abbildung 38: Ablauf eines Factorings

Teil ihrer Forderungen aus Lieferungen an eine Factoring-Gesellschaft verkaufen, die diese Forderungen übernimmt und im Gegenzug dem Unternehmen den entsprechenden Geldbetrag unter Abzug eines bestimmten Prozentsatzes der Provision überträgt. Abbildung 38 gibt den Prozess des Factorings zusammenfassend wieder.

In dem Kaufvertrag zwischen dem Lieferanten und dem Kunden könnte beispielsweise der Verkauf der Ware [und die damit verbundene Lieferung der Ware (1)] gegen ein bestimmtes Zahlungsziel (2) vereinbart worden sein. Braucht der Lieferant jedoch kurzfristig Liquidität, um beispielsweise eigene Verbindlichkeiten fristgerecht zahlen zu können, besteht die Möglichkeit, diese Liquidität durch Abtretung der Forderung (3) und die entsprechende Vergütung der Forderung (4) zu beschaffen. Das Factoring-Unternehmen, welches die Forderung des Lieferanten angekauft hat, wird sich seinerseits nun bei Fälligkeit der Forderung an den Kunden wenden (5). Für die Unternehmung (im Beispiel der Lieferant), die einen Factoring-Vertrag abschließt, stellt dies einen Aktivtausch dar, das heißt, Forderungen der Aktivseite der Bilanz werden gegen Geldbestände (Kasse) getauscht.

Factoring lässt sich je nach seinen Funktionen in verschiedene Arten aufteilen. Generell unterscheidet man drei Funktionen, die durch einen Factoring-Vertrag abgedeckt werden können. Es handelt sich dabei um die Delkrederefunktion (Übernahme des Ausfallrisikos), die Finanzierungsfunktion (Zuführen von Liquidität) sowie um die Dienstleistungsfunktion.

Je nach dem Zeitpunkt, an dem die angekauften Forderungen des Unternehmens durch das Factoring-Unternehmen finanziert werden, spricht man vom Standard- oder Maturity-Factoring. Beim *Standard-Factoring* werden die Forderungen direkt, das heißt zum Zeitpunkt ihres Ankaufs, bezahlt. Demgegenüber erfolgt die Finanzierung beim *Maturity-Factoring* erst bei

Fälligkeit der Forderung bzw. beim durchschnittlichen Fälligkeitszeitpunkt im Falle von mehreren Forderungen mit verschiedenen Fälligkeiten. Es ist ersichtlich, dass eine der Hauptfunktionen des Factorings, das Zuführen von Liquidität, eigentlich nur in der ersten Variante, dem Standard-Factoring, erfüllt wird.

Eine weitere Hauptfunktion des Factorings ist die *Übernahme des Ausfallrisikos* durch das Factoring-Unternehmen. Je nachdem, ob mit dem Factoring-Vertrag auch dieses Ausfallrisiko auf das Factoring-Unternehmen übergeht, unterscheidet man zwischen echtem Factoring (Nonrecourse Factoring – das Rückgriffsrecht entfällt, das Ausfallrisiko geht ganz auf die Factoring-Gesellschaft über) und unechtem Factoring (Recourse Factoring). Da beim unechten Factoring das Ausfallrisiko nicht auf die Factoring-Gesellschaft übergeht, sondern bei der Unternehmung (im Beispielfall dem Lieferanten) verbleibt, stellt diese Form des Factorings ökonomisch betrachtet nichts anders als einen Kredit dar.

Darüber hinaus lassen sich das *notifizierte* und das *nicht notifizierte Factoring* unterscheiden. Bei Ersterem wird dem Kunden des Lieferanten mitgeteilt, dass er die Zahlung direkt an das Factoring-Unternehmen zu leisten hat. Erfolgt diese Mitteilung nicht, so kann der Schuldner im Rahmen des nicht notifizierten Factorings die Verbindlichkeit auch durch eine Zahlung an den Lieferanten begleichen.

Schließlich können auch verschiedene *Servicefunktionen* Bestandteil des Factoring-Vertrages sein. So kann das Factoring-Unternehmen seinem Kunden beispielsweise anbieten, die Debitorenbuchhaltung und das Inkasso oder das Mahnwesen zu übernehmen. Ist dies der Fall, so genießt das Unternehmen, welchem diese Funktionen offeriert werden, neben Liquiditätsvorteilen auch Kostenvorteile, da es die oben beschriebenen Aufgaben nicht mehr selbst wahrnehmen muss.

Verschiedene Vorteile des Factorings für eine Unternehmung wurden bereits angesprochen. Beim »klassischen« Factoring ergeben sich Liquiditätsvorteile (Standard-Factoring), mögliche Vorteile durch die risikomindernde Funktion des echten Factorings sowie potenzielle Kostenvorteile durch die angebotenen Servicefunktionen der Factoring-Gesellschaft. Schließlich verbessert das Factoring auch die Bilanzoptik des Unternehmens, welches einen Factoring-Vertrag eingeht. Da, wie bereits oben angedeutet wurde, Factoring bilanziell einen Aktivtausch darstellt, bei dem Forderungen durch Kasse ersetzt werden, erhöht dies die Kreditwürdigkeit der Unternehmung.

Natürlich ist bei all diesen Vorteilen zu beachten, dass einem Unternehmen, welches seine Forderungen an ein Factoring-Unternehmen abtritt, dafür auch entsprechende Kosten anfallen. Daher gilt es, zu prüfen, ob die wahrgenommenen Vorteile die faktischen Kosten der Dienstleistung Factoring wirklich überwiegen. Ist dies nicht der Fall, wäre es vorteilhaft, entweder auf das Factoring insgesamt zu verzichten oder nur die Grundfunktionen und jene Dienstleistungen in Anspruch zu nehmen, die einen wirklichen Mehrwert schaffen.

7.6.2 *Leasing*

Leasing ist eine spezielle Form der Vermietung von Vermögensgegenständen bzw. Anlagen. Diese Vermietung von Anlagegegenständen, die im § 535 BGB geregelt ist, unterscheidet sich vom klassischen Mietverhältnis dadurch, dass zwischen dem Hersteller des Gutes und dem Verwender, das heißt dem Leasingnehmer, in der Regel eine Leasinggesellschaft eingeschaltet ist. Das Leasing wird deshalb auch als indirektes Mietgeschäft bezeichnet.

Die Bedeutung des Leasinggeschäfts lässt sich bereits aus der Mitgliederzahl von über 1 500 im Bundesverband Deutscher Leasinggesellschaften (BDL) organisierten Firmen erkennen. Je nachdem, ob das Leasingobjekt direkt oder indirekt vom Hersteller zur Verfügung gestellt wird, spricht man vom *direkten* oder vom *indirekten* Leasing (vgl. Abbildung 39).

Je nachdem, ob einzelne Gegenstände oder ganze Systeme geleast werden, unterschiedet man zwischen *Equipment Leasing* und *Plant Leasing*. Aus steuerlicher- und bilanztechnischer Sicht stellt sich die Frage nach der Laufzeit des Leasingvertrages. Langfristige Leasingverträge, meist ohne Kündigungsmöglichkeit während einer Grundnutzzeit, werden als *Finanzierungsleasing* (Finance Leasing) und kurzfristige Leasingverträge als *Operating Leasing* be-

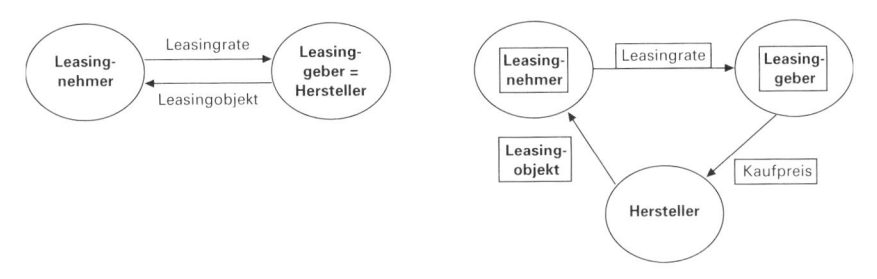

Abbildung 39: Direktes und indirektes Leasing

zeichnet. In der betrieblichen Praxis werden zudem so genannte Vollamortisations- von Teilamortisationsverträgen unterschieden. Nur bei Ersteren decken die Leasingraten in der Summe die gesamten Anschaffungs- oder Herstellungskosten des Leasingobjektes sowie alle sonstigen Nebenkosten. Generell wird häufig eine Kaufoption nach der Leasingzeit vereinbart. Weitere Differenzierungen lassen sich im Hinblick auf Kündbarkeit, Gewährleistungs- und Instandhaltungspflichten sowie die Übernahme von Risiken bzw. Mängelhaftung bei Schäden vornehmen.

Die folgende Aufstellung gibt einen Überblick über die verschiedenen in der Praxis gängigen Leasingformen:

Leasingformen

Arten:
- direkt/indirekt → vom Hersteller
- operating/financial → unkündbare Grundmietzeiten
- Mobilien/Immobilien → Equipment, Plant

Sonderformen:
- Sale and Lease Back → Verkauf – Rückmiete
- Maintenance Leasing → inklusive Wartung
- mit oder ohne Optionsrechte → Kauf, Mietverlängerung

Die steuerlichen Konsequenzen eines Leasingvertrags hängen davon ab, bei wem (Leasinggeber oder -nehmer) das Leasingobjekt zu bilanzieren ist. Während in der amerikanischen Rechtsprechung und den IAS (International Accounting Standards) sowie den US-GAAP (United States Generally Accepted Accounting Principles) grundsätzlich gilt, dass beim Finance Leasing das Objekt dem Leasingnehmer zuzuordnen sind, während beim Operating Leasing der Leasinggeber das Objekt zu bilanzieren hat, wird in der deutschen Rechtsprechung insbesondere auf die Nutzungsdauer abgestellt. Um Leasingverträge steuerlich nicht günstiger zu stellen als Ratenzahlungen, wurde bereits 1961 per Steuererlass festgehalten, dass das Leasingobjekt bei einer Grundmietzeit unter 40 Prozent und über 90 Prozent der Nutzungsdauer dem Leasingnehmer zuzurechnen ist. Während eine überwiegende Nutzung durch den Leasingnehmer (mindestens 90 Prozent der Nutzungsdauer) verständlicherweise die Bilanzierung beim Leasingnehmer auslöst, kann die Bilanzierungspflicht des Leasingnehmers im Fall der geringfügigen Nutzungsdauer (unter 40 Prozent der Gesamtnutzungsdauer) nur unzureichend begründet werden. Im Zuge der weltweiten Durchsetzung von International Accounting Standards wird sich dieses Problem allerdings von selbst lösen.

Neben den – von der Bilanzierungspflicht abhängigen – steuerlichen Vorteilen bietet das Leasing noch andere wirtschaftliche Vorzüge. Die Leasingraten sind, sofern das Objekt nicht beim Leasingnehmer zu bilanzieren ist, als Betriebsausgaben absetzbar, die Liquidität des Unternehmens wird geschont, und schließlich bleibt dem Unternehmer eine größere Entscheidungsfreiheit, angesichts technischer Neuerungen während der Nutzungsdauer auf modernere Anlagen umzusteigen. Der Leasinggeber hingegen genießt im Falle der Insolvenz ein Aussonderungsrecht, denn das Leasingobjekt gehört in der Regel nicht zur Insolvenzmasse.

Den Leasingpartnern bleibt es überlassen, im Leasingvertrag Laufzeit, Grundmietzeit, Kaufoptionen, Wartungs- und Serviceabreden zu regeln. Nichtsdestotrotz haben sich verschiedene Sonderformen des Leasing etabliert, wie zum Beispiel das *Sale and Lease Back*, bei dem ein Unternehmen ein Objekt an einen Leasinggeber verkauft und anschließend von diesem mietet (anwendbar bei Liquiditätsbedarf einer Unternehmung), sowie das *Maintenance Leasing*, bei dem der Wartungsvertrag inklusive ist. Schließlich lassen sich auch Leasingverträge mit oder ohne Optionsrechte unterscheiden. Diese Optionsrechte können sich sowohl auf den Kauf des Objektes nach Ablauf des Leasingvertrages als auch auf eine Mietverlängerung beziehen.

Ein Unternehmer, der sich zwischen dem fremdfinanzierten Kauf oder dem Leasing eines Objektes zu entscheiden hat, kann sich analog dem nachfolgenden Beispiel verhalten. Die Anschaffungs- bzw. Herstkosten eines Leasingobjektes betragen 100 000 Euro, seine Nutzungsdauer liege bei fünf Jahren, die prognostizierten Betriebseinnahmen der Unternehmung liegen bei jährlich 45 000 Euro. Der Zinssatz für einen Kredit (für den Kauf des Objektes) liege bei 10 Prozent, die Tilgung betrage 20 000 Euro pro Jahr. Die Leasingraten belaufen sich auf 40 212 Euro für die ersten drei Jahre. Der Steuersatz auf den Gewinn betrage 60 Prozent. Tabelle 7 fasst die Ein- und Auszahlungen bei beiden Finanzierungsalternativen zusammen.

In diesem fiktiven Beispiel, bei dem die Gewinne mit einem internen Zinsfuß von 10 Prozent abdiskontiert wurden, ist das Ergebnis der beiden Alternativen letztendlich gleich. Anhand des Beispiels wird klar, wie die beiden Alternativen (Kauf oder Leasing) zu berechnen sind und dass die Entscheidung bei gleichem Gewinn von der Steuer- (Steuerverschiebung) sowie der Vermögenspolitik abhängt.

Tabelle 7: Leasing versus Kauf

Jahr	Betriebs-einnahme	Zins + Tilgung	Leasing-rate	Gewinn nach Steuer bei Fremdfi-nanzierung	Gewinn nach Steuer bei Leasing	Abgezinster Gewinn bei Fremdfinan-zierung	Abgezinster Gewinn bei Leasing
1	45 000	30 000	40 212	6 000	1 916	5 455	1 742
2	45 000	28 000	40 212	6 800	1 916	5 620	1 583
3	45 000	26 000	40 212	7 600	1 916	5 710	1 440
4	45 000	24 000	0	8 400	18 000	5 737	12 204
5	45 000	22 000	0	9 200	18 000	5 712	11 177
						28 234	28 236

7.6.3 Asset Backed Securities

Die der Gruppe der Kreditsubstitute zuzuordnenden Asset Backed Securities, häufig nur kurz ABS-Papiere genannt, sind ein aus den USA stammendes Instrument der Zwischenfinanzierung, welches in den letzten Jahren auch in Europa zunehmend an Bedeutung gewonnen hat. Bei diesem Instrument werden in einem ersten Schritt umfangreiche Finanzaktiva, wie beispielsweise Forderungen aus Lieferungen und Leistungen, in Form eines Treuhandvermögens gepoolt. In einem zweiten Schritt werden die diesem Pool innewohnenden Ansprüche in Form von Wertpapieren verbrieft und am Kapitalmarkt platziert. Dieser Vorgang wird auch als *Sekuritisation* bezeichnet. Adressaten dieser Wertpapiergattung sind vornehmlich institutionelle Anleger.

Es bestehen zwei Konzepte der Verbriefung. Das Konzept der Fondszertifikate ermöglicht dem Investor den Kauf von Anteilen (Fondszertifikaten) am Vermögen des Forderungspools, wobei eingehende Zins- und Tilgungszahlungen an ihn weitergeleitet werden. Da der Investor die Höhe und den Zeitpunkt der Rückzahlungen nicht beeinflussen kann, trägt er das Risiko einer vorzeitigen Tilgung (Prepayment Risk).

Im Anleihekonzept wird zwischen dem Forderungspool und dem Investor ein Finanzintermediär eingeschaltet, der ein »Ausschüttungsmanagement« mit festen Zins- und Tilgungszahlungen betreibt. Der Investor wird in diesem Fall nicht Miteigentümer des Forderungspools, sondern Fremdkapitalgeber der den Forderungspool emittierenden Finanzinstitution.

Der Grund für die zunehmende Bedeutung der Asset Backed Securities liegt im wachsenden Bedürfnis vieler Unternehmen, neue, kostengünstige Finanzierungsalternativen zu erschließen. Die schnelle Liquidierung ihrer Vermögenswerte ermöglicht ihnen darüber hinaus eine Verbesserung der Bilanzoptik, die sich beispielsweise in einer Zunahme der in Kapitel 1, Abschnitt 2 dargestellten Liquiditätsgrade äußern kann.

In der Praxis kommt dem Anleihekonzept eine besondere Bedeutung zu, da die Unternehmen sowohl die Höhe als auch den Zeitpunkt der Zins- und Tilgungszahlungen individuell mit den verwaltenden Finanzinstitutionen vereinbaren können. Für Unternehmen mit schlechter Bonität stellen ABS-Papiere ein besonders interessantes Finanzierungsinstrument dar, da die verkauften Forderungen lediglich hinsichtlich ihrer Qualität von den so genannten Rating-Agenturen, professionellen Bonitätsprüfern, beurteilt werden. Weil hier der Bonität des Gläubigers an sich keine Aufmerksamkeit gewidmet wird, können Unternehmen mit schlechter Bonität auf diesem Wege Zugang zu niedrigeren Finanzierungskosten als im Falle der Aufnahme eines klassischen Bankkredits erlangen.

Abbildung 40 fasst die Grundelemente von ABS zusammen.

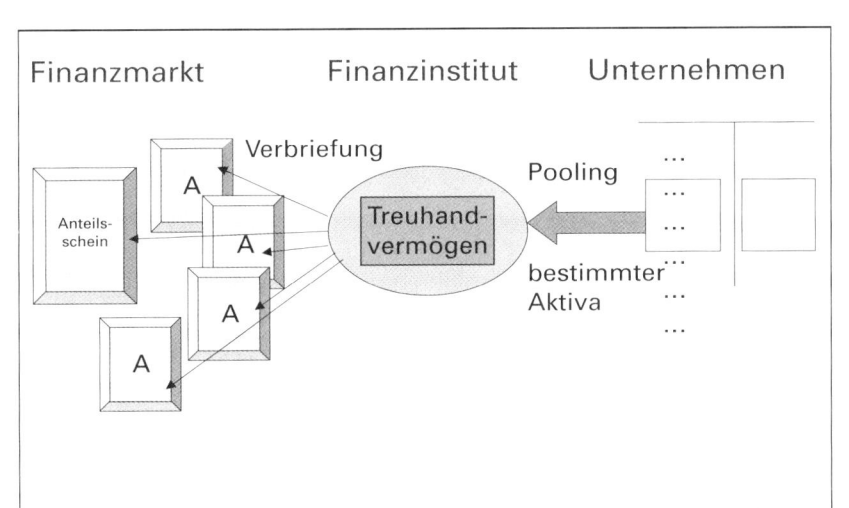

Abbildung 40: Asset Backed Securities

7.6.4 Forfaitierung im Außenhandel

Im Bereich der Außenhandelsfinanzierung wird der Verkauf von mittel- bis langfristigen Exportforderungen als Forfaitierung bezeichnet. Die Forfaitierung ähnelt dem bereits dargestellten Factoring, unterscheidet sich jedoch hauptsächlich dadurch, dass der Forfaiteur oder die Factoring-Gesellschaft keine Servicefunktionen anbietet. Zudem werden die Forderungen im Rahmen der Forfaitierung in den meisten Fällen regresslos, das heißt ohne das Recht auf Rückgriff auf den Verkäufer der Forderung, verkauft. Da mithin das gesamte Ausfallrisiko an den Forfaiteur übergeht, spricht man auch von echter Forfaitierung.

Da in der Praxis die echte Forfaitierung überwiegt, liegt es auf der Hand, dass bei den Forfaitierungen Forderungen mit erstklassiger Bonität überwiegen, die zudem oftmals zusätzlich besichert werden. Diese Besicherung kann beispielsweise durch einen Wechsel verbrieft werden, oftmals werden Forderungen jedoch auch durch Bürgschaften oder Garantien von Banken oder den betroffenen Importländern besichert.

Die Forfaitierung entspricht hinsichtlich der Finanzierungsfunktion (Liquiditätszufluss und die damit verbundene bessere Bilanzoptik) und der Delkrederefunktion (Übernahme des Ausfallrisikos) auch den Funktionen, die im Rahmen des Factorings dargestellt wurden. Bei der Delkrederefunktion ergibt sich darüber hinaus der Vorteil, dass das Wechselkursrisiko ausgeschaltet wird.

Die Dienstleistungsfunktion, die als dritte Funktion im Rahmen des Factorings angesprochen wurde, entfällt – wie bereits erwähnt – zumeist im Rahmen der Forfaitierung. Allerdings können Forfaitierungsgesellschaften den Exporteur bezüglich der Zahlungsmodalitäten beraten und ihm Auskünfte über den Importeur respektive dessen garantierende Bank sowie über das politische Risiko des Importlandes geben.

Nicht alle Forderungen im Außenhandel sind forfaitierungsfähig. Dies hängt zwar von der Forfaitierungsgesellschaft, häufig eine Tochtergesellschaft einer Bank, ab, wird aber überwiegend einheitlich gehandhabt. Kunden müssen demnach einen Mindestumsatz haben, die Auslandsforderungen eine Mindestgröße, Mindestlaufzeit und Streuung aufweisen.

Der Vorteil der Forfaitierung liegt eindeutig in der Abwälzung des Länderrisikos auf den Forfaiteur, der sich eventuell ein präziseres Bild von dem betreffenden Auslandsschuldner und seiner Umgebung machen kann. Dem

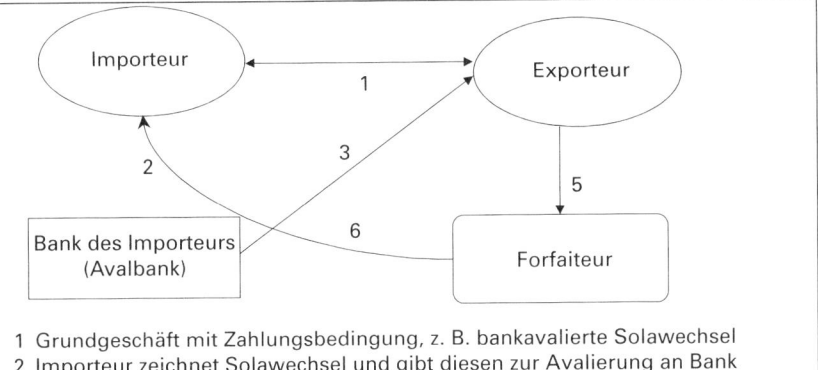

Franchising als Finanzierungsmodell 177

```
1 Grundgeschäft mit Zahlungsbedingung, z. B. bankavalierte Solawechsel
2 Importeur zeichnet Solawechsel und gibt diesen zur Avalierung an Bank
3 Bank übergibt diese dem Exporteur
4 Exporteur versendet Ware
5 Exporteur verkauft Wechsel an Forfaiteur (Abtretung) und erhält unter Abschlag
  sofort Geld
6 Forfaiteur zieht Forderung bei Importeur bzw. über Bank ein (Inkasso)
```

Abbildung 41: Ablauf der Forfaitierung

stehen natürlich die relativ hohen Kosten für die meist hohen Laufzeiten der Forderungen gegenüber.

Auch hier ist seit einigen Jahren zu beobachten, dass die Auslandsforderungen nicht einfach gekauft bzw. verkauft werden, sondern dass die Forderung oder das Risiko allein verbrieft und weiterverkauft wird. Diese weiter oben angesprochene Tendenz zur Securitization, das heißt zur Verbriefung von Rechten und Risiken auf den Finanzmärkten, führte dazu, dass sich durch die Möglichkeit der Aufteilung der Risiken auch mehr Forfaitierungsgesellschaften gebildet haben.

Abbildung 41 fasst den Ablauf der Forfaitierung zusammen.

7.7 Franchising als Finanzierungsmodell

Bei der Gründung eines Unternehmens wird zunehmend auf das Modell des Franchisings als Finanzierungsalternative zurückgegriffen. Der von dem französischen Wort »franc« (frei) bzw. »francher« (befreiend) abgeleitete Begriff bezog sich im Mittelalter auf die Befreiung von Zöllen, Steuern oder anderen Diensten und wurde in den folgenden Jahrhunderten für eine Form des dezentralen Absatzes von Waren durch Überlassung von Nutzungs- und Namensrechten benutzt. Franchising im angelsächsischen Sprachgebrauch entwickelte sich in den USA zur Vergabe von Konzessionen im Sinne von Exklusivrechten zum Verkauf von Gütern. Bekannt wurde das Modell unter anderem durch die Abfüllrechte für Coca-Cola.

Franchising im modernen Sprachgebrauch ist ein vertikal-kooperativ organisiertes Absatzsystem rechtlich selbstständiger Unternehmen auf der Basis eines vertraglichen Dauerschuldverhältnisses. Der Franchisenehmer erspart sich dadurch eventuell hohe Finanzierungskosten, da er im Franchisesystem lediglich die Franchiserate zu entrichten hat. Bekannte Beispiele für Vertriebsfranchising sind Yves Rocher (pflanzliche Kosmetikprodukte), Portas (Türen) oder Eismann (Tiefkühlkost), als Beispiel für Dienstleistungsfranchising gilt McDonald's, und im Zusammenhang mit Produktionsfranchising seien hier die Abfüllereien von Coca-Cola oder der französische Joghurthersteller Yoplait erwähnt.

Franchising ist eine vertraglich geregelte Kooperation, bei der die Franchisenehmer vom Franchisegeber das Recht erwirbt, gegen eine Franchisinggebühr und die Gewährung von Weisungs- und Kontrollrechten ein klar abgegrenztes Programm bzw. Franchisepaket zu verwenden. Bei dem Franchisepaket handelt es sich um speziell entwickelte Beschaffungs-, Absatz- und Organisationskonzepte. Als Finanzierungsalternative bietet sich Franchising an, wenn der Unternehmer lediglich das Risiko einer laufenden Zahlung eingehen und dadurch die Aufnahme von Krediten zur Finanzierung des Unternehmens vermeiden will.

```
                    ┌─────────────────────┐
                    │  Systemmerkmale des │
                    │     Franchising     │
                    └─────────────────────┘
```

Funktionale Merkmale:	Marketing-Merkmale:	Rechtliche Merkmale:	System-merkmale:
– Dauerschuld-verhältnis	– Vertikales Absatzsystem	– Rechtliche und finanzielle Selbstständigkeit	– Horizontale Kooperation
– Dauerhaft bindender Vertrag	– Einheitlicher Marktauftritt	– Systemführerschaft des Franchisegebers	– Vertikale Abhängigkeit

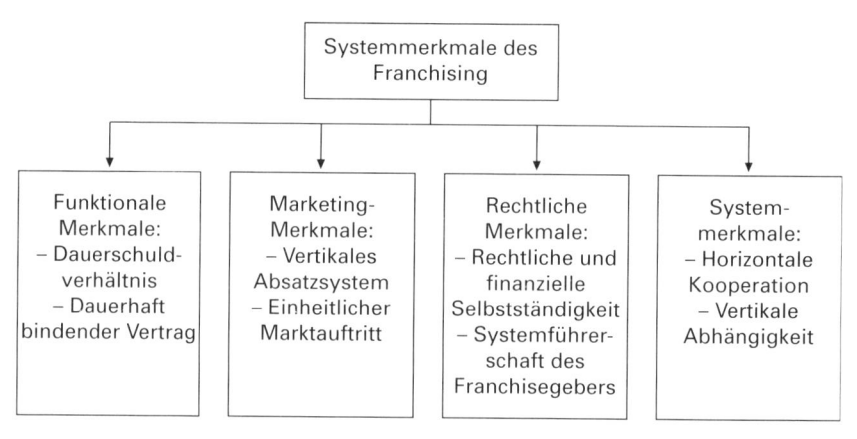

Abbildung 42: Systemmerkmale des Franchising

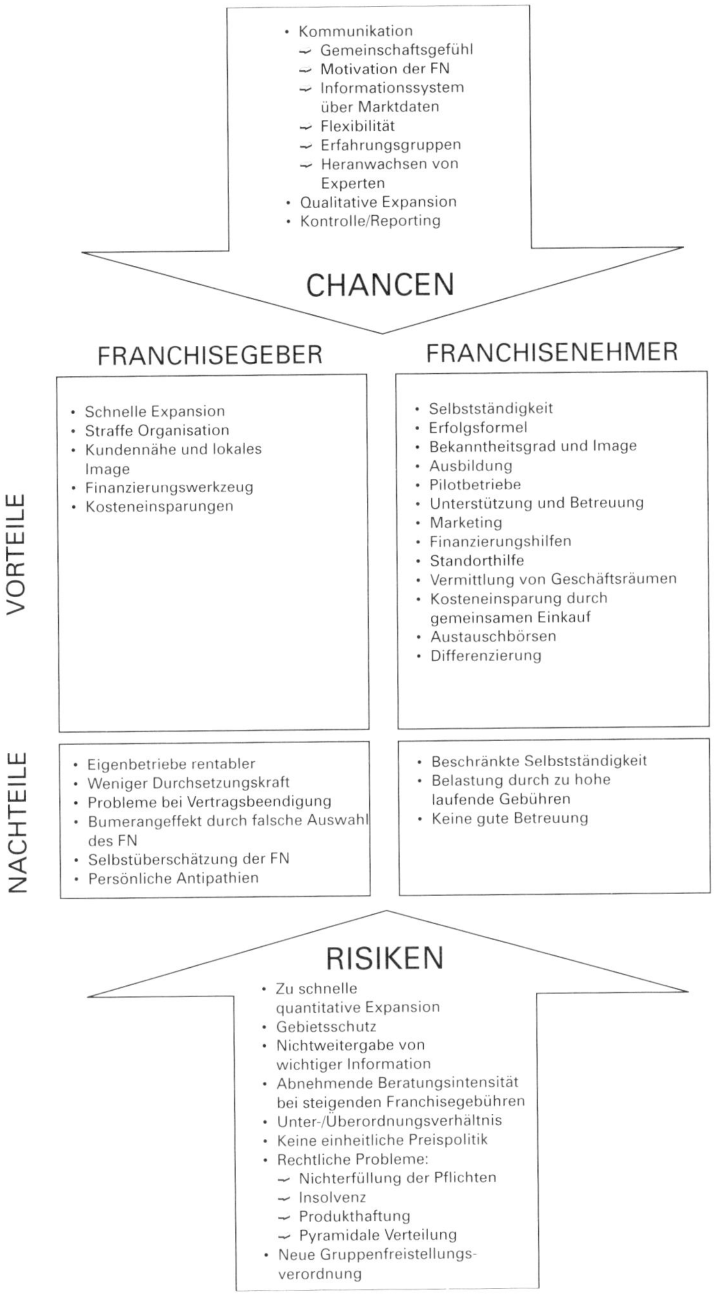

CHANCEN

- Kommunikation
  - Gemeinschaftsgefühl
  - Motivation der FN
  - Informationssystem über Marktdaten
  - Flexibilität
  - Erfahrungsgruppen
  - Heranwachsen von Experten
- Qualitative Expansion
- Kontrolle/Reporting

VORTEILE

FRANCHISEGEBER
- Schnelle Expansion
- Straffe Organisation
- Kundennähe und lokales Image
- Finanzierungswerkzeug
- Kosteneinsparungen

FRANCHISENEHMER
- Selbstständigkeit
- Erfolgsformel
- Bekanntheitsgrad und Image
- Ausbildung
- Pilotbetriebe
- Unterstützung und Betreuung
- Marketing
- Finanzierungshilfen
- Standorthilfe
- Vermittlung von Geschäftsräumen
- Kosteneinsparung durch gemeinsamen Einkauf
- Austauschbörsen
- Differenzierung

NACHTEILE

FRANCHISEGEBER
- Eigenbetriebe rentabler
- Weniger Durchsetzungskraft
- Probleme bei Vertragsbeendigung
- Bumerangeffekt durch falsche Auswahl des FN
- Selbstüberschätzung der FN
- Persönliche Antipathien

FRANCHISENEHMER
- Beschränkte Selbstständigkeit
- Belastung durch zu hohe laufende Gebühren
- Keine gute Betreuung

RISIKEN

- Zu schnelle quantitative Expansion
- Gebietsschutz
- Nichtweitergabe von wichtiger Information
- Abnehmende Beratungsintensität bei steigenden Franchisegebühren
- Unter-/Überordnungsverhältnis
- Keine einheitliche Preispolitik
- Rechtliche Probleme:
  - Nichterfüllung der Pflichten
  - Insolvenz
  - Produkthaftung
  - Pyramidale Verteilung
- Neue Gruppenfreistellungsverordnung

Abbildung 43: Vor- und Nachteile, Risiken und Chancen von Franchising

Wesentliche Kernelemente stellen die rechtliche Selbstständigkeit des Franchisenehmers sowie die Arbeitsteilung zwischen den beiden Vertragspartnern dar. Außerdem entsteht ein Dauerschuldverhältnis. Die einzelnen Systemmerkmale des Franchisings sind in Abbildung 42 zusammengefasst.

Während sich der Franchisegeber zur Unterstützung bei der Planung, dem Aufbau und der Einrichtung des Betriebs zur Überlassung von Nutzungsrechten und betriebswirtschaftlichen Dienstleistungen verpflichtet, wird der Franchisenehmer vertraglich zur Einhaltung der Systemstandards, zur Zahlung der Gebühren, zum unternehmerischen Engagement und zur Lieferung bestimmter Informationen verpflichtet.

Die Vorteile des Franchising als Alternative zum kreditfinanzierten Aufbau eines eigenen Unternehmens liegen für den Franchisenehmer in der selbstständigen Tätigkeit und eventuell schnelleren Expansionsmöglichkeit, da die Produkte schon eingeführt sind und ein größeres System für Bekanntheit und Image sorgt. Durch die straffe Organisation können Kosten eingespart werden, und die unternehmerischen Risiken fallen durch Ausbildung und Vorgaben geringer aus. Dem stehen die Nachteile einer begrenzten Entscheidungsfreiheit und der laufenden Gebühren gegenüber. Häufig ist ein Franchisingvertrag nur schwierig oder unter Einhaltung langer Kündigungszeiten und Vertragsstrafen kündbar, sodass auch hier Restriktionen zu beachten sind. Ist der Franchisenehmer erfolgreich, so steht einer weiteren Expansion gegebenenfalls ein Gebietsschutz eines anderen Franchisenehmers oder eine vertragliche Begrenzung auf bestimmte Kunden, Lieferanten und Regionen im Wege. Diese Expansionsbremse wurde zwar durch eine EU-Verordnung 1999 (Gruppenfreistellungsverordnung) verboten, da sie gegen europäisches Kartellrecht verstößt, sie wird in der Praxis aber vom Franchisegeber häufig durch subtile Restriktionen durchgesetzt.

Die zahlreichen Risiken und Chancen, Vor- und Nachteile für den Franchisegeber und -nehmer sind in Abbildung 43 zusammengefasst.

8. Möglichkeiten der Innenfinanzierung

Während bei der Außenfinanzierung der Unternehmung externes Geld von Banken, Geschäftspartnern oder über den Kapitalmarkt zugeführt wird, erfolgt die Kapitalbeschaffung im Rahmen der Innenfinanzierung durch Vermögensumschichtungen, den Einbehalt von Gewinnen (Thesaurierung) oder mithilfe bilanztechnischer Möglichkeiten, die den Cashflow erhöhen.

8.1 Selbstfinanzierung

8.1.1 Selbstfinanzierung durch Bildung offener Rücklagen

Bei der Selbstfinanzierung wird, je nachdem, ob der einbehaltene Gewinn in der Bilanz ausgewiesen wird oder nicht, zwischen offener und stiller Selbstfinanzierung unterschieden.

Bei der *offenen Selbstfinanzierung* wird der in der Gewinn-und-Verlust-Rechnung ausgewiesene Gewinn nach Steuern ganz oder teilweise im Betrieb einbehalten. Während dies bei Personen- und Einzelgesellschaften durch die Gutschrift auf ein Kapitalkonto sowie den Verzicht auf Entnahmen von diesem Konto geschieht, fließt der einbehaltene Gewinn bei Kapitalgesellschaften in die so genannten offenen Rücklagen. Die verschiedenen offenen Rücklagen (vgl. Abbildung 44) sind in den §§ 266 ff. HGB definiert. Im Folgenden wollen wir sie näher betrachten.

Kapitalrücklagen stellen gemäß § 272 HGB das Kapital im Unternehmen dar, das im Rahmen der Ausgabe von Aktien, Wandel- und Optionsschuldverschreibungen bei einer Emission über pari, das heißt bei Verkäufen der Papiere über dem Nennwert, erzielt wird. Während die Summe der Nennwerte in das Grund- bzw. gezeichnete Kapital gebucht wird, wird das Agio,

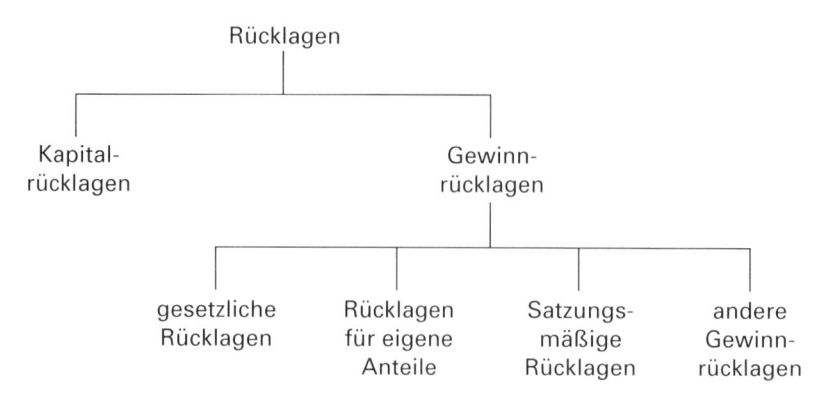

```
                        Rücklagen
                 ┌─────────┴─────────┐
            Kapital-              Gewinn-
            rücklagen             rücklagen
                      ┌───────┬───────┬───────┐
                 gesetzliche  Rücklagen  Satzungs-   andere
                 Rücklagen    für eigene mäßige      Gewinn-
                              Anteile    Rücklagen   rücklagen
```

Abbildung 44: Rücklagearten gemäß § 266 HGB

also das Aufgeld, das Anleger beim Anteilserwerb bezahlen, in die Kapitalrücklagen eingestellt. Bei Personengesellschaften kann eine Kapitalrücklage dadurch entstehen, dass Gesellschafter Zuzahlungen vornehmen und diese nicht in das gezeichnete Kapital gebucht werden. Streng genommen gehört also diese Rücklagenart noch nicht zum Tatbestand der Selbstfinanzierung, da das Agio von außen zufließt.

Im Gegensatz dazu wird echte Selbstfinanzierung betrieben, wenn Gewinne nicht ausgeschüttet, sondern einbehalten bzw. thesauriert werden. *Gewinnrücklagen* bestehen gemäß AktG aus mehreren Unterarten. Zunächst sind die *gesetzlichen Rücklagen* gemäß § 150 AktG so lange zu bilden, bis die Summe aus gesetzlichen Rücklagen und Kapitalrücklagen zehn Prozent oder eventuell einen in der Satzung festgeschriebenen höheren Prozentsatz des Grundkapitals erreicht hat.

Zur Bedienung der gesetzlichen Rücklagen muss nicht der gesamte Jahresgewinn, sondern lediglich ein Teil verwendet werden. Bei der Aktiengesellschaft gilt nach § 150 II AktG, dass in die gesetzliche Rücklage 5 Prozent des Jahresüberschusses einzustellen sind, und zwar solange, bis diese zusammen mit den Beträgen, die gem. § 272 II Nr. 1–3 HGB zwingend in die Kapitalrücklage einzustellen sind (Agio), 10 Prozent des Grundkapitals oder einen in der Satzung bestimmten höheren Prozentsatz erreicht haben. Ist die gesetzlich bzw. satzungsmäßig geforderte Höhe der Rücklagen nicht erreicht, so dürfen die gesetzlichen Rücklagen lediglich in Ausnahmefällen, das heißt zum Ausgleich des aktuellen Jahresfehlbetrags oder des Verlustvortrags aus dem Vorjahr, verwendet werden. Diese Regelung greift allerdings nur, wenn die genannten Fehlbeträge weder durch Gewinnvorträge noch durch einen Jahresüberschuss und die Auflösung anderer Gewinnrücklagen ausgeglichen werden können.

Übersteigt hingegen die Summe aus Kapital- und gesetzlichen Rücklagen den gesetzlichen oder durch die Satzung festgelegten Prozentsatz des Grundkapitals, so darf der Überschuss zu einer Kapitalerhöhung aus Gesellschaftsmitteln (vgl. Kapitel 6, Abschnitt 2.3) verwendet werden. Ebenso dürfen die Überschüsse der gesetzlichen Rücklagen zur Finanzierung von Vermögensteilen, wie beispielsweise langfristigen Aktiva, verwendet werden.

In die *Rücklage für eigene Anteile* ist gemäß § 272 HGB IV ein Betrag einzustellen, der dem auf der Aktivseite der Bilanz für die eigenen Anteile anzusetzenden Wert entspricht; wenn ein Unternehmen eigene Aktien erwirbt, was grundsätzlich mit Bedingungen verknüpft ist, dann stehen den Gläubigern als Vermögensposition Wertpapiere des eigenen Unternehmens als Haftungsmasse zur Verfügung. Da diese Wertpapiere allerdings nur so werthaltig sind wie das Unternehmen selbst, muss das Unternehmen aus den Gewinnen eine Rücklage in Höhe des Werts der eigenen Aktien bilden.

Bestimmungen zu *satzungsmäßigen Rücklagen* werden durch einen Satzungsbeschluss der Hauptversammlung mit einer Dreiviertelmehrheit festgelegt.

Anderen Gewinnrücklagen dürfen Vorstand und Aufsichtsrat einer Aktiengesellschaft maximal 50 Prozent des nach Bedienung der gesetzlichen Rücklagen verbleibenden Jahresüberschusses zuführen. Allerdings kann die Satzung dem Vorstand und Aufsichtsrat erlauben, den maximalen Anteil zu erhöhen (vgl. § 58 AktG).

8.1.2 Selbstfinanzierung durch Bildung stiller Rücklagen

Während die bisher besprochenen Rücklagen offen ausgewiesen werden, spricht man von Selbstfinanzierung auch dann, wenn so genannte stille Reserven bzw. Rücklagen gebildet werden. Stille Reserven bezeichnen den nicht ausgewiesenen Gewinn oder Wertsteigerungen im Unternehmen, die nicht offen notiert werden.

Durch folgende bilanztechnische Bewertungsmaßnahmen kann eine stille Selbstfinanzierung erfolgen:

> **Möglichkeiten der stillen Selbstfinanzierung**
> - Unterbewertung von Vermögensgegenständen
> - Unterlassung von Aktivierungen
> - Unterlassung von Wertaufholungen und Zuschreibungen
> - Überbewertung von Passiva

Zunächst ist darauf hinzuweisen, dass nach deutschem Bilanzierungsrecht das *Vorsichtsprinzip* sowie das so genannte *Niederstwertprinzip* als Grundsätze ordnungsgemäßer Buchführung (GoB) gemäß HGB vorgeschrieben sind. Vermögensgegenstände sollen daher auf keinen Fall überbewertet, sondern im Sinne des Gläubigerschutzes eher unter Liquidationsgesichtspunkten zu einem niedrigeren Wert angesetzt werden. Daraus ergibt sich die Tendenz zu bilanziellen Unterbewertungen, die beim Verkauf von Vermögensgegenständen die Offenlegung und Auflösung stiller Reserven (das heißt der Differenz zwischen Marktpreis und Buchwert) nach sich ziehen.

Auch die nachhaltige Unterbewertung durch den *Ansatz hoher Abschreibungen*, die jährlich den in der Bilanz ausgewiesenen Anschaffungs- bzw. Herstellungswert eines Wirtschaftsgutes schmälern, ohne dass dafür möglicherweise ein sachlicher Grund vorliegt, führt zu stillen Reserven. Auf die verschiedenen Abschreibungsmöglichkeiten gehen wir im nächsten Abschnitt ausführlich ein.

Das Handelsrecht gewährt – anders als das geltende Steuerrecht – bei bestimmten Vermögensgegenständen ein *Aktivierungswahlrecht*. Dies bedeutet, dass in der für Gläubiger und Anteilseigner maßgeblichen Handelsbilanz eine Aktivierung von Vermögensgegenständen teilweise unterbleiben kann. Da die Steuerbilanz diesen Zielgruppen nicht zugänglich ist, werden damit stille Reserven gelegt, die nur der Finanzbehörde bekannt sind.

Eine weitere Möglichkeit, stille Reserven zu legen, ist die *Unterlassung von Zuschreibungen* bzw. Wertaufholungen. Da Vermögensgegenstände auch an Wert gewinnen können, was bei Wertpapieren, Grundstücken oder tendenziell knappen Vorräten der Fall sein kann, sollte eigentlich deren Wert im gegebenen Fall in der Bilanz aufgeholt werden, um ein realistisches Bild von der Vermögenslage des Unternehmens zu vermitteln. Was allerdings in der angloamerikanischer Praxis der Rechnungslegung üblich ist, wird im deutschen Rechnungswesen nicht als Verpflichtung vorgeschrieben. Dies bedeutet, dass Unternehmen eher stille Reserven legen, als entsprechende Wertsteigerungen auszuweisen. Außerdem stellen nach dem deutschen HGB immer noch die Anschaffungs- und Herstellungskosten die Obergrenze für eine Wertaufholung dar, sodass höchstens die bisher vorgenommenen Abschreibungen neutralisiert werden können, eine darüber hinausgehende Wertsteigerung aber nicht angesetzt werden darf.

Stille Reserven können auch durch eine *Überbewertung von Passiva*, insbesondere von Rückstellungen entstehen. Diese Möglichkeit wird in Abschnitt 8.3 ausführlich besprochen.

Der Vorteil der stillen gegenüber der offenen Selbstfinanzierung besteht in der so genannten *Steuerstundung*. Wie bereits beschrieben, wird bei der offenen Selbstfinanzierung der Gewinn nach Steuern im Unternehmen behalten. Bei der stillen Selbstfinanzierung hingegen wird der Periodenaufwand erhöht und dadurch der zu versteuernde Gewinn verringert. Zudem müssen die Gewinne aus stillen Rücklagen erst bei deren Auflösung versteuert werden. Ein Beispiel verdeutlicht die Vorzüge der stillen Selbstfinanzierung.

Ein Unternehmen besitze eine Produktionsmaschine, deren Anschaffungskosten 100 000 Euro betragen. Die realistische Wertminderung der Maschine wird auf 10 000 Euro jährlich geschätzt. Fließt diese geschätzte Wertminderung über kalkulatorische Kosten in die Produktkosten ein, so ersetzt der Markt, sofern der Umsatz auch realisiert wird, die Wertminderung der Maschine über den Preis der verkauften Güter. In der Gewinn-und-Verlust-Rechnung hingegen kann eine andere Art der Abschreibung erfolgen, als dies der Realität entspricht. Während in der Kalkulation eine lineare Abschreibung über zehn Jahre gewählt wurde, kann in der Gewinn-und-Verlust-Rechnung beispielsweise eine degressive Abschreibung in Höhe von jeweils 20 Prozent vom Restbuchwert erfolgen.

Hat das Unternehmen in diesem Jahr Produkte im Wert von 80 000 Euro verkauft und dabei Kosten von 60 000 Euro zu berücksichtigen, so ergibt sich unter der Hypothese einer linearen Abschreibung zunächst folgende Gewinn-und-Verlust-Rechnung:

Gewinn-und-Verlust-Rechnung, Variante 1			
Abschreibung	10 000	Erlöse	80 000
Aufwand	60 000		
Gewinn	10 000		
SUMME	80 000	SUMME	80 000

Entscheidet sich das Unternehmen jedoch dazu, die degressive Abschreibungsmethode zu wählen, so beträgt die Abschreibung im ersten Jahr 20 000 Euro. Die Gewinn-und-Verlust-Rechnung ändert sich dementsprechend:

Gewinn-und-Verlust-Rechnung, Variante 2			
Abschreibung	20 000	Erlöse	80 000
Aufwand	60 000		
Gewinn	0		
SUMME	80 000	SUMME	80 000

Im ersten Fall entsteht ein Gewinn von 10 000 Euro, der nach Versteuerung zur offenen Selbstfinanzierung verwendet werden kann. Im zweiten Beispiel hingegen werden infolge der Bildung stiller Rücklagen über die Unterbewertung von Vermögensgegenständen durch eine »zu hohe« Abschreibungsquote Steuerzahlungen verschoben, während die liquiden Mittel (10 000 Euro), die durch die stillen Rücklagen gebildet wurden und insgesamt im Unternehmen verbleiben, zur Finanzierung einer zusätzlichen Investition genutzt werden können.

In diesem Beispiel sind die Steuerstundung und die damit verbundenen Liquiditäts- und Zinsgewinne deutlich erkennbar. Zunächst steht dem Unternehmen in der Periode mehr Liquidität, beispielsweise für Investitionen, zur Verfügung. Darüber hinaus bewirkt der Aufschub der Besteuerung einen Zinsgewinn, der zusätzlich die Rentabilität des Unternehmens erhöht.

8.1.3 Vorteile der Selbstfinanzierung

Die Selbstfinanzierung im Allgemeinen bietet noch weitere Vorteile gegenüber der Außenfinanzierung. Unter dem Gesichtspunkt der *Unabhängigkeit* ist die Selbstfinanzierung äußerst attraktiv, da hier weder neue Mitspracherechte geschaffen werden noch sonstige Verschiebungen in der Eigentümerstruktur erfolgen. Dementsprechend kann die Unternehmung frei über die Verwendung der Mittel entscheiden; diese sind nicht, wie es beispielsweise bei Krediten der Fall ist, zweckgebunden.

Darüber hinaus wird die *Eigenkapitalbasis* gestärkt, was dem Sicherheitsbestreben der Unternehmung zugute kommt. Zudem verbessert jede Erhöhung der Eigenkapitalbasis die Bonität einer Unternehmung, was wiederum zu geringeren Fremdkapitalkosten führen kann.

Schließlich ist die Selbstfinanzierung im Vergleich zur Finanzierung über neues Beteiligungskapital *kostengünstiger*, da im Falle der Selbstfinanzierung die Emissionskosten entfallen.

Neben all diesen Vorteilen hat die Selbstfinanzierung jedoch auch Schwächen, die vor allen Dingen die Anleger betreffen. Indem das Unternehmen seine Gewinne im Unternehmen behält und selbst investiert, fallen Sparer- und Investorfunktion zusammen. Dies bewirkt sowohl eine Verringerung des Kapitalmarktvolumens und der potenziell auszuschüttenden Gewinne als auch die Gefahr, dass die Mittel, die im Rahmen der Selbstfinanzierung gewonnen wurden, nicht optimal investiert werden. Dieses Problem entsteht durch die *mangelnde Kontrolle* über die Selbstfinanzierungsmittel.

Schließlich sei noch auf das Argument der *Bilanzverschleierung* hingewiesen. In der Tat bewirkt eine sehr ausgeprägte Selbstfinanzierung, dass mit zunehmendem Grad die Aussagekraft der Bilanz für Externe immer stärker abnimmt.

8.2 Finanzierung aus Abschreibungen

8.2.1 Abschreibungsarten

Die Anschaffungs- und Herstellungskosten von Gütern, die eine mehrjährige Nutzungsdauer haben, so genannte abnutzbare Anlagevermögen, dürfen im Interesse einer periodengerechten Gewinnermittlung nicht im Jahre der Beschaffung oder Herstellung in voller Höhe gewinnmindernd verrechnet werden, sondern sind nach Maßgabe der eingetretenen Wertminderungen als Abschreibungen auf die Jahre der Nutzungsdauer zu verteilen. Die Abschreibungen sind damit im Rahmen der Gewinn-und-Verlust-Rechnung Aufwand, während die Auszahlungsreihe für die Investition von der Art der Finanzierung abhängt.

Ursachen einer Wertminderung des abnutzbaren Anlagevermögens können unter anderem technischer oder natürlicher Verschleiß, Entwertung aufgrund technischen Fortschritts oder Preisveränderungen sein. Da in der

```
                    ┌─────────────────┐
                    │  Abschreibung   │
                    └─────────────────┘
              ┌────────────┴────────────┐
    ┌─────────────────┐         ┌─────────────────┐
    │   gleichmäßige  │         │  ungleichmäßige │
    │   Abschreibung  │         │   Abschreibung  │
    └─────────────────┘         └─────────────────┘
```

lineare Abschreibung

unregelmäßig wechselnde Abschreibung	gleichmäßig fallende Abschreibung	gleichmäßig steigende Abschreibung

leistungs-bezogene Abschreibung	geometrisch-degressive Abschreibung	arithmetisch-degressive Abschreibung	progressive Abschreibung

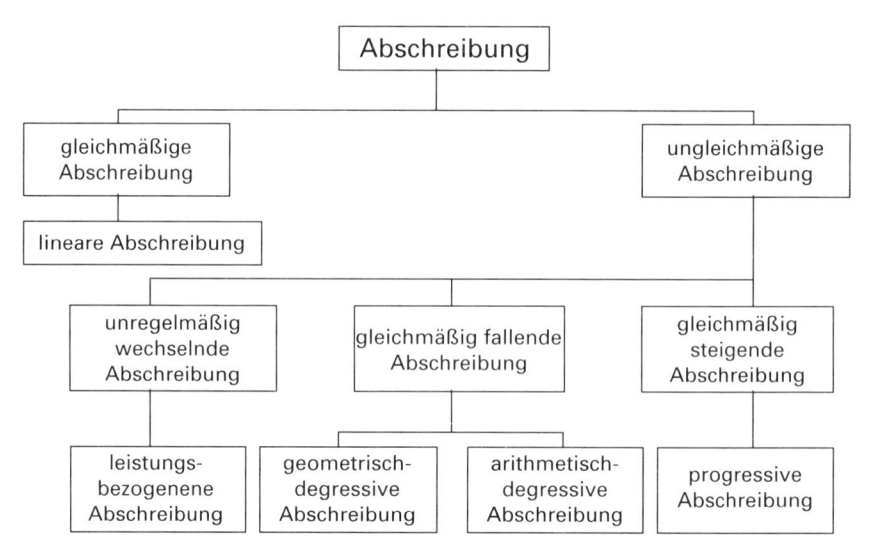

Abbildung 45: Abschreibungsarten

Praxis die jährliche Wertminderung nicht exakt ermittelt werden kann, ist die Abschreibung in der Bilanz eine so genannte Verteilungsabschreibung: Anschaffungs- bzw. Herstellungskosten werden nach einem planmäßigen Verfahren auf die Jahre der Nutzung verteilt.

Zur Ermittlung des jährlichen Abschreibungsbetrags stehen verschiedene Abschreibungsverfahren zur Verfügung, die in Abbildung 45 dargestellt sind und im Folgenden kurz beschrieben werden.

Bei der *linearen Abschreibung* wird der Basiswert eines Anlageguts gleichmäßig auf die einzelnen Perioden, in denen es voraussichtlich genutzt wird, verteilt.

$$a = \frac{B}{n}$$

mit:
a = jährlicher Abschreibungsbetrag
B = Basiswert
n = geschätzte Nutzungsdauer in Jahren

Erwartet man, dass nach Ablauf der voraussichtlichen Nutzungsdauer noch ein Verkaufserlös V beispielsweise in Höhe des Schrottwertes erzielt werden kann, so gilt:

$$a = \frac{B-V}{n}$$

Wenn beispielsweise eine Maschine für 100 000 Euro erworben wird und ihre voraussichtliche Nutzungsdauer auf fünf Jahre geschätzt wird, so lässt sich die lineare Abschreibung wie folgt ermitteln:

a) unter der Annahme, dass nach fünf Jahren kein Verkaufserlös erzielt werden kann:

a = B/n, das heißt a = 100 000 €/5 Jahre = 20 000 €

b) unter der Annahme, dass am Ende der voraussichtlichen Nutzungsdauer ein Verkaufserlös von 10 000 Euro erzielt werden kann, folgt:

a = (B − V)/n, das heißt a = (100 000 € − 10 000 €)/5 = 18 000 €

Bei der *degressiven Abschreibung* wird der Basiswert eines Anlageguts ungleichmäßig über seine voraussichtliche Nutzungsdauer verteilt. Dabei werden die ersten Jahre der Nutzungsdauer stärker als die späteren belastet. Bei der ersten Variante, der *geometrisch-degressiven* Abschreibung, wird das Anlagegut jährlich mit dem gleichen Prozentsatz abgeschrieben, allerdings nicht wie bei der linearen Abschreibung vom Basiswert, sondern vom jeweiligen Restwert. Deshalb muss der anzuwendende Prozentsatz bei der geometrisch-degressiven Abschreibung höher sein als bei der linearen, wenn in beiden Fällen eine gleiche Nutzungsdauer angenommen wird. Seit dem Steueränderungsgesetz von 2001 ist nur noch eine maximale degressive Abschreibungsquote von 20 Prozent zulässig.

Die prozentuale Abschreibungsrate wir folgendermaßen ermittelt:

$$P = 100 \times [1 - (R_n/B)]^{1/n}$$

mit:
P = Abschreibungssatz in Prozent
n = Geschätzte Nutzungsdauer in Jahren
B = Basiswert
R_n = Restwert zum Ende der Nutzungsdauer

Bei der *arithmetisch-degressiven* Abschreibung fallen die jährlichen Abschreibungsbeträge stets um den gleichen Betrag. Zunächst wird ein Degressionsbetrag ermittelt.

$$D = \frac{B}{N}$$

mit:
D = Degressionsbetrag
N = Summe der arithmetischen Reihe von 1 + 2 ... + n Nutzungsjahren
B = Basiswert

Die jährlichen Abschreibungsbeträge ergeben sich dann aus

$$a_t = D \times R$$

mit:
R = Restnutzungsdauer

Wenn wir diese Formel auf unser Beispiel anwenden, erhalten wir:

$$\text{Degressionsbetrag} = \frac{B}{N} = \frac{100\,000\ \text{Euro}}{1+2+3+4+5} = \frac{100\,000\ \text{Euro}}{15} = 6\,666{,}67\ \text{€}$$

Die Abschreibungsbeträge lauten (in Euro):

A_1 =	$D \times n$	= 6 666,67 × 5	=	33 333,33
A_2 =	$D \times (n-1)$	= 6 666,67 × 4	=	26 666,67
A_3 =	$D \times (n-2)$	= 6 666,67 × 3	=	20 000,00
A_4 =	$D \times (n-3)$	= 6 666,67 × 2	=	13 333,33
A_5 =	$D \times (n-4)$	= 6 666,67 × 1	=	6 666,67
Summe =				100 000

Bei der *leistungsbezogenen Abschreibung* gibt es keinen einheitlichen Trend der jährlichen Abschreibungsbeträge. Sie ergeben sich aus dem Umfang der Beanspruchung, welcher das Anlagegut ausgesetzt ist. Rechnerisch wird der jährliche Abschreibungsbetrag wie folgt ermittelt:

$$a_t = \frac{B \times L_{Pt}}{L}$$

mit:
a_t = Abschreibungsbetrag der Periode t
B = Basiswert
L = Voraussichtliche Gesamtleistung des Anlagegutes
L_{Pt} = Periodenleistung des Anlagegutes

Für die eben beschriebene Maschine wird von einer Gesamtleistung von 30 000 Maschinenlaufstunden ausgegangen. In der Abrechnungsperiode beträgt die Maschinenlaufzeit 5 000 Stunden. So ergibt sich

$$a_t = \frac{B \times L_{Pt}}{L} = \frac{100\,000 \text{ Euro}}{30\,000 \text{ Std.}} \times 5\,000 \text{ Std.} = 16\,666{,}67\,€$$

Diese Abschreibungsmethode wird zunehmend in der Praxis angewandt, da sie einen realen Werteverzehr in der Rechnungslegung abbildet.

Grundvoraussetzung zur Nutzung der Abschreibungen als Finanzierungsinstrument ist, dass der Markt die in die Absatzpreise eingegangenen Kalkulationsbestandteile vergütet, sodass es zu einem Zufluss von Zahlungsmitteln kommt. Der Finanzierungseffekt resultiert aus dem Umstand, dass Abschreibungen eine besondere Form des Aufwandes darstellen, und zwar nicht auszahlungswirksame Aufwendungen.

Als einfaches Beispiel nehmen wir den Fall eines Unternehmens an, das in der betrachteten Periode eine Rechnung in Höhe von 35 000 Euro ausgestellt und dieses Geld bereits erhalten hat. Als Aufwand wurde ausschließlich eine lineare Abschreibung in Höhe von 35 000 Euro gebucht. In der Gewinn-und-Verlust-Rechnung erzielt das Unternehmen ein ausgeglichenes Ergebnis, da sich Aufwand und Ertrag entsprechen. Den Aktionären der Unternehmung können also keine liquiden Mittel ausgeschüttet werden. Allerdings weist die Unternehmung einen positiven Cashflow in Höhe von 35 000 Euro auf, der, angesichts der bereits erwähnten Tatsache, dass es sich bei Abschreibungen um nicht auszahlungswirksame Aufwendungen handelt, in der Unternehmung verbleibt. Dieser Cashflow kann am Ende der Nutzungsdauer des Anlagegutes kumuliert zum Erwerb einer Maschine mit gleichem Kaufpreis genutzt werden.

Das Beispiel zeigt auch, dass die finanziellen Mittel nicht durch die Abschreibungen selbst zur Verfügung stehen, sondern durch die im Unternehmen aufgrund der Abschreibungen verbleibenden Umsatzerlöse. Aus diesem Grund wird auch von einer Finanzierung durch Abschreibungsgegenwerte gesprochen. Die somit zeitlich gebundenen finanziellen Mittel können anderweitig eingesetzt werden, da eine Ansammlung der liquiden Mittel in der Kasse bis zum Zeitpunkt der Beschaffung der Nachfolgeobjekte nicht in jedem Fall vernünftig ist.

Die Höhe der Abschreibungsgegenwerte, die im Unternehmen verbleiben, richtet sich nach dem Wert der Abschreibungsgegenstände und nach der Wahl des Abschreibungsverfahrens, das den Aufwand für die Abschreibungen auf die einzelnen Perioden bestimmt.

8.2.2 Der Kapazitätserweiterungseffekt nach Lohmann-Ruchti

Soll der Betriebsprozess eines Unternehmens im bisherigen Umfang beibehalten werden, so sind die Anlagen, deren Nutzungsdauer beendet ist, zu ersetzen (Reinvestition). Dies geschieht dadurch, dass die vom Markt vergüteten Abschreibungsgegenwerte in neue Anlagen investiert werden. Da jedoch der Rückfluss früher investierter Mittel in Form von Abschreibungsgegenwerten bereits weit vor dem Ersatzzeitpunkt erfolgt, kann ein Unternehmen versuchen, diese Mittel nicht nur zur Finanzierung von Ersatz- sondern auch von Neuinvestitionen zu nutzen. Die später notwendigen Mittel zur Ersatzfinanzierung werden also nicht aus den Abschreibungsgegenwerten der zu ersetzenden Abschreibungsgegenstände, sondern aus anderen Abschreibungsgegenwerten gezogen.

Betrachten wir zur Verdeutlichung dieses Zusammenhangs ein Fallbeispiel: Ein Unternehmen in der Textil verarbeitenden Industrie erwirbt in fünf aufeinander folgenden Jahren Maschinen im Wert von je 300 000 Euro. Die dazu benötigten Mittel werden durch Beteiligungsfinanzierung aufgebracht. Die Maschinen werden bei einer voraussichtlichen Nutzungsdauer von fünf Jahren linear abgeschrieben. Je Maschine fallen also jährlich Abschreibungen in Höhe von 60 000 Euro an. Dabei wird davon ausgegangen, dass die Abschreibung dem Wertminderungsverlauf entsprechend und bei konsequenter Berücksichtigung in der Produktpreisgestaltung vom Markt vergütet wird. Ferner wird unterstellt, dass Technik und Wiederbeschaffungskosten der Maschinen über die Jahre hinweg konstant bleiben.

Da in den ersten fünf Jahren annahmegemäß eine externe Finanzierung der Maschinen erfolgt, entsteht ein jährlicher Kapitalbedarf in Höhe von 300 000 Euro. Mit Beginn des sechsten Jahres, in dem die erste Maschine obsolet wird, gilt es jährlich Ersatzinvestitionen vorzunehmen. Der Ersatzinvestitionsbedarf von 300 000 Euro jährlich entspricht genau der vom fünften Jahr an verrechneten jährlichen Abschreibungssumme. Tabelle 8 zeigt, dass ab dem Ende des fünften Jahres bei gleich bleibendem Geschäftsbetrieb kontinuierlich 600 000 Euro freigesetzt werden können.

Wie bereits angedeutet und nun aus dem Beispiel ersichtlich, werden die Abschreibungsbeträge der Jahre eins bis vier in Höhe von insgesamt 600 000 Euro nicht zur Reinvestition genutzt und stehen der Unternehmung zur Finanzierung einer Kapazitätserweiterung zur Verfügung. Würde dieser Betrag zur Anschaffung zweier neuer Maschinen verwendet, so käme es zu einer Erweiterung der Periodenkapazität, ohne dass eine Kapitalbeschaffung

Tabelle 8: Abschreibungsplan mit Kapitalfreisetzungseffekt

Jahr (Ende)	1	2	3	4	5	6	7	8	9	10
Maschine										
1	60	60	60	60	60	*60*	60	60	60	60
2		60	60	60	60	60	*60*	60	60	60
3			60	60	60	60	60	*60*	60	60
4				60	60	60	60	60	*60*	60
5					60	60	60	60	60	*60*
Jährliche Abschreibung	60	120	180	240	300	300	300	300	300	300
Liquide Mittel	60	180	360	600	900	900	900	900	900	900
% Reinvestition					300	300	300	300	300	
Freigesetzte Mittel	60	120	180	240	600	600	600	600	600	600

Tabelle 9: Abschreibungsplan mit Kapazitätserweiterungseffekt

Jahr (Ende)	1	2	3	4	5	6	7	8	9	10	11
Maschine											
1	60	60	60	60	60	*60*	60	60	60	60	*60*
2		60	60	60	60	60	*60*	60	60	60	60
3			60	60	60	60	60	*60*	60	60	60
4				60	60	60	60	60	*60*	60	60
5					60	60	60	60	60	*60*	60
6						*60*	60	60	60	60	*60*
7							*60*	60	60	60	60
8								*60*	60	60	
Jährliche Abschreibung	60	120	180	240	300	360	420	420	480	480	480
Liquide Mittel	60	180	360	600	900	660	480	600	480	660	540
– Reinvestition					600	600	300	600	300	600	600
Freigesetzte Mittel	60	180	360	600	300	60	180	0	180	60	–60

von außen erforderlich wäre. Die Anschaffungskosten dieser Maschinen würden ebenfalls wiederum im Laufe ihrer Nutzungsdauer freigesetzt und könnten für weitere Investitionen eingesetzt werden. In Tabelle 9 sind die Erweiterungsinvestitionen fett und kursiv gedruckt, wobei die Ersatzinvestitionen wiederum nur kursiv gedruckt sind.

Neben dieser Darstellung kann der Kapazitätserweiterungseffekt auch direkt durch die Ermittlung des so genannten Kapazitätsmultiplikators bestimmt werden. Dieser lässt sich in Abhängigkeit von der Nutzungsdauer der Maschinen (= t) wie folgt errechnen:

$$\text{Kapazitätsmultiplikator} = \frac{2}{1+1/t}$$

Unter Verwendung der Daten aus dem vorangegangenen Beispiel (fünf Maschinen je 300 000 Euro, voraussichtliche Nutzungsdauer fünf Jahre) ergibt sich als Kapazitätsmultiplikator:

$$\text{Kapazitätsmultiplikator} = \frac{2}{1+1/5} = 1{,}66667$$

Auch bei dieser Berechnung kommt es zu einer Ausweitung der Kapazität von fünf auf acht Maschinen.

Der Kapazitätseffekt ist idealtypisch dargestellt worden. Es gelingt der Unternehmung, ihre Kapazität über die Finanzierung aus Abschreibungen von fünf auf acht Maschinen zu steigern. In der betrieblichen Praxis wird er jedoch in dieser reinen Form aus verschiedenen Gründen nicht anzutreffen sein. Zum einen findet die Erstausstattung der Unternehmung mit Fremd- oder Eigenkapital keine Berücksichtigung, obwohl Fristigkeit und Umfang des Kapitals den Kapazitätserweiterungseffekt mindern können. Die im Rahmen einer Kapazitätserweiterung in aller Regel notwendige Aufstockung des Umlaufvermögens wird ebenfalls nicht betrachtet, denn nur wenn der damit verbundene Bedarf an liquiden Mitteln anderweitig gedeckt werden kann, kommt es nicht zu einer Einschränkung des Kapazitätserweiterungseffektes. Daneben ist die Annahme, dass die Abschreibung unabhängig vom gewählten Abschreibungsverfahren der tatsächlichen Abnutzung eines Abschreibungsgutes entspricht, nicht realistisch. Es ist beispielsweise vorstellbar, dass ein Anlagegut trotz Gleichartigkeit einen abweichenden Abnutzungsverlauf aufweisen kann. Dieser Unterschied ist in den meisten Fällen nicht abbildbar. Außerdem wird eine weitgehende Teilbarkeit der Gesamtheit der Anlagegüter angenommen, was insbesondere in den heute vorherrschenden mehrstufigen, kapazitiv vernetzten Fertigungsprozessen nicht der Fall ist. Der Kapazitätserweiterungseffekt könnte also, anders gesagt, nur dann in reiner Form genutzt werden, wenn eine Investition in alle Fertigungsstufen erfolgen würde.

Der technische Fortschritt wird ebenfalls beim Kapazitätserweiterungseffekt nicht berücksichtigt. Dies entspricht zumeist nicht der Realität. Ein weiterer Schwachpunkt ist die Annahme, dass der Wiederbeschaffungswert der Anlagegüter konstant ist. Schließlich muss die Prämisse, dass der Absatzmarkt, an dem die Abschreibungen verdient werden müssen, immer bereit ist, den dazu erforderlichen Preis zu zahlen, infrage gestellt werden. In Zeiten wirtschaftlicher Schwäche muss ein Unternehmen häufig seine Preise anpassen. Dies führt dazu, dass die Abschreibungen nicht mehr durch die Preise gedeckt sind.

Trotz der aufgezeigten Schwächen, mit denen das Modell des Kapazitätserweiterungseffektes behaftet ist, kann nicht geleugnet werden, dass es in der Praxis möglich ist, mithilfe von Abschreibungsgegenwerten einen Finanzierungseffekt zumindest partiell zu erzielen.

8.3 Finanzierung aus Rückstellungen und Vermögensumschichtungen

8.3.1 Arten und Risiken von Rückstellungen

Bei Rückstellungen handelt es sich um Verpflichtungen, die hinsichtlich des Grundes, der Höhe und des Zeitpunktes der Fälligkeit noch nicht sicher feststehen. In den Rückstellungen wird demnach Geld für Verbindlichkeiten in der Zukunft zurückgestellt (nicht »gelegt«!), weshalb die Rückstellungen auch bilanziell zum Fremdkapital gezählt werden. Die Finanzierung aus Rückstellungen ist somit eine innerbetriebliche Fremdfinanzierung.

Im HGB sind die Rückstellungsfälle im § 249 geregelt. Dabei gilt gemäß § 249 Satz 1 und 2 eine Passivierungspflicht für folgende *Schuldrückstellungen:*

- ungewisse Verbindlichkeiten,
- drohende Verluste aus schwebenden Geschäften,
- Gewährleistungen, die ohne rechtliche Verpflichtung erbracht werden.

Des Weiteren müssen *Aufwandsrückstellungen* gebildet werden für

- unterlassene Instandhaltungen, die innerhalb von drei Monaten nach dem Bilanzstichtag nachgeholt werden;
- Abraumbeseitigungen, die im Folgenden Geschäftsjahr nachgeholt werden.

Darüber hinaus besteht gemäß § 249 I 3 und II HGB ein Ansatzwahlrecht für die folgenden Aufwandsrückstellungen:

- unterlassene Instandhaltungen, die innerhalb eines Zeitraums von vier bis zwölf Monaten nach dem Bilanzstichtag nachgeholt werden;
- alle übrigen Aufwandsrückstellungen, das heißt Rückstellungen für Aufwendungen, die ihrer Eigenart nach genau umschrieben und dem Geschäftsjahr oder einem früheren Geschäftsjahr zuzuordnen sowie am Abschlussstichtag wahrscheinlich oder sicher, aber hinsichtlich ihrer Höhe oder des Zeitpunktes ihres Eintritts unbestimmt sind.

Der Unterschied zwischen einer Schuld- und Aufwandsrückstellung besteht darin, dass bei einer Schuldrückstellung gegenüber Dritten eine ungewisse Rechtsverpflichtung besteht, während bei einer Aufwandsrückstellung eine Selbstverpflichtung vorliegt, zum Beispiel in Form eines Beschlusses der Unternehmensleitung zur Durchführung von Instandhaltungsmaßnahmen.

Der Finanzierungseffekt aus Rückstellungen ergibt sich daraus, dass in einem ersten Schritt die Rückstellungen in die Produktkalkulation eingegangen sind. Das Geld, welches für die Rückstellungen benötigt wird, gelangt somit über den Verkauf der Produkte ins Unternehmen, wo es auch bis zur Inanspruchnahme der Rückstellungen disponibel bleibt. Die Fristigkeit der Rückstellung bestimmt demnach maßgeblich den Finanzierungseffekt; dieser ist umso stärker, je länger die Rückstellungen im Unternehmen verbleiben.

Die Fristigkeit der Rückstellung hängt letztendlich natürlich von ihrem Charakter ab, wobei die meisten Rückstellungen eher kurzfristiger Natur sind. Zu diesen kurzfristigen Rückstellungen zählen beispielsweise die Rückstellungen für erwartete Steuernachzahlungen, für Urlaubsgelder oder für drohende Verluste aus Forderungen.

Obwohl diese Rückstellungen (und damit auch ihr Finanzierungseffekt) eher kurzfristiger Natur sind, führt ihre jährlich wiederkehrende Bildung dazu, dass eine Art Bodensatz an Rückstellungen vorhanden ist, der einen langfristigen Finanzierungseffekt bewirkt. Dieser Bodensatz wird in der Literatur ebenso zu den langfristigen Rückstellungen gezählt wie auch Pensionsrückstellungen sowie Rückstellungen für Garantieverpflichtungen, die über mehrere Jahre gültig sind.

Den Pensionsrückstellungen kommt dabei die größte Bedeutung zu, da sie im Allgemeinen den stärksten Finanzierungseffekt auslösen. Sie stellen die Verpflichtung eines Unternehmens gegenüber seinen Arbeitnehmern zur Zahlung von zukünftigen Pensionen oder ähnlichen Leistungen dar. Nach dem Anwartschaftsdeckungsverfahren muss eine Unternehmung Rücklagen ab dem Zeitpunkt bilden, an dem sie sich gegenüber ihren Mitarbeitern zur Zahlung von Alters-, Invaliden- oder Hinterbliebenenbezügen verpflichtet hat. Da zwischen dem Zeitpunkt der Zusage und dem Eintreten des Zahlungsfalls normalerweise etliche Jahre vergehen können, kommt es bei einigen Kapitalgesellschaften vor, dass die so angesparten Pensionsrückstellungen die Höhe des Grundkapitals übersteigen; der Finanzierungseffekt ist dementsprechend groß.

Der Finanzierungseffekt von Pensionsrückstellungen entsteht dadurch, dass diese nicht zahlungswirksame Aufwendungen darstellen, bei denen im Gegensatz zu den Abschreibungen der Zahlungszeitpunkt vom Moment der Rückstellungsbildung sehr stark abweicht. Das Geld, welches durch den Verkauf beispielsweise entsprechend kalkulierter Produkte in die Unternehmung gelangt, steht dort für die Dauer der Rückstellung zur Verfügung. Der Effekt wird schließlich dadurch noch verstärkt, dass durch die Aufwendungen der Pensionsrückstellungen der Gewinn reduziert wird, was zu einer gleichzeitigen Minderung der zu zahlenden Steuern führt. Die Steuerzahlung wird auf den Zeitpunkt der Auflösung der Rückstellungen verschoben, was wiederum eine Finanzierung aus Steuerverschiebung bewirkt. Da zudem die Höhe der Verpflichtung bei den meisten Rückstellungen nicht bekannt ist, wird im Rahmen der Rückstellungsbildung ein Ermessensspielraum eingeräumt, den die Unternehmung nutzen kann. Setzt sie die zu zahlenden Rückstellungen zu hoch an, ist dies ein Instrument der stillen Selbstfinanzierung.

Der Finanzierungseffekt aus Pensionsrückstellungen ist am Anfang, das heißt bei der ersten Zusage und bei der Einführung der Pensionsrückstellungen am höchsten. Zu diesem Zeitpunkt werden die Rückstellungen zunächst gebildet, nicht jedoch ausgezahlt. Kommt es später zu einem Ausgleich zwischen Pensionsrückstellungen des Jahres und den entsprechenden Auszahlungen, so ist der unmittelbare Finanzierungseffekt aufgebraucht. Es bleibt jedoch die (konstante) Höhe der Pensionsrückstellungen als Bodensatz, der der Unternehmung wiederum als dauerhaftes Kapital zur Verfügung steht.

Der unter Finanzierungsgesichtspunkten schlechteste Fall tritt dann ein, wenn die Auszahlungen die jährlichen Pensionsrückstellungen übersteigen. In diesem Falle kommt es durch den Entzug finanzieller Mittel zu einem negativen Finanzierungseffekt.

Um den Finanzierungseffekt der Rückstellungen zu relativieren, gehen wir abschließend auf das Risiko der Finanzierung aus Rückstellungsgegenwerten ein. Zum einen können Gehaltssteigerungen und damit denkbare Rentensteigerungen sowie die Verkürzung von Arbeitsverhältnissen und die Möglichkeit der Verlängerung von Lebenszeiten oder eine Veränderung der Arbeitsrechtsprechung dazu führen, dass die künftigen Auszahlungen gebildeter Pensionsrückstellungen deutlich höher ausfallen, als es der vorsorgenden Kapitalbildung im Unternehmen entspricht. Außerdem kann der hohe Verschuldungsgrad auf potenzielle Gläubiger abschreckend wirken, da die Haftungsbasis für zusätzliches Fremdkapital damit verringert wird. Insbesondere angelsächsische Investoren sind bei deutschen Unternehmen vorsichtig, die erhebliche Rückstellungen bilanziert haben, da durch deren Bilanzierungsvorschriften mit strengeren Bewertungsansätzen die Anwartschaften als zusätzliches Risiko gelten und so den Unternehmenswert senken.

Im Fall von Rückstellungen können die Fremdkapitalkosten also langfristig höher ausfallen als es zunächst – betrachtet man beispielsweise den gesetzlich auf 6 Prozent festgelegten Abzinsungssatz für Pensionsanwartschaften – erscheint. Immer mehr Unternehmen tendieren daher dazu, ihre Altersvorsorge für die Mitarbeiter durch eigene Fonds abzusichern. Es fließt damit zwar sofort Kapital in die eigenständig verwalteten Fonds ab, daraus lassen sich aber bis zur Auszahlung der Pensionen Finanzerträge erzielen, die die oben erwähnten Risiken abdecken und eventuell noch zu Überschüssen führen können.

8.3.2 Finanzierung durch Vermögensumschichtungen

Die Grundidee der Finanzierung aus Vermögensumschichtung besteht darin, dass Elemente der Aktivseite der Bilanz veräußert werden, was zu zusätzlicher Liquidität führt. Es findet demnach ein Aktivtausch statt, indem beispielsweise Grundstücke, Wertpapiere oder Vorräte verkauft werden; das

Anlage- oder Umlaufvermögen wird zugunsten des Kassenbestandes reduziert.

Gemeinhin wird unterstellt, dass es sich bei den veräußerten Vermögensgegenständen entweder um nicht betriebsnotwendige Vermögensteile oder um nicht oder wenig produktive Aktiva handelt, die entweder gegen Liquidität getauscht oder durch produktivere Aktiva ersetzt werden sollen. Dabei wird jedoch übersehen, dass es in Zeiten von langfristigen Liquiditätsengpässen durchaus auch zum Verkauf von produktiven und notwendigen Vermögensgegenständen kommen kann. In diesem Falle stellt das Sale and Lease Back, welches im vorhergehenden Kapitel vorgestellt wurde, eine sehr elegante Lösung dar, da ein Unternehmen das Eigentum an einem Vermögensgegenstand gegen Liquidität abgibt, diesen Vermögensgegenstand jedoch weiterhin zur Produktion nutzen kann.

Auch Rationalisierungsmaßnahmen können über eine dauerhafte Vermögensumschichtung einen Finanzierungsbeitrag leisten. Können beispielsweise die Lagerbestände durch effizientere Planung und kostengünstigeren Einkauf verringert werden, so findet automatisch eine Umschichtung von Vorräten hin zu Kassenbeständen statt; das Geld, welches nicht mehr in den Vorräten gebunden ist, kann danach anderweitig, zum Beispiel für neue Investitionen, genutzt werden.

Problematisch ist eine Finanzierung über Vermögensumschichtung insbesondere bei Unternehmen, die bei den fraglichen Vermögensteilen erhebliche stille Reserven gebildet haben, da diese nach ihrer Aufdeckung versteuert werden müssen.

9. Finanzplanung und internationales Finanzmanagement

9.1 Traditionelle Finanzplanung

Die Finanzplanung beschäftigt sich mit den Zahlungsströmen einer Unternehmung, die sich aus ihrer Geschäftstätigkeit ergeben. Ziel der Planungen ist es, die Ein- und Auszahlungen verschiedener Zeiträume zu analysieren, um für jede der betrachteten Perioden den Finanzmittelbedarf bzw. -überschuss zu ermitteln.

Während die Frage, ob Planung notwendig sei und ob nicht intuitive oder gar improvisierende Handlungen vorteilhafter wären, da sie kreativer und möglicherweise erfolgreicher sein können, in der Planungstheorie generell offen ist, lässt sie sich für den Bereich der Finanzen eindeutig beantworten. Da die Zahlungsunfähigkeit unmittelbar zur Insolvenz führt, wenn kein Vergleich oder Sanierungsmaßnahmen möglich sind, muss die Finanzplanung als zentrale Aufgabe eines jeden Unternehmens betrachtet werden.

Zu planen bedeutet, vorauszuschauen und künftige Handlungsweisen festzulegen, das heißt Finanzentscheidungen zu treffen. Dieser Prozess beginnt wie bei jeder Planung mit der Festlegung von Finanzzielen und setzt sich mit der Analyse und Prognose eventueller künftiger finanzieller Probleme fort. Das Ergebnis der sich anschließenden Überlegungen über Finanzierungsalternativen wird letztlich zu einem Plan verdichtet.

Wie in der allgemeinen Planungstheorie kann auch hier zwischen kurz- und langfristigen Finanzplänen respektive zwischen Finanzierungsstrategien und operativen Finanzierungsmaßnahmen unterschieden werden. Werden die Finanzpläne dokumentiert und als verbindliche Leitlinie für Stellen, Bereiche oder das Unternehmen vorgegeben, so spricht man auch von Budgets.

Die Budgetpläne können sowohl autoritär als auch partizipativ festgelegt werden. Während im ersten Fall das Budget »von oben« auferlegt wird, was zu Konflikten bis hin zur Ablehnung des Budgets durch die Mitarbeiter führen kann, werden bei der partizipativen Budgetplanung die Ziele gemeinsam mit den Mitarbeitern definiert, um diese zu motivieren und zur Erreichung der selbst gesetzten Ziele anzuspornen. Dieses in der Literatur auch als Management by Objectives bekannte Prinzip entspricht auch der zu Beginn des Buches aufgezeigten wertorientierten Unternehmensführung (Kapitel 4), bei der eine Zielgröße vorgegeben wird, die Stellen, Bereiche oder Geschäftseinheiten einzuhalten haben.

Die wesentlichen Grundsätze, denen eine Finanz- und Budgetplanung genügen muss, sind Vollständigkeit und Genauigkeit des Bruttoausweises. Zunächst ist es gemäß dem Grundsatz der *Vollständigkeit* unabdingbar, dass ein Budget alle Ein- und Auszahlungen der Unternehmung erfasst. Die Vernachlässigung auch nur einer größeren Auszahlung kann bereits ernsthafte liquiditätspolitische Anpassungsprobleme nach sich ziehen. Die Beträge der Ein- und Auszahlungen müssen weiterhin nach dem Prinzip der *Genauigkeit* auf realistischen Annahmen beruhen. Auch die Zeitpunkte der Ein- und Auszahlungen müssen möglichst genau erfasst werden. Dabei ist die tagesgenaue Einteilung eines Finanzplanes nur insofern notwendig, als auch Informationssicherheit über die Daten vorliegt. Andernfalls reichen Monats- oder Halbmonatspläne. Das Prinzip des *Bruttoausweises* besagt, dass Zahlungen nicht miteinander verrechnet werden dürfen. Sämtliche Zahlungen müssen vielmehr gesondert im Finanzplan erscheinen, da bei jedem Zahlungsstrom Abweichungen von den Plangrößen auftreten können und der Finanzplan nur beim Bruttoausweis alle Eventualitäten erfasst.

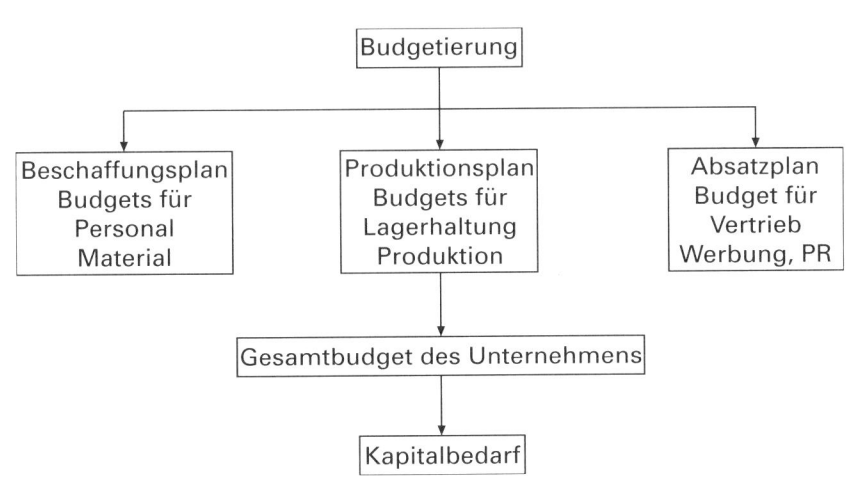

Abbildung 46: Budgetierung im Rahmen der Finanzplanung

Aufgrund der Budgetplanungen für die einzelnen Teilbereiche der Unternehmung wird nun ein Gesamtbudgetplan erstellt (vgl. Abbildung 46), der dann wiederum in einen Liquiditäts-, Kapitalbedarfs- und Investitionsplan sowie in einen Erfolgs- und Vermögensplan mündet.

Im Liquiditätsplan werden die Ein- und Auszahlungen für verschiedene Zeiträume von der Tagesdisposition bis zur mittelfristigen Finanzvorschau kumuliert dargestellt. Die Vorausschau ermöglicht die Identifizierung und den Ausgleich von Liquiditätslücken bzw. -überschüssen. Von der qualifizierten Liquiditätsplanung und -disposition hängt die Zahlungsfähigkeit (Solvenz) des Unternehmens ab, wobei zu beachten ist, dass auch mit der qualifiziertesten Planung eine Insolvenz nicht verhindert werden kann, wenn der Erfolg des Unternehmens ausbleibt.

Der Kapitalbedarfs- und Investitionsplan geht von den aus den Bereichen angemeldeten Investitionsvorhaben oder -wünschen aus und ermittelt so einen zusätzlichen Finanzbedarf für mehrere Jahre im Voraus. Insbesondere die investiven Beschaffungsbudgets werden berücksichtigt. Bei den Investitionen kann zwischen Ersatz- und Erweiterungsinvestitionen unterschieden werden, um damit den Kapitalbedarf nach Dringlichkeit zu ordnen.

Bei der Erfolgs- und Vermögensplanung handelt es sich schließlich um eine Planbilanz und Plan-Gewinn-und-Verlust-Rechnung, die auch integrativer Bestandteil einer an sich liquiditätsbezogenen Finanzplanung sein kann. Die Erfolgsplanung erzeugt Prognosen für künftige Zahlungsflüsse, die Vermögensplanung Vorhersagen über künftige Investitionen und Desinvestitionen.

9.1.1 Finanzplanungsmethoden

Wie bereits dargestellt, ist es sinnvoll, die Finanzplanung in zwei Bereiche einzuteilen, nämlich in die Liquiditäts- und Kapitalbedarfsplanung. Ein wesentliches Unterscheidungskriterium dieser beiden Teilpläne ist der Planungshorizont. Während der Liquiditätsplan mit Planungszeiträumen bis zu einem Jahr eher kurzfristig orientiert ist, werden Kapitalbedarfspläne für darüber hinausgehende Zeiträume aufgestellt.

Aber auch schon innerhalb des Liquiditätsplans konkurrieren Genauigkeits- und Planungssicherheitsbestrebungen. Einerseits ist es von Vorteil, möglichst genau zu planen, um im besten Fall den Finanzmittelbedarf täglich bestimmen zu können. Andererseits gilt es, möglichst langfristig zu planen, um eine gute Übersicht zumindest über die mittelfristige Entwicklung zu erreichen.

Aufgrund dieser widersprüchlichen Ziele ist es sinnvoll, verschiedene Arten des Liquiditätsplans je nach den zugrunde liegenden Zeithorizonten zu unterscheiden. Bei der *täglichen Liquiditätsposition* werden die Zahlungsströme tagesgenau analysiert; dies erfolgt für einen Zeitraum für die nächsten ein bis vier Wochen. Der Finanzplan im engeren Sinne beinhaltet den Prognosezeitraum bis hin zu einem Jahr. Da bei einem solchen längeren Prognosehorizont die Zahlungsströme nicht mehr täglich bestimmt werden können, müssen diese zu wöchentlichen oder sogar monatlichen Zahlungsströmen zusammengefasst werden.

Bei der Kapitalbedarfsplanung schließlich, bei der der Planungshorizont sich über mehrere Jahre erstrecken kann, werden die Zahlungsströme zu Jahresgrößen zusammengefasst (vgl. Abbildung 47) und können aus der Planbilanz und der Plan-GuV der strategischen Planung abgeleitet werden.

Durch die Abtragungen sowohl der kumulierten Einzahlungen als auch der kumulierten Auszahlungen kann man in Abbildung 47 erkennen, dass sich zwischen Periode 4 und Periode 7 eine Liquiditätslücke aufbaut, die durch geeignete Maßnahmen ausgeglichen werden muss. Gemäß der Planung besteht in den anderen Teilperioden keine solche Gefahr. Der Kapitalbedarf für eine bestimmte Zeit ergibt sich aus einem vertikalen Schnitt durch die Abbildung. So können tagesaktuelle Finanzbedarfe (Schnitt) wie zeitraumbezogene Bedarfe (Flächen) eruiert werden.

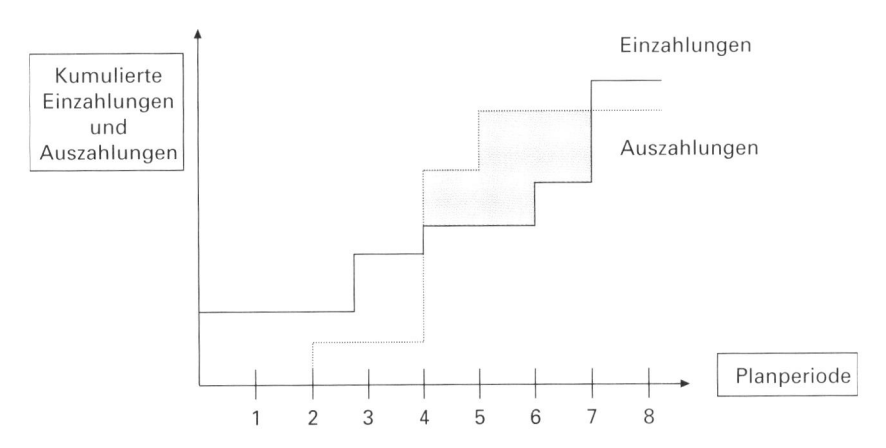

Abbildung 47: Finanzplanung mit kumulierten Ein- und Auszahlungen

Um einen derartigen Kapitalbedarfsplan aufzustellen, ist es unerlässlich, möglichst realistische und genaue Prognosen bezüglich der zu erwartenden Finanzströme zu erstellen. Hierzu existieren drei unterschiedliche Prognoseansätze: das subjektive, das extrapolierende sowie das kausale Verfahren.

Eine weitere Möglichkeit der Finanzplanung mit kumulierten Größen ist das so genannte *Dean-Modell*. Hier werden, ausgehend von dem Ziel eines optimalen Investitionsplans, die geplanten Investitionen in eine Reihenfolge nach Rentabilität oder Attraktivität gebracht und die korrespondierenden zusätzlichen Finanzbedarfe durch ansteigende Kurven in Abhängigkeit von den zu erwartenden höheren Kapitalkosten dargestellt. Umgekehrt werden die Finanzierungsmöglichkeiten in Abhängigkeit von den Kapitalkosten, zum Beispiel dem Zinssatz, abgetragen. Hier kann davon ausgegangen werden, dass bei zunehmender Verschuldung auch die Zinssätze ansteigen. Abbildung 48 veranschaulicht den Grundgedanken des Modells: Den Investitionsprojekten A bis D stehen vier Finanzierungsrunden gegenüber. Während die Investitionen gemäß ihrer erwarteten Rendite geordnet sind, werden die Kapitalaufnahmen stets teurer, sodass es theoretisch einen Punkt gibt, jenseits dessen sich Investitionen nicht mehr lohnen.

Bei den *subjektiven Verfahren* zur Prognose des Kapitalbedarfs wird von subjektiven Erfahrungen und der Intuition von Entscheidern ausgegangen, die versuchen, bestmögliche Schätzungen abzugeben. Je nachdem, ob eine einzelne Person oder eine Gruppe von Personen die Prognose aufstellt, spricht man von Einzelurteilen bzw. Gruppenurteilen.

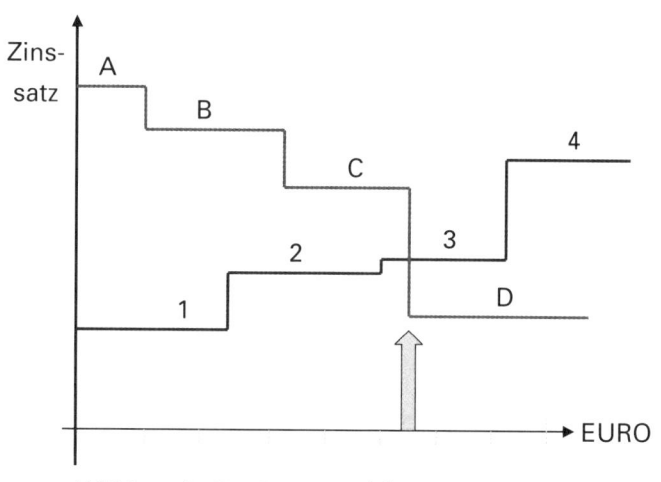

Abbildung 48: Das Dean-Modell

Die *extrapolierenden Verfahren* hingegen greifen auf mathematisch-statistische Methoden zurück, mittels derer, basierend auf der Analyse von Vergangenheitsdaten, die zukünftige Entwicklung prognostiziert wird. Ein Hauptziel dieser Verfahren besteht darin, durch Analyse der vergangenen Zeitreihen Gesetzmäßigkeiten zu finden. Lassen sich solche Trends oder Zyklen erkennen, so werden sie in die Zukunft fortgeschrieben. Der Trend bezeichnet dabei die Grundrichtung der untersuchten Zeitreihe; diese kann einen Aufschwung, einen Abwärtstrend oder eine stagnierende Seitwärtsbewegung beschreiben. Der Zyklus hingegen beschreibt eine langfristige Schwankung innerhalb des Grundtrends. Zusätzlich kann man von saisonalen Zyklen sprechen. Diese sind kurzfristig angelegt und weisen ein systematisches, jährlich gleich bleibendes Muster auf.

Verschiedene Varianten extrapolierender Verfahren ergeben sich dadurch, dass analog zu diesen Grundüberlegungen mit verschiedenen Mitteln versucht wird, Trends und Zyklen mathematisch zu erfassen. Die Verfahren reichen dabei von der Methode der gleitenden Durchschnitte bis hin zu exponentiellen Glättungen zweiter Ordnung.

Bei *kausalen Prognosen* schließlich werden verschiedene Größen im Hinblick auf logische Abhängigkeiten voneinander untersucht. Denkbar wäre beispielsweise die Untersuchung des fehlerhaften Produktionsausstoßes, der stets zu Nachbesserungen und damit höheren Ausgaben führt, in Abhängigkeit von der Produktionsmenge. Je nachdem, ob man von den untersuchten Größen annimmt, dass sie in einer eindeutigen Ursache-Wirkungsrelation stehen, unterscheidet man deterministische Prognosen (eindeutiger Zusammenhang) und stochastische Prognosen (der Zusammenhang ist unsicher). Mathematisch betrachtet werden für beide Arten der kausalen Prognose Regressionsanalysen verwendet.

9.1.2 Kapitalbedarfs- und Liquiditätsplanung mit Tabellen

Bei der Kapitalbedarfsplanung wird der Kapitalbedarf zunächst periodenübergreifend und anschließend detailliert für jede Teilperiode ermittelt. Die Prognose orientiert sich, wie bereits dargestellt, an der Erfolgs- und Vermögensplanung. Diese können sowohl durch exponentielle als auch durch kausale Prognosemethoden erarbeitet werden.

Als Planungsraster lässt sich eine einfache Tabelle verwenden, bei der die geplanten Finanzbedarfe den realen respektive tatsächlichen Bedarfen ge-

Tabelle 10: Langfristiger Finanzplan (Kapitalbedarfs- und Kapitaldeckungsplan)

Kapitalbedarfs- und Kapitaldeckungsplan	Betrag
Dauerhafter Kapitalbedarf der Planperiode	

– *Kapitalbindende Maßnahmen*
  Investitionen in Sachanlage
  Finanzinvestition
  Erhöhung des Working Capital
– *Kapitalentziehende Maßnahmen*
  Eigenkapitalverringerung
  Rückzahlung langfristiger Kredite	

Summe des Kapitalbedarfs der Planperiode	
Finanzierungsquellen der Planperiode	
– ordentlicher Umsatzüberschuss – Eigenkapitalzuführung – Aufnahme langfristiger Kredite	
Summe der Finanzierungsquellen der Planperiode	

genübergestellt werden. Tabelle 10 zeigt einen langfristigen Finanzplan, der in zwei Bereiche gegliedert ist, nämlich den Kapitalbedarfsplan und die Kapitalbedarfsdeckung. Der eigentliche Kapitalbedarf ergibt sich aus der Differenz dieser beiden Teilpläne; das Ziel der langfristigen Finanzplanung besteht darin, diese beiden Teilpläne auszugleichen.

Die Grundstruktur eines jeden Finanzplanes im Rahmen der *Liquiditätsplanung* ist in allen Fällen gleich. Ausgegangen wird vom Zahlungsmittelbestand zu Beginn der Planperiode. Zu diesem werden die Planeinzahlungen der Periode addiert, die Planauszahlungen der Periode werden subtrahiert. Das Ergebnis stellt den Planendbestand an Zahlungsmitteln zum Ende der Periode dar.

Anschließend unterscheiden sich die jeweiligen Finanzpläne nach der Art der Gliederung der Ein- und Auszahlungen. Diese lassen sich wie folgt einteilen:

- *Ordentliche und außerordentliche Ein- und Auszahlungen.* Erstere resultieren aus dem Umsatzprozess, Letztere dagegen aus der Investitionstätigkeit der Unternehmung.
- Im buchhalterischen Sinne können *erfolgswirksame von erfolgsunwirksamen* Ein- und Auszahlungen unterschieden werden.

- Die so genannte *Finanzstellenrechnung* ordnet Einzahlungen und Auszahlungen den verschiedenen Abteilungen einer Unternehmung oder ihren Produkten/Projekten zu.

Tabelle 11 stellt abschließend die schematische Anordnung der Größen eines Liquiditätsplans dar.

Tabelle 11: Kurzfristiger Liquiditätsplan

	Januar	Februar	März	April	...
Auszahlungen – für laufende Geschäfte – für Investitionszwecke – des Finanzverkehrs					
Summe Auszahlungen	1)				
Einzahlungen – aus ordentlichen Umsätzen – aus Desinvestitionen – aus Finanzerträgen					
Summe Einzahlungen	2)				
Zahlungsmittelbestand der Vorperiode	3)				
Ermittlung Über-/Unterdeckung	2) – 1) +3)				
Ausgleichmaßnahmen bei Überdeckung – Kreditrückführung – Anlage der Überschüsse					
Ausgleichsmaßnahmen bei Unterdeckung – Kreditaufnahme – Eigenkapitalerhöhung – weitere Desinvestitionen					
Zahlungsmittelbestand am Ende der Periode nach Ausgleichsmaßnahmen					

Kapitalbedarfs- und Kapitaldeckungsplan (Januar bis April 2001)

(Betrag in Mio. Euro)

Dauerhafter Kapitalbedarf der Planperiode	
– Kapitalbindende Maßnahmen	
Investitionen in Sachanlage	100
Finanzinvestitionen	50
– Kapitalentziehende Maßnahmen Eigenkapitalverringerung Rückzahlung langfristiger Kredite	90
Summe des Kapitalbedarfs der Planperiode	240
Finanzierungsquellen der Planperiode	
– Ordentlicher Umsatzüberschuss	200
– Eigenkapitalzuführung	80
– Aufnahme langfristiger Kredite	
Summe der Finanzierungsquellen der Planperiode	280

Beispiel für einen Liquiditätsplan (in Mio. Euro)

	Januar	Februar	März	April	...
Auszahlungen					
– für laufende Geschäfte*				1,05**	
– für Investitionszwecke	–	100	–	–	
– des Finanzverkehrs	90	–	–	50	
Summe Auszahlungen (1)	90	100	0	51,05	
Einzahlungen					
– aus ordentlichen Umsätzen	70	30	50	50	
– aus Desinvestitionen	–	–	–	–	
– aus Finanzerträgen	–	–	–	–	
– aus Kapitalerhöhung	–	–	–	80	
Summe Einzahlungen (2)	70	30	50	130	

	Januar	Februar	März	April	...
Zahlungsmittelbestand der Vorperiode (3)	70	0	0	0	0
Ermittlung Über-/Unterdeckung (2) – (1) + (3)	140	–70	50	78,95	
Ausgleichsmaßnahmen bei Überdeckung					
– Kreditrückführung	–	–	–	70	
– Anlage der Überschüsse	50	–	50	8,95	
Ausgleichsmaßnahmen bei Unterdeckung					
– Kreditaufnahme	–	70			
– weitere Desinvestitionen					
Zahlungsmittelbestand am Ende der Periode nach Ausgleichsmaßnahmen	0	0	0	0	

* Der Einfachheit halber wurden die Auszahlungen für laufende Geschäfte mit den Umsätzen verrechnet, ** Zinsausgaben bei einem Jahreszins von 9 Prozent.

Zur Veranschaulichung wird im Folgenden ein kurzer Fall entwickelt. Ein Unternehmen will seinen Kapital- und Liquiditätsplan für die nächsten vier Monate erstellen. Anfang Januar 2001 beläuft sich der Kassenbestand auf 70 Millionen Euro. Eine Erweiterungsinvestition im Wert von 100 Millionen Euro soll durch Ausgabe neuer Aktien im Wert von 80 Millionen finanziert werden. Gleichzeitig sind langfristige Schulden in Höhe von 90 Millionen zu tilgen. Es wird ein Umsatzüberschuss von 200 Millionen erwartet, wovon 50 Millionen in Wertpapieren angelegt werden.

Das Beispiel zeigt, dass der Unternehmer die nicht vorhergesehene Liquiditätslücke im Monat Februar durch die Aufnahme eines kurzfristigen Kredits deckt. Sofern die im Januar angelegten Überschüsse nicht mehr als 9 Prozent Jahresrendite erbringen, mindert diese Maßnahme zur Sicherung der Liquidität seinen Gewinn.

9.1.3 Finanzplanung mithilfe der Balanced Scorecard

Im Rahmen der strategischen Unternehmensführung wurde Ende der neunziger Jahre von den Harvard-Professoren *Kaplan* und *Norton* ein Modell entwickelt, das zeigt, wie der Managementprozess durch Setzung nachhaltiger und operativer Ziele begegnet werden kann. Da vielfach zu beobachten ist, dass die strategische Planung abgehoben in Stäben und Managementzirkeln stattfindet und dort vielfach unscharfe visionäre Leitsätze formuliert werden, deren Umsetzung nicht konsequent betrieben wird, soll ein System klarer, konkreter und leicht kontrollierbarer Kenngrößen dem Unternehmen als Handlungsgrundlage dienen. Die BSC ist ein Konzept, das die finanziellen Steuerungsgrößen über Ursache-Wirkungsketten mit den für die Geschäftsstrategie wesentlichen Perspektiven der Kunden, internen Prozesse und der Mitarbeiter verknüpft (vgl. Abbildung 49). Finanzpläne sollen so in den Zusammenhang zu den quantitativen und qualitativen Einflussgrößen des Unternehmenserfolgs gesetzt werden. Jedem Ursache-Wirkungszusammenhang wird dabei eine finanzielle Perspektive in Form von Cashflow- oder Renditegrößen zugeordnet. So soll durch die Verbindung von strategischen Zielen und operativen Finanzkennzahlen ein geschlossenes System als Basis eines wertorientierten Controllings entstehen.

Zwar gilt die Balanced Scorecard als strategisches Managementsystem, das die Umsetzung der Unternehmensstrategie langfristig sichern soll, durch

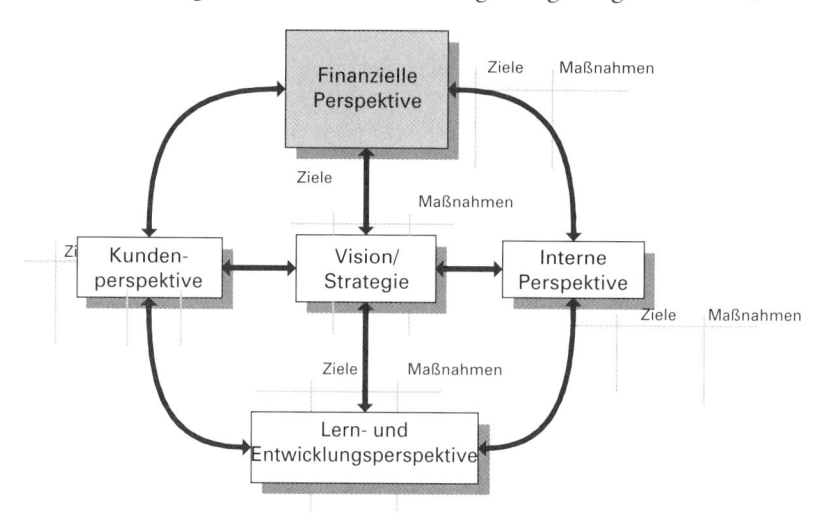

Abbildung 49: Grundschema einer Balanced Scorecard nach Kaplan/Norton

die Einbeziehung der operativen Ebenen kommt aber gerade dem Finanzplan eine gewichtige Rolle zu. Neben dem Finanzteil werden in einer Balanced Scorecard auch Kennzahlen für den Auftritt gegenüber Kunden, die Optimierung der Geschäftsprozesse sowie die Förderung der internen Wachstumspotenziale vorgegeben. Entscheidend sind dann die Wechselbeziehungen zwischen diesen vier Grundbausteinen, wobei dem Finanzteil als letzte Residualgröße aller Aktionen besondere Bedeutung zukommt.

Nach *Kaplan* soll der Finanzplan sich nicht bloß auf die Liquidität und damit auf die Einnahmen-Ausgabenplanung beziehen, wie dies in den vorigen Kapiteln vorgestellt wurde, sondern es sollen vor allem Rentabilitäts- und Cashflow-Gesichtspunkte einbezogen werden. Er nennt insbesondere den ROCE (Return on Capital Employment) als Spitzenkennzahl und den Free Cash Flow. Der ROCE und der Free Cash Flow wurden als Kennzahlen bereits in Kapitel 4 vorgestellt.

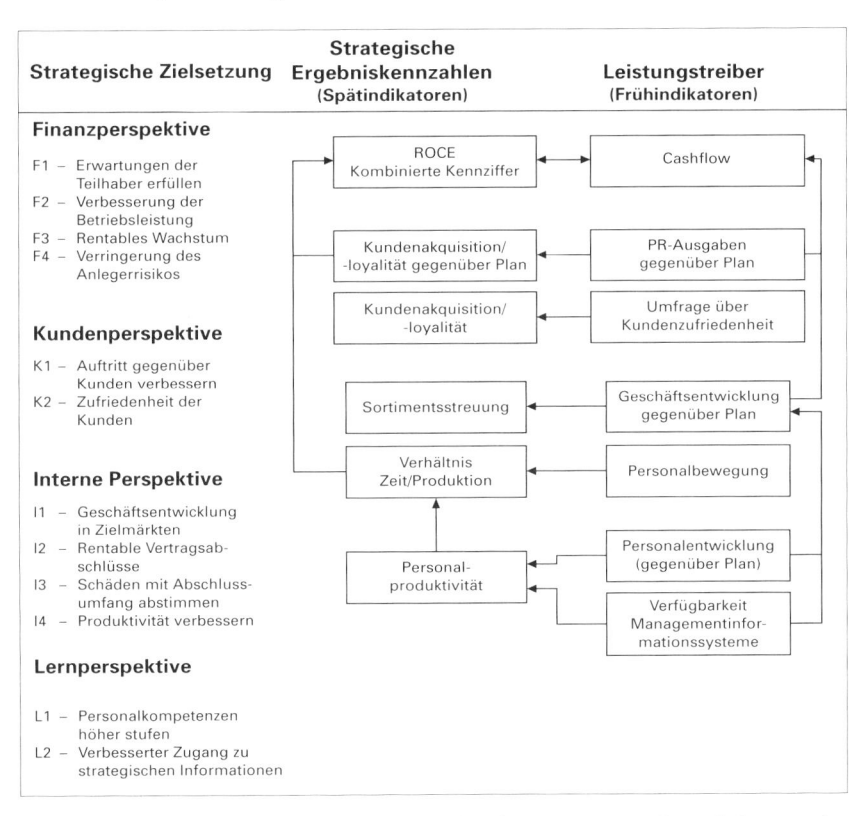

	Strategische Zielsetzung	Strategische Ergebniskennzahlen (Spätindikatoren)	Leistungstreiber (Frühindikatoren)
Finanzperspektive	F1 – Erwartungen der Teilhaber erfüllen F2 – Verbesserung der Betriebsleistung F3 – Rentables Wachstum F4 – Verringerung des Anlegerrisikos	ROCE Kombinierte Kennziffer	Cashflow
		Kundenakquisition/ -loyalität gegenüber Plan	PR-Ausgaben gegenüber Plan
Kundenperspektive	K1 – Auftritt gegenüber Kunden verbessern K2 – Zufriedenheit der Kunden	Kundenakquisition/ -loyalität	Umfrage über Kundenzufriedenheit
		Sortimentsstreuung	Geschäftsentwicklung gegenüber Plan
Interne Perspektive	I1 – Geschäftsentwicklung in Zielmärkten I2 – Rentable Vertragsabschlüsse I3 – Schäden mit Abschlussumfang abstimmen I4 – Produktivität verbessern	Verhältnis Zeit/Produktion	Personalbewegung
		Personalproduktivität	Personalentwicklung (gegenüber Plan)
Lernperspektive	L1 – Personalkompetenzen höher stufen L2 – Verbesserter Zugang zu strategischen Informationen		Verfügbarkeit Managementinformationssysteme

Abbildung 50: Beispiel einer Kennzahlenverbindung in einer Balanced Scorecard

Jede bezüglich der Kunden-, Potenzial- oder internen Prozesssicht erwogene Maßnahme soll dann anhand ihrer Rentabilitäts- und Cashflow-Wirkung bewertet werden. Ein Beispiel einer solchen zusammenhängenden Planung ist, angelehnt an *Kaplan/Norton*, in Abbildung 50 dargestellt.

Als Basis der Finanzplanung nach der Balanced Scorecard gilt somit die Verbindung von finanziellen und nichtfinanziellen Kennziffern, sodass deren Cashflow- und Rentabilitätswirkung erkennbar wird.

9.1.4 Maßnahmen bei ungeplanten Finanzereignissen

Unabhängig von der Methode, die zur Finanzplanung angewandt wird, ob mit Tabellen, Grafiken, mit kumulierten Werten oder der Balanced Scorecard, stets sind unvorhersehbare Ereignisse Auslöser von finanzpolitischen Maßnahmen, um Zahlungsschwierigkeiten zu vermeiden. Der Gefahr von Liquiditätsengpässen lässt sich frühzeitig begegnen, indem so genannte Frühwarnsysteme eingesetzt werden, die bei Eintritt von ein- oder auszahlungsrelevanten Ereignissen Auswirkungen auf den Finanzplan simulieren.

So kann zum Beispiel eine Preiserhöhung auf dem Bauwollmarkt nach einer gewissen Zeitverzögerung auf die Einkaufspreise für Textilien durchschlagen, die der Unternehmer für seine Produktion benötigt. Dieser wird dann künftig die Rohstoffmarktpreise beobachten, um dann mit Erfahrungswerten die zeitlich verzögerte Wirkung auf seinen Finanzplan zu prognostizieren.

Sind finanzielle Engpässe bereits absehbar, können folgende Maßnahmen ergriffen werden.

> *Übersicht: Maßnahmen bei ungeplanten Finanzereignissen*
>
> Maßnahmen, die auf die Einzahlungen wirken:
> - Rechnungsausgänge beschleunigen,
> - Zahlungsziele an Kunden verringern,
> - Mahnwesen und Inkasso optimieren,
> - Forderungen abtreten (Factoring),
> - Einbehalte von Kunden durch Reklamationsmanagement vermeiden,
> - Durchlaufzeit der Aufträge verringern,
> - Sonderverkäufe aus dem Lagerbestand,
> - Verkauf nicht betriebsnotwendiger Vermögensteile,
> - ausstehende Einlagen einfordern,
> - Darlehen von Gesellschaftern einfordern,
> - Überziehung der Kontokorrentkonten.

Maßnahmen, die auf die Auszahlungen wirken:
- Anzahlungen von Kunden verlangen,
- Kundenrabatte und -skonti aussetzen,
- Vorratshaltung verringern,
- Lagerhaltung auf Lieferanten verlagern,
- Zahlungsziele und Lieferantenkredite nutzen,
- Investitionen verschieben,
- Ausnutzung und Verlängerung der Zahlungsziele gegenüber Lieferanten,
- Entnahmen von Gesellschaftern (Ausschüttung) verringern, verhindern,
- kurzfristiger Personalabbau,
- Aufschub von Personalzahlungen (Löhne, Gehälter, Prämien, Sonderzahlungen),
- Vereinbarung von Zahlungsaufschub bei Finanzämtern,
- Leasing statt Kauf,
- Sale and Lease Back.

Grundsätzlich lässt sich ungeplanten Liquiditätsengpässen mithilfe von elastischen Planzahlen oder alternativen Schubladenplänen bzw. dem Halten einer Vorsichtskasse vorbeugen. Zur Erstellung elastischer Finanzpläne werden so genannte Sensitivitätsanalysen eingesetzt, bei denen die Auswirkungen von Veränderungen der Planvariablen auf den Finanzbedarf simuliert werden. Alternative Finanzpläne, die den Best Case und den Worst Case simulieren, sind ebenso denkbar wie Schubladenpläne im Sinne der technischen Wertanalyse, die beim Eintritt eines negativen Ereignisses zu Sparmaßnahmen führen. Risikozu- und -abschläge bei der Kalkulation der Sicherheitsmargen und Vorsichtskassen können ebenfalls ungeplanten Finanzereignissen vorbeugen.

Die Liquiditätsreserve muss nicht unbedingt zinslos auf Konten oder gar bar gehalten werden. Schnell liquidierbare Wertpapiere können dabei ebenso sinnvoll sein wie Vorräte im Sinne einer Vermögensreserve. Die im Durchschnitt notwendige Höhe der Liquiditätsreserve lässt sich aus Erfahrungswerten, die eventuell typische Saisonschwankungen abbilden und typische Forderungsausfallquoten oder normale Auszahlungsreihen beinhalten, ableiten. Vermögensreserven können dann die weniger wahrscheinlichen, aber erkennbaren Risiken abdecken.

Durch eine regelmäßige Nachkalkulation bzw. Finanzkontrolle sollte die Finanzplanung kontinuierlich optimiert werden. So können falsche Planungsansätze eliminiert werden und aus regelmäßigen zeitlichen Verschiebungen von Zahlungen oder ständigen Abweichungen aufgrund unrealistischer Planvorgaben Korrekturen für künftige Pläne erwachsen.

9.2 Verschuldungspolitik

9.2.1 Verschuldung und Leverage-Effekt

Nach Kenntnis der Methoden und der in Kapitel 7 genannten Fremdfinanzierungsmöglichkeiten stellen sich Fragen nach einer optimalen Kapitalstruktur sowie nach der Verschuldungspolitik. Die Suche nach einer bestmöglichen Verschuldungssituation bzw. einer optimalen Ausschüttung von Gewinnen ist so alt wie die Betriebswirtschaft. Es existieren hierzu zahlreiche Modelle, die sich je nach Zielorientierung als steueroptimierend, wertoptimierend oder rein opportunistisch bezeichnen lassen.

Das Ziel der optimalen Kapitalstruktur aus der Sicht der Shareholder, also die wertorientierte Betrachtung, stellt auf den Gesamtwert des Unternehmens, das heißt den Marktwert aller Eigenkapitalanteile, ab. Die Frage ist dabei, wie das Verhältnis von Eigen- und Fremdkapital die Marktkapitalisierung beeinflusst.

Aus steuer- und kostenorientierter Sicht wird ein Verschuldungsgrad gesucht, bei dem die Gesamtkapitalkosten minimal sind. Damit sind die in Kapitel 4, Abschnitt 3 vorgestellten Weighted Average Costs of Capital angesprochen.

Diese Grundüberlegungen sollen anhand von verschiedenen Beispielen erläutert werden. Ein erster Ansatzpunkt ist der so genannte Leverage-Effekt, der den Zusammenhang zwischen Verschuldungsgrad und Eigenkapitalrendite misst.

Wenn eine Unternehmung einen Kapitalbedarf von 1 000 Euro bei einer Gewinnerwartung von 100 Euro hat und die Fremdkapitalkosten (i) 6 Pro-

Tabelle 12: Beispiel für einen Leverage-Effekt

GK (in Euro)	EK (in Euro)	FK (in Euro)	VG (FK/EK)	Zinszahlungen (in Euro)	Rendite EK (in Prozent)
1000	1000	0	0	0	10
1000	800	200	0,25	12	11
1000	500	500	1	30	14
1000	200	800	4	48	26
1000	100	900	9	54	46

zent betragen, so stellt sich für das Unternehmen die Frage, welche Kapitalstruktur, das heißt welcher Verschuldungsgrad, optimal ist. Dabei soll der Verschuldungsgrad hier als Relation zwischen Fremdkapital (FK) und Eigenkapital (EK) verstanden werden. Andere Relationen wie FK/GK sind auch denkbar.

Die Gesamtkapitalrendite beträgt in unserem Beispiel 10 Prozent (100 Euro Gewinn, bezogen auf 1 000 Euro Kapital). Die Eigenkapitalrendite variiert in Abhängigkeit von der Kapitalstruktur, wie aus Tabelle 12 zu ersehen ist.

Die Rendite des Eigenkapitals errechnet sich nach folgender Formel:

$$r_{EK} = r_{GK} + FK/EK \times (r_{GK} - i)$$

Unter der Annahme gleich bleibender Fremdkapitalkosten (in diesem Falle 6 Prozent) – die allerdings de facto vom Verschuldungsgrad der Unternehmung abhängig sind –, kann die Eigenkapitalrendite durch den Einsatz von Fremdkapital erhöht werden. Diese auf den ersten Blick sicherlich verblüffende Steigerung der Eigenkapitalrendite kann so lange betrieben werden, wie die Gesamtkapitalrendite (im Beispiel 10 Prozent) über den Fremdkapitalkosten liegt. Entspricht die Gesamtkapitalrendite den Fremdkapitalkosten, ist kein Leverage-Effekt mehr möglich; liegen die Fremdkapitalkosten über der Gesamtkapitalrendite, droht sogar ein negativer Leverage-Effekt (die Eigenkapitalrendite sinkt in diesem Falle mit zunehmender Verschuldung). Tabelle 13 verdeutlicht diese Zusammenhänge.

Tabelle 13: Leverage-Chance und Leverage-Risiko

EK (in Euro)	FK (in Euro)	VG	r_{EK} Gewinn 80 Euro, r_{GK} (8 %) > i (6 %)	r_{EK} Gewinn 60 Euro, r_{GK} (6 %) = i (6 %)	r_{EK} Gewinn 40 Euro, r_{GK} (4 %) < i (6 %)
1000	0	0	8 %	6 %	4 %
800	200	0,25	8,5 %	6 %	3,5 %
500	500	1	10 %	6 %	2 %
200	800	4	16 %	6 %	–4 %
100	900	9	20 %	6 %	–14 %

In der Tabelle variiert die Gesamtkapitalrendite je nach Gewinn, der mit den eingesetzten 1 000 Euro erzielt wird. Beträgt Letzterer 80, 60 bzw. 40 Euro, so erhält man eine Gesamtkapitalrendite von 8 Prozent, 6 Prozent bzw. 4 Prozent. Wie außerdem deutlich wird, ist bei einer Gesamtkapitalrendite (= Fremdkapitalkosten) von 6 Prozent kein Leverage-Effekt mehr möglich. Liegt die Gesamtkapitalrendite unter den Fremdkapitalkosten, entsteht ein negativer Leverage-Effekt.

9.2.2 Verschuldungsanalyse und das Modigliani-Miller-Theorem

Um den Leverage-Effekt in vollem Umfang zu nutzen, wäre es für eine Unternehmung, wie im Beispiel gesehen, theoretisch optimal, sich zu 100 Prozent mit Fremdkapital zu finanzieren, unter der Bedingung, dass die Rendite des Gesamtkapitals die Kosten des Fremdkapitals übersteigt. In der Praxis wird der Leverage-Effekt allerdings nicht voll zum Tragen kommen, da hier auch Risikoerwägungen der Kapitalgeber eine Rolle spielen. Diese werden klar, wenn man sich die Positionen der verschiedenen Kapitalgeber vor Augen führt. Die Kapitalgeber werden nämlich bei zunehmender Substitution von Eigen- durch Fremdkapital zur Kompensation des erhöhten Risikos der Verschuldung eine höhere Verzinsung ihres Kapitals fordern.

Der kritische Verschuldungsgrad, ab dem die Kapitalgeber eine höhere Verzinsung des Kapitals fordern werden, mag je nach Branche und Unternehmung differieren. Unabhängig davon können wir uns vorstellen, dass mit steigendem Verschuldungsgrad zunächst die Gesamtkapitalkosten sinken, um schließlich jenseits des von den Kapitalgebern gewünschten Grades wieder anzusteigen.

Folgt man dieser Theorie, so existiert ein optimaler Verschuldungsgrad. Durch die Minimierung der Kapitalkosten wird dem Shareholder-Value-Gedanken entsprechend gleichzeitig der Marktwert der Unternehmung maximiert. Maßnahmen zur Optimierung des Verschuldungsgrades sind somit ein ideales Werkzeug zur Realisierung des Shareholder-Value-Konzepts.

Diese Überlegungen sollen anhand eines Beispiels veranschaulicht werden. Ein Unternehmen habe 500 000 Euro Eigenkapital. Es prüft nun die Auswirkungen eines steigenden Verschuldungsgrades durch die zusätzliche Nutzung von Fremdkapital. Dabei soll die Gesamtkapitalrendite konstant 10 Prozent betragen. Zusätzlich ist zu beachten, dass die geforderte Eigenkapitalrendite ab einem Verschuldungsgrad von 2 und der Fremdkapitalzins ab einem Verschuldungsgrad von 4 steigen. Der zunehmende Verschuldungsgrad durch die Akkumulation von Fremdkapital äußert sich demnach wie folgt:

Tabelle 14: Verschuldungsgrad und Ansprüche der Kapitalgeber

EK	500	500	500	500	500	500
FK	0	250	500	1000	2000	3000
GK	500	750	1000	1500	2500	3500
V	0	0,5	1	2	4	6
Gewinn in Mio. Euro	50	75	100	150	250	350
Geforderte r_{EK}	10 %	10 %	10 %	14 %	20 %	30 %
FK – Zins	5 %	5 %	5 %	5 %	8 %	10 %
Zinsen in Mio. Euro	0	12,5	25	50	160	300

Der Marktwert des Eigenkapitals errechnet sich aus dem Nettogewinn abzüglich der Zinsen für das Fremdkapital, dividiert durch die Renditeforderung der Eigenkapitalgeber.

$$\text{Marktwert Eigenkapital} = \frac{(\text{Gewinn} - \text{Zinsen})}{\text{Renditeforderung EK}}$$

Durch Anwendung dieser Formel können folgende Marktwerte des Eigenkapitals errechnet werden:

Tabelle 15: Verschuldungsgrad und Marktwert der Unternehmung

V	0	0,5	1	2	4	6
Gewinn – FK-Zinsen	5 %	5 %	5 %	5 %	8 %	10 %
Geforderte r_{EK}	10 %	10 %	10 %	14 %	20 %	30 %
Marktwert EK	500	625	750	714,29	450	166,67

Unter den gegebenen Konstellationen ist der Marktwert des Eigenkapitals bei einem Verschuldungsgrad von 1 am größten. Steigt der Verschuldungsgrad darüber hinaus an, so fällt der Marktwert, wie es auch in den theoretischen Überlegungen angenommen wurde.

Die Gesamtkapitalkosten errechnen sich nach folgender Formel:

$$\text{Gesamtkapitalkosten} = \frac{EK}{GK} \times r_{EK} + \frac{FK}{GK} \times i$$

Zieht man zur Berechnung der Gesamtkapitalkosten die Nominalwerte (und *nicht* die Marktwerte) heran, so erhält man folgende Gesamtkapitalkosten je nach Verschuldungsgrad:

Tabelle 16: Verschuldungsgrad und Gesamtkapitalkosten

Eigenkapital	500	500	500	500	500	500
Fremdkapital	0	250	500	1000	2000	3000
Gesamtkapital	500	750	1000	1500	2500	3500
V	0	0,5	1	2	4	6
FK – Zins	5 %	5 %	5 %	5 %	8 %	10 %
Geforderte r_{EK}	10 %	10 %	10 %	14 %	20 %	30 %
Gesamtkapitalkosten	10 %	8,33 %	7,5 %	8 %	10,4 %	12,86 %

Auch hier liegt der optimale Verschuldungsgrad bei 1, was sich in den an diesem Punkt niedrigsten Gesamtkapitalkosten äußert.

Die vorgestellten Überlegungen und das Übungsbeispiel zur Verschuldungsanalyse gehen insbesondere auf die Wirtschaftswissenschaftler Modigliani und Miller zurück. Aus den Verhaltensweisen von Kapitalgebern, die im Folgenden nochmals zusammengefasst werden, lassen sich folgende Aussagen ableiten:

- Phase 1: Die Eigenkapitalkosten liegen bei geringer Verschuldung um einen Risikoaufschlag über den Fremdkapitalkosten.
- Phase 2: Der Unternehmer versucht, teures Eigenkapital durch billigeres Fremdkapital zu ersetzen und zu ergänzen, wodurch zwar die Verschuldung steigt, die Gesamtkapitalkosten aber fallen.
- Phase 3: Die Eigenkapitalgeber reklamieren ab einem bestimmten Verschuldungsgrad ein erhöhtes Risiko in der Finanzierung und verlangen einen höheren Risikozuschlag, wodurch das Eigenkapital sich weiter verteuert.
- Phase 4: Auch die einzelnen Fremdkapitalgeber verlangen Risikozuschläge, da die Verschuldung gestiegen ist.

Modigliani und Miller haben aus diesen Überlegungen den Schluss gezogen, dass der Leverage-Effekt nur kurzfristig wirksam ist und durch Anpassungsreaktionen der Kapitalgeber letztlich aufgehoben wird. In einer Welt ohne Risiken allerdings wären die Kapitalkosten langfristig unabhängig vom Verschuldungsgrad. In diesem Fall gäbe es letztlich keinen optimalen Verschuldungsgrad.

9.3 Internationales Finanzmanagement

Im Zuge der Globalisierung findet zunehmend ein internationaler Austausch von Gütern und Dienstleistungen statt. Insbesondere multinationale Unternehmen, die Produktionsstätten oder sonstige Tochtergesellschaften in verschiedenen Ländern haben, stehen vor der Notwendigkeit, ein internationales Finanzmanagement zu betreiben.

9.3.1 Aufgaben und Organisation

Grundsätzlich ähnelt das internationale Finanzmanagement der traditionellen Finanzplanung, da auch hier die Frage der Zahlungsströme und Liquidität bzw. des aktuellen und künftigen Kapitalbedarfes im Mittelpunkt steht. Da diese Zahlungsströme im Falle des internationalen Finanzmanagements jedoch im internationalen Kontext gesehen werden müssen, ergeben sich über die klassischen Aufgaben der Finanzplanung hinaus zum Teil völlig neue Fragestellungen. Zusätzliche Aufgaben wie die Beobachtung von Währungsverschiebungen sowie Verflechtungen und Zahlungsbeziehungen innerhalb eines internationalen Unternehmens und nicht zuletzt unterschiedliche Ländervorschriften bezüglich der Eigenmittelausstattung oder Kapitalverwendung machen das internationale Finanzmanagement vergleichsweise komplex.

Der Teil des internationalen Finanzmanagements, der sich um die Zahlungsströme kümmert, kann auch als Cash-Management bezeichnet werden. Zusätzlich spielt im internationalen Finanzmanagement das Risikomanagement eine bedeutende Rolle. Als Oberbegriff zu beiden Aufgabenstellungen hat sich der Terminus des Treasury-Managements (vgl. Abbildung 51) eingebürgert.

```
┌─────────────────────────────────────┐
│         Treasury-Management         │
│            ┌──────────┐             │
│            │  Cash-   │             │
│            │Management│             │
│            └──────────┘             │
│             ↗       ↖               │
│   ┌──────────┐   ┌──────────┐       │
│   │  Zins-   │←→ │Währungs- │       │
│   │management│   │management│       │
│   └──────────┘   └──────────┘       │
└─────────────────────────────────────┘
```

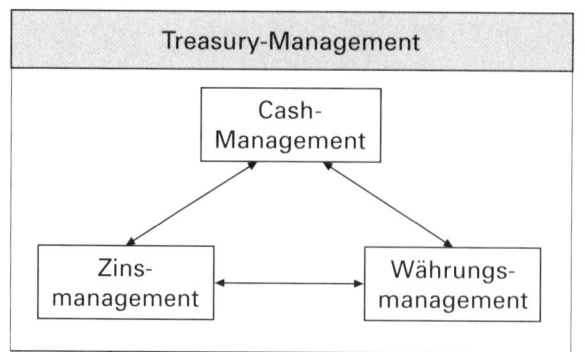

Abbildung 51: Aufgabenfelder des Treasury-Managements

Das Cash-Management, welches grundsätzlich kurzfristig orientiert ist, beinhaltet neben den bereits bekannten Aufgaben der Liquiditätsermittlung und -beschaffung vor allen Dingen auch die Aufgabe der internen Liquiditätssteuerung. Hat ein Unternehmen beispielsweise drei Tochtergesellschaften, so gilt es im Rahmen der internen Liquiditätssteuerung, die Zahlungsmittelüberschüsse bzw. den Zahlungsmittelbedarf intern, das heißt innerhalb dieser Tochtergesellschaften, auszugleichen. Benötigt beispielsweise eine der Tochtergesellschaften für einen kurzen Zeitraum einen bestimmten Zahlungsmittelbestand, so wird das Cash-Management versuchen, diesen im Rahmen der internen Liquiditätssteuerung zunächst von einer der Tochtergesellschaften zu beschaffen, und dementsprechend disponieren. Erweist sich dies als unmöglich, so besteht im Rahmen der externen Liquiditätssteuerung die Aufgabe, sich diesen Zahlungsmittelbestand über die Finanzmärkte zu erschließen.

Analog besteht die Funktion des Cash-Managements im Falle eines Finanzmittelüberschusses darin, diesen fristengerecht anzulegen, was auch als Asset Allocation im Rahmen des Portfoliomanagements bekannt ist.

Werden Liquiditätsspitzen auf den Finanzmärkten ausgeglichen, so rückt die Frage des Zinsänderungsrisikos in den Vordergrund.

Operiert man nicht nur am heimischen Finanzmarkt, sondern auch an den internationalen Finanzmärkten, so kommt automatisch das Währungsrisiko ins Spiel. Darüber hinaus können sich Währungsrisiken schon durch die bloße Geschäftstätigkeit eines Konzerns in verschiedenen Ländern mit unterschiedlichen Währungen ergeben. Somit fällt dem Devisenmanagement die Aufgabe zu, Währungsrisiken unter Rentabilitätsgesichtspunkten zu optimieren.

Bei jeder Verwirklichung einer Aufgabe ist grundlegend zwischen einer funktionalen, einer divisionalen und einer Matrixorganisation zu unterscheiden. Wird die Aufgabe des Finanzmanagements funktional gestaltet, bedeutet dies, dass all seine Tätigkeiten zentral in einer Finanzabteilung zusammengefasst werden. Diese Organisationseinheit hat dann Weisungs- und Entscheidungskompetenzen und ist von den übrigen Funktionsstellen in Finanzangelegenheiten einzuschalten. Die Vorteile dieser funktionalen Einbindung des Finanzmanagements liegen in der übersichtlichen und klaren Aufgabenverteilung.

Bei der divisionalen Organisation werden die Finanzaufgaben im Betrieb dezentral in den einzelnen Geschäftsfeldern oder strategischen Geschäftseinheiten (SGE) erfüllt. Die dezentrale Struktur hat den Vorteil, dass die einzelnen Unternehmensbereiche schnell und unbürokratisch auf Finanzierungsprobleme reagieren können. Fraglich ist allerdings, ob bei dezentralen Entscheidungen die in Finanzierungsfragen notwendigen Synergieeffekte genutzt werden können und das notwendige Know-how vorhanden ist. Der dadurch entstehende tendenziell höhere Personalbedarf und die eventuell heterogenen Verhaltensweisen bei der Finanzplanung und -kontrolle wirken sich ebenfalls nachteilig aus.

Bei der Matrixorganisation wird eine zentrale Finanzabteilung als Querschnittsfunktion für die einzelnen Unternehmensbereiche eingeführt. Der erhebliche Koordinationsaufwand und die häufigen Kompetenzrangeleien unter den zweidimensional zuständigen Ebenen führen bei Finanzentscheidungen zu Zeitverzögerungen und Unsicherheiten. Es besteht daher in der

Funktionale Organisation mit Einbindung der Finanzaufgaben als Funktionsbereich

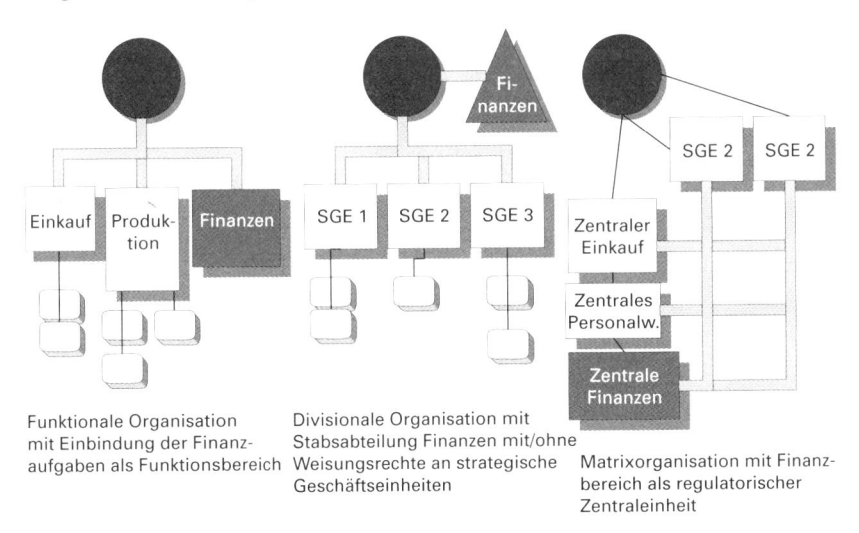

Divisionale Organisation mit Stabsabteilung Finanzen mit/ohne Weisungsrechte an strategische Geschäftseinheiten

Matrixorganisation mit Finanzbereich als regulatorischer Zentraleinheit

Abbildung 52: Möglichkeiten der Organisation des Finanzmanagements

betrieblichen Praxis eine eindeutige Tendenz zur funktionalen und damit zentralistischen Finanzorganisation.

Abbildung 52 fasst die drei vorgestellten Grundformen zusammen.

9.3.2 Voraussetzungen und Elemente

Für das Treasury-Management von internationalen Unternehmen, die mit Tochtergesellschaften in verschiedenen Ländern tätig sind, ist es unabdingbar, einen Überblick über die Finanzmittelbestände und Finanzflüsse in all den unterschiedlichen Einheiten des Gesamtkonzerns zu haben, um diese im Rahmen des Cash-Managements innerhalb des Konzerns zu optimieren bzw. zu poolen.

Darüber hinaus benötigt man für ein funktionierendes Zins- und Währungsmanagement Prognosen über die Währungsentwicklungen, da die Finanzbestände und Liquiditätsflüsse in verschiedenen Währungen zu- und abfließen.

Das *Balance Reporting* stellt ein Kontoinformationssystem dar, welches Zahlungsmittelbewegungen auf verschiedenen Konten unterschiedlich stark verdichtet wiedergeben kann. Von besonderem Interesse ist dabei ein kontoübergreifender valutabereinigter Dispositionssaldo, da dieser schließlich Aufschluss über den tatsächlich zu einem bestimmten Zeitpunkt vorhandenen Zahlungsmittelbestand und somit über einen möglichen Liquiditätsbedarf bzw. -überschuss gibt. Trotz dieses komprimierenden Instruments, bei dem eine Gesamtliquidität ausgewiesen wird, darf nicht vergessen werden, dass der unterschiedliche Cashflow auch in verschiedenen Währungen vorzuhalten ist.

Ein zweites Element stellen *Marktinformationen* dar. Hat man beispielsweise über das Balance Reporting einen Überblick über benötigte oder überschüssige Liquiditätsbestände, ist es unter Rentabilitätsgesichtspunkten unabdingbar, genaue Informationen über die Konditionen der Liquiditätsbeschaffung bzw. -anlage zu besitzen, um die für den konkreten Fall optimale Beschaffungs- oder Anlagemöglichkeit zu wählen.

Neben weiteren Fazilitäten, wie beispielsweise dem elektronischen Zahlungsverkehr, bieten Cash-Management-Systeme vor allem so genannte Decision-Support-Leistungen an. Diese beinhalten das so genannte Cash-Pooling, Cash-Netting sowie das Cash-Forecasting, welche im folgenden Abschnitt besprochen werden.

9.3.3 Cash-Management durch Leading, Lagging, Netting und Pooling

Im Rahmen des Cash-Managements zeigt sich der klassische Zielkonflikt zwischen der Einhaltung der jederzeitigen Liquidität und der Erreichung einer möglichst hohen Rentabilität. Einerseits muss die Liquidität der Unternehmung zu jedem Zeitpunkt gewährleistet, andererseits muss sie auch unter Rentabilitätsgesichtspunkten optimal sein, das heißt unnötige Kosten vermeiden und vorhandene Renditechancen nutzen.

In der Literatur werden diesen Grundüberlegungen entsprechend folgende Ziele für das Cash-Management einer internationalen Unternehmung definiert. Dies sind die Minimierung der Kosten des Zahlungsverkehrs, der Kassenhaltung und der externen Kapitalbeschaffung, die Maximierung der Erträge aus der Anlage von Finanzmittelüberschüssen und die Unterstützung der Finanzierungs- und Investitionsentscheidungen sowie des Risikomanagements hinsichtlich Zins- und Währungsrisiken.

Bei den unternehmensexternen Zahlungsströmen kann eine Unternehmung die Liquidität besonders gut durch ihre zu leistenden Auszahlungen steuern. Hat ein Konzern beispielsweise die Forderung eines Lieferanten zu bezahlen, so kann er versuchen, diese Zahlungen bewusst zu verzögern und somit die kurzfristige Liquidität zu schonen. Diese Verzögerung von Zahlungen wird als *Lagging* bezeichnet. So könnte man im Rahmen des Lagging beispielsweise versuchen, die Rechnung erst am letzten Tag zu begleichen und zusätzlich dem Lieferanten einen Scheck zu schicken, um weitere Tage bis zu Einlösung dieses Schecks zu gewinnen. Gerade im Bereich des Währungsmanagements kann das Lagging eingesetzt werden, wenn die Unternehmung einen zu einem späteren Zeitpunkt günstigeren Wechselkurs erwartet.

Das Gegenteil des Lagging stellt das *Leading* dar. Bei diesem handelt es sich um eine bewusste Beschleunigung der Zahlungen. So kann eine Unternehmung versuchen, durch bestimmte Anreize im Rahmen der Zahlungsmodalitäten (Skonto) den Kunden zu einer schnelleren Zahlung seiner Schulden zu veranlassen, um möglichst schnell Liquidität zu gewinnen.

Sowohl beim Leading als auch beim Lagging ist jedoch darauf zu achten, dass den Vorteilen, die sich durch die beschleunigte oder verzögerte Zahlung erreichen lassen, Kosten gegenüberstehen. So sollte beim Leading der gewährte Skonto nicht höher sein als beispielsweise der Überziehungszinssatz, während beim Lagging gilt, die Opportunitätskosten durch die Nichtinanspruchnahme des angebotenen Skontos zu berücksichtigen.

Da das Ziel der Optimierung der externen Zahlungsströme zumeist darin besteht, Einzahlungen möglichst schnell zu realisieren und Auszahlungen – solange die Vorteile die Opportunitätskosten überwiegen – zu verzögern, ist auch darauf zu achten, den so genannten *Float* möglichst gering zu halten. Der Float stellt die Zeit zwischen valutarischer Belastung eines Betrages beim Zahlenden und valutarischer Gutschrift beim Zahlungsempfänger dar. Dabei ist zu berücksichtigen, dass die Dauer des Floats maßgeblich von den Banken abhängt.

Schließlich können die Instrumente des Leading und des Lagging auch unternehmensintern verwendet werden. So können beispielsweise zwei Tochtergesellschaften eines Konzerns einen Zahlungsaufschub vereinbaren, wenn die zur Zahlung verpflichtete Tochtergesellschaft durch die fristgerechte Zahlung Liquiditätsprobleme bekäme. In diesem Fall wäre jedoch darauf zu achten, dass der Zinsnachteil, der der Gläubiger-Tochtergesellschaft durch das Lagging entsteht, ausgeglichen wird.

Das *Netting* wird eingesetzt, um die Zahlungsströme innerhalb verschiedener Konzernteile zu optimieren. Konkret bedeutet dies, dass die zwischen den einzelnen Konzernteilen bestehenden Forderungen und Verbindlichkeiten zunächst saldiert werden und anschließend lediglich der entstehende Restbetrag transferiert wird. Auf diese Weise sollen die Kosten des unternehmensinternen Zahlungsverkehrs minimiert werden.

Im Rahmen des Netting lassen sich zwei Vorgänge unterscheiden, und zwar das *Matching*, das reine Aufrechnen von Forderungen und Verbindlichkeiten, und das *Clearing*, bei dem aufgelaufene Forderungen und Verbindlichkeiten zwischen Gläubiger und Schuldner zu bestimmten Zeitpunkten zum Nettobetrag ausgeglichen werden.

Im folgenden Beispiel seien die drei Konzernteile A, B und C gegeben. A besitze eine Forderung über 10 000 Euro an B, B eine Forderung gegenüber A von 5 000 Euro und C eine Forderung über 5 000 Euro an A. Die klassischen Zahlungsströme wären demnach in einem Dreiecksverhältnis darstellbar.

Folgt man dem Prinzip des Netting, so kann man in einem ersten Schritt, dem Matching, die Forderungen der Konzernteile A und B saldieren. Danach muss B an A noch 5 000 Euro zahlen und A dieselbe Summe an C. Wenn man einen Schritt weiter geht und einen gemeinsamen Zahlungstermin festlegt, kann Konzernteil A direkt an C zahlen. Diese Zahlung des Nettobetrags vom Schuldner an den Gläubiger wird als Clearing bezeichnet.

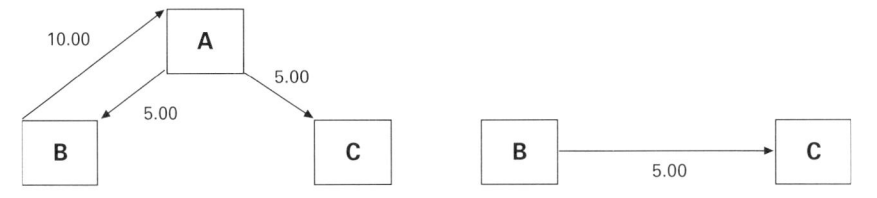

Abbildung 53: Klassische Zahlungen und Netting

An diesem Beispiel (vgl. Abbildung 53) wird deutlich, wie durch einfaches Netting die ursprünglich drei Transaktionen auf eine Resttransaktion reduziert werden können.

Der erste Schritt, die Saldierung zwischen zwei Konzerneinheiten, kann auch als bilaterales Netting bezeichnet werden. Geht man einen Schritt weiter und saldiert die bestehenden Forderungen und Verbindlichkeiten mehrerer Konzerneinheiten, so spricht man auch vom multilateralen Netting. Durch Letzteres können nochmals Effizienzvorteile gewonnen werden. Ab einer gewissen Anzahl von beteiligten Konzerneinheiten wird es jedoch notwendig, eine Zentrale bzw. ein so genanntes Clearing-Center einzuschalten, um die Überschaubarkeit und Effizienz des Verfahrens aufrechtzuerhalten. Die einzelnen Konzerneinheiten melden in diesem Falle dem Clearing-Center ihre jeweiligen Forderungen und Verbindlichkeiten. Den Kosten eines solchen Clearing-Centers stehen folgende Vorteile gegenüber: geringere Bank- und Transaktionsgebühren, geringere Floatverluste durch ein geringeres Transaktionsvolumen und schließlich Zinsvorteile durch geringere Transaktionskassenhaltung.

Im internationalen Bereich spricht man vom Devisen-Netting, wenn unterschiedliche Devisen miteinander verrechnet werden.

Tabelle 17: Verrechnungsmatrix beim Netting

	UK	D	USA	E	Auszahlungen
UK	–	1	4	1	6
D	2	–	0	0	2
USA	0	0	–	0	0
E	0	2	1	–	3
Einzahlungen	2	3	5	1	11
– Auszahlungen	6	2	0	3	
Nettoposition	–4	1	5	–2	

In einer so genannten Verrechnungsmatrix werden die Zahlungsverpflichtungen saldiert; es wird errechnet, welche Nettobeträge die jeweiligen Konzerneinheiten in der Referenzwährung (hier: US-Dollar) zu leisten haben (Netto-Schuldner) bzw. welchen Referenzbetrag die Netto-Gläubiger erhalten (vgl. Tabelle 17).

Nachdem die Nettopositionen errechnet worden sind, werden die entsprechenden Geldbeträge in Landeswährung und nicht in der Referenzwährung an ein Clearing-Center gezahlt. Dieses Clearing-Center leistet auch die fälligen Zahlungen an die Netto-Gläubiger.

Anhand dieses Beispiels wird deutlich, dass das Währungsrisiko durch die Zentralisierung der Zahlungen über ein Clearing-Center minimiert wird. Da das Clearing-Center lediglich die Nettopositionen empfängt und verteilen muss, müssen auch lediglich diese und nicht der gesamte Forderungsbestand gegen Währungsrisiken abgesichert werden.

Schließlich bleibt noch anzumerken, dass sich das Netting nicht nur auf Zahlungen aus Forderungen und Verbindlichkeiten beschränkt, die aus der operativen Geschäftstätigkeit entstanden sind, sondern auch Tilgungs-, Zins- oder Dividendenzahlungen in seine Betrachtung mit einbezieht.

Neben dem Netting ist noch das *Pooling* zu erwähnen. Beim Pooling werden alle Finanzmittelüberschüsse, die die Konzerneinheiten bei *einer* Bank auf verschiedenen Konten besitzen, in einem so genannten »Superkonto« zusammengeführt. Die auf diese Art zusammengeführten Mittel können ihrerseits zur Deckung von Liquiditätslücken, welche andere Konzerneinheiten bei Konten derselben Bank aufweisen, verwendet werden.

Auf diese Weise kann eine Angleichung zwischen Soll- und Habenpositionen erzielt werden. Der Vorteil besteht darin, dass zunächst die vorhandenen internen Mittel zur Begleichung von Liquiditätslücken herangezogen werden, anstatt überschüssiges Geld gering verzinst auf mehreren Konten zu behalten, und dadurch die teurere externe Mittelaufnahme auf das wirklich Notwendige reduziert werden kann. Zudem verringert sich die Höhe der Vorsichtskasse, was eine Verringerung der Opportunitätskosten nach sich zieht. Große Habenpositionen des Superkontos können zudem gewinnbringend angelegt werden.

Nachdem die Vorteile der verschiedenen Cash-Managementinstrumente (Leading, Lagging, Netting und Pooling) eingehend beschrieben worden sind, soll noch auf unternehmensinterne Zielkonflikte hingewiesen werden, die sich durch eine einseitige Orientierung am Cash-Management ergeben können.

Das angestrebte Ziel einer größtmöglichen Rentabilität bei ausreichender Liquidität kann beispielsweise mit absatzpolitischen Absichten kollidieren. Obwohl es, unter Rentabilitätsgesichtspunkten betrachtet, für eine Unternehmung durchaus interessant sein kann, ihre Güter oder Dienstleistungen mit einem sehr kurzen Zahlungsziel (Leading) am Markt zu verkaufen, können aus Sicht der Kunden unattraktive Zahlungsbedingung die Marktchancen des betroffenen Gutes oder der Dienstleistung wesentlich verschlechtern.

Eine allzu starke Verzögerung der Auszahlungen (Lagging) kann sich negativ auf die Bonität der Unternehmung auswirken und damit beispielsweise die Ausgangssituation bei Verhandlungen um Kreditkonditionen verschlechtern.

Schließlich kann es passieren, dass sich ausländische Tochtergesellschaften gegen ein zentrales Cash-Management aussprechen, da sie einen Angriff auf ihre Autonomie befürchten. Da jede Zentralisierung auch einen gewissen Verlust an Kompetenzen für die Tochterunternehmen bedeutet, kann dies die Moral verschlechtern oder zur Einrichtung schwarzer Kassen führen.

Mit dem Übergang von klassischem Handel zu E-Commerce-Formen hat sich auch der klassische Zahlungsverkehr per Überweisung oder Scheck verändert. Die Möglichkeiten, den Zahlungsverkehr über elektronische Wege abzuwickeln, werden fortlaufend reicher. Schecks werden als NetCheque oder E-Cheque über das Internet versandt, Großunternehmen nutzen für ihre Zahlungen elektronische Lösungen wie WorldPay, NetBill oder EDI (Electronic Date Interchange). Die Zahlungsart über die Eingabe der Kreditkartennummer hat in den letzten Jahren ebenfalls hohe Zuwachsraten erfahren, sodass Zahlungsmodi wie C-SET (Chip-Secured Electronic Transaction), Cyber Coin, First Virtual oder CARI sich zu Standards entwickelt haben. Auch die Möglichkeit, auf den eigenen Rechner oder auch spezielle Speichermedien so genanntes elektronisches Geld zu laden (Mondex, Geldkarte, SmartCard), führt zu einer Veränderung im Zahlungsverkehr. Letztlich ist noch das Micropayment zu nennen, durch das einzelne Informationen gegen Bruchteile von Euros oder Cents elektronisch bezahlbar werden (MilliCent).

9.3.4 Corporate Governance und Audit Committees

Die in Kapitel 5 beschriebene zunehmende Globalisierung der Finanzmärkte mit ihrer Vielfalt an Produkten und Teilnehmern stellt immer höhere Anforderungen auch an die Aufsichtsgremien von Unternehmen. Der Professionalisierung der Finanzmanager muss letztlich die Professionalisierung der Aufsichtsgremien folgen. Klassische Aufsichtsräte, die aus Lieferanten-, Kunden- oder Mitarbeiterbeziehungen rekrutiert werden, besitzen häufig nicht mehr die Qualifikation, um das Finanzmanagement zu kontrollieren und zu beaufsichtigen. Die Erfüllung dieser Aufgabe setzt heute nicht mehr allein das Verständnis vergangenheitsorientierter Jahresabschlussdaten und Finanzberichte voraus, sondern darüber hinaus auch die Kompetenz zur Beurteilung von Value Reports, Risikokennziffern und wertorientierten Kennzahlen.

Im angelsächsischen Raum und zunehmend auch in Europa konstituieren sich daher neben den klassischen Aufsichtsgremien so genannte Audit Committees (AC). Dies sind Fachausschüsse, meist des Aufsichtsrates selbst, immer häufiger aber auch davon unabhängig, die die finanzwirtschaftliche Unternehmensüberwachung vornehmen sollen. In diesem Zusammenhang wird von Corporate Governance gesprochen. So haben eventuell zerstrittene Eigentümergruppen verschiedene AC-Gremien im Unternehmen, um zielgerichtet und frühzeitig über Risiken und Finanzentwicklungen informiert zu sein. In den USA sind diese AC bereits seit den vierziger Jahren verbreitet, da die amerikanische Börsenaufsichtsbehörde SEC (Securities and Exchange Commission) die Bestellung unabhängiger Prüfer für alle börsennotierten Unternehmen fordert. So existiert bereits eine Aufgabenbeschreibung vom AICPA (American Institute of Certified Public Accountants) für die AC-Mitglieder. Sie haben demnach vor allem die finanzielle Berichterstattung zu überprüfen und darüber hinaus interne Kontrollen im Sinne einer europäischen internen Revision, die Steueraspekte und die Finanzentscheidungen des Vorstandes kritisch zu überwachen.

Obwohl derzeit noch keine empirische Studie über die Effizienzsteigerung nach der Einführung eines AC in einem Unternehmen existiert, kann aus den einzelnen Aspekten dieser neuen Struktur der Finanzüberwachung auf deren Vorteilhaftigkeit geschlossen werden. So ist von einer Verbesserung der Tragfähigkeit der finanziellen Entscheidungen auszugehen, wenn ein AC diese geprüft und für werthaltig befunden hat. Außerdem wird potenziellen Investoren und Finanziers signalisiert, dass das Finanzmanagement Kontrolle und Überwachung offensiv befürwortet. Diese positive Signalwirkung unter der Prämisse, geeignete und kompetente Personen für diese Gremien gewonnen zu haben, kann Kapital anziehen und so die Finanzierungsbasis des Unternehmens stärken.

Inzwischen werden für die einzelnen Funktionen im Unternehmen angelsächsische Begriffe immer gebräuchlicher. So wird der Vorstandsvorsitzende, Geschäftsführer oder einfach Unternehmensleiter als CEO (Chief Executive Officer) bezeichnet. Darunter sind der CTO (Chief Technical Officer) und der CFO (Chief Financial Officer) sowie meist der VP Sales (Vice President Sales and Marketing) organisatorisch angesiedelt. Aus der klassischen amerikanischen Dreiteilung der Funktionen geht hervor, dass dort der Finanzvorstand eine gleichberechtigte Rolle spielt.

10. Risikomanagement und derivative Finanzinstrumente

10.1 Grundlagen des Risikomanagements

Risiken sind in einer Marktwirtschaft für jedes Unternehmen latent vorhanden. Die grundlegenden Möglichkeiten, mit Risiken umzugehen, wurden bereits in Kapitel 4 vorgestellt.

Seit 1999 ist bei börsennotierten Unternehmen zudem zu beachten, dass mit dem so genannten Gesetz zur Kontrolle und Transparenz von Unternehmen (KonTraG) Vorschriften zur Einrichtung eines Risikofrüherkennungssystems in das Aktienrecht AktG aufgenommen wurden. So ist gemäß § 91 II AktG durch den Vorstand ein *Risikoüberwachungssystem* zu etablieren, dessen Ergebnisse im jährlichen Lagebericht auszuweisen sind. Vorstand und Aufsichtsrat sollen auf diese Weise frühzeitig über Risiken informiert, durch die Ordnung von Risikoklassen sollen darüber hinaus Risiken systematisch analysiert und eingestuft werden.

Zur Erkennung von Risiken werden in Unternehmen statistische Berechnungen – wie der im nachfolgenden Abschnitt vorgestellte Value at Risk (VAR) – und Portfolioanalysen angestellt. Eine der bekanntesten Portfoliodarstellungen ist das *Rendite-Risikoprofil* der Vermögenswerte, über die das Unternehmen verfügt. Hier werden die erkannten einzelnen Risiken danach bewertet, wie hoch ihre Eintrittswahrscheinlichkeit ist und in welchem Maße sie den Erfolg des zugrunde liegenden Geschäfts beeinflussen. Sodann lassen sich die Vermögenswerte gemäß erwarteter Rendite und Risiko grafisch anordnen (vgl. Abbildung 54).

Ein weiteres Modell der Risikopositionierung ist die *Schadensmatrix*, in die Transaktionen hinsichtlich ihrer Schadenserwartung und des zu erwartenden Schadensausmaßes eingeteilt werden (vgl. Abbildung 55). Große Ri-

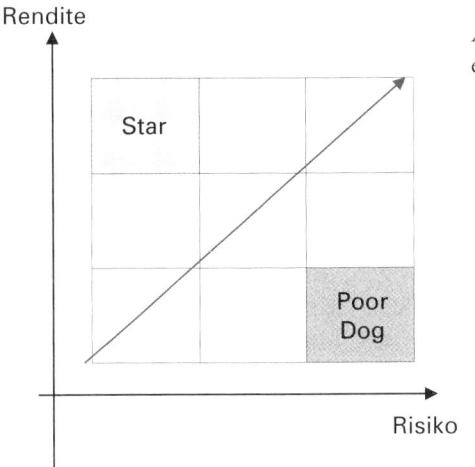

Abbildung 54: Rendite-Risikoprofil eines Unternehmens

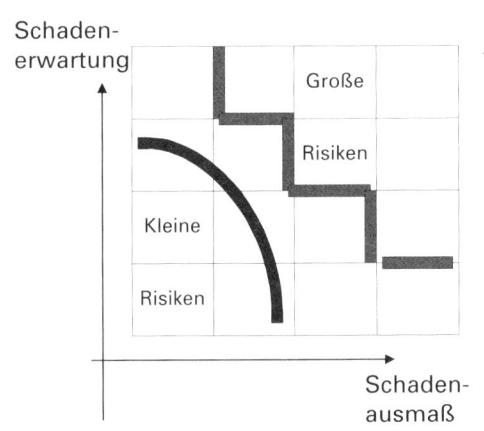

Abbildung 55: Schaden-Risikoprofil

siken, das heißt solche mit hoher Schadenswahrscheinlichkeit und hohem Schadensausmaß, sollten demnach vermieden werden.

Ist das Management eines Unternehmens eher risikoscheu und misst der Sicherheit eine große Bedeutung bei, so wird es sich für eine aktive Absicherung der anstehenden Transaktionen entscheiden, um das so genannte *Exposure* möglichst gering zu halten. Unter Exposure versteht man die Sensitivität, mit der bestimmte Größen (Gewinn oder Cashflow) auf die Veränderung der Risikoparameter reagieren. Dabei ist jedoch zu beachten, dass die Kehrseite der Risikovermeidung im Verzicht auf potenzielle Gewinne, zum Beispiel im Fall einer positiven Wechselkursentwicklung, besteht. Außerdem sollte darauf geachtet werden, dass die Kosten der Absicherung die eines möglichen Verlustes nicht übersteigen. Nur dann ist eine aktive Absicherung auch ökonomisch sinnvoll.

Das andere Extrem ist die *passive Absicherung*. Hier wird entweder davon ausgegangen, dass sich die Gewinne und Verluste beispielsweise aus Wechselkursbewegungen im Laufe der Zeit wieder ausgleichen, oder man kommt zu dem Ergebnis, dass die Kosten einer Absicherung die potenziellen Verluste übersteigen werden.

Beide Extreme können zwar in der Praxis vorkommen, bilden aber eher die Ausnahme. Vielmehr wird in der Realität ein Mittelweg zwischen aktiver und passiver Absicherung gewählt, den man auch als *selektive oder flexible Absicherung* bezeichnet. Hier hängt der Grad der Absicherung grundsätzlich von der Risikoaversion, also der Bereitschaft der Unternehmung, Risiken einzugehen, aber auch die damit verbundenen Chancen wahrzunehmen, ab.

Im Folgenden konzentrieren wir uns auf die Risiken von Währungsschwankungen und Zinsänderungen. Die dabei einsetzbaren Instrumentarien sind zunächst die aus dem vorigen Abschnitt bekannten Möglichkeiten des Cash-Managements, die, auf die Währungs- und Zinsänderungsrisiken bezogen, in Tabelle 18 nochmals zusammengefasst sind.

Tabelle 18: Leading und Lagging bei Währungs- und Zinsänderungsrisiken

	anstehende Einzahlung	anstehende Auszahlung
Zinsänderungsrisiko	Leading	Lagging
Wechselkursrisiko	Lagging	Leading

Weitere Instrumente zur Risikoabsicherung sind die so genannten *Derivate*. Derivate sind Finanzinstrumente, die von Basisgeschäften bzw. Basisinstrumenten abgeleitet sind. Während wir es beispielsweise bei einer Aktie mit einem Basisinstrument zu tun haben, ist die Option zum Verkauf der Aktie – das heißt das Recht, die Aktie zu einem künftigen Termin zu einem festgelegten Preis zu verkaufen – ein zugehöriges Derivat, das der Eigentümer der Aktie erwerben kann, um sich gegen das Kursrisiko abzusichern.

Die starke Zunahme des Einsatzes von Derivaten hat mehrere Gründe. Die Separierung der Risiken und ihre Verbriefung schaffen die Grundlagen für einen Markt, auf dem Risiken gehandelt werden können. In der Praxis hat die Deregulierung der Finanzmärkte dazu beigetragen, dass heute eine schier unübersehbare Zahl innovativer Finanzinstrumente zur Risikoabsi-

```
                    ┌─────────────────────┐
                    │     Derivative      │
                    │  Finanzinstrumente  │
                    └──────────┬──────────┘
                    ┌──────────┴──────────┐
                    ▼                     ▼
         ┌─────────────────────┐ ┌─────────────────────┐
         │Unbedingte Termingeschäfte│ │Bedingte Termingeschäfte│
         └─────────────────────┘ └─────────────────────┘
```

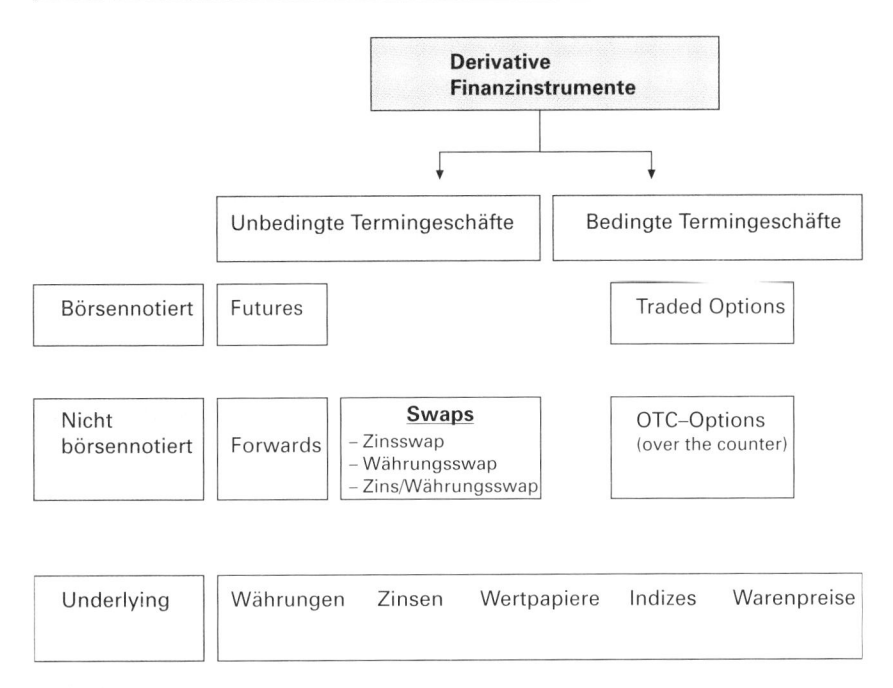

Abbildung 56: Derivative Finanzinstrumente

Börsennotiert	Futures		Traded Options
Nicht börsennotiert	Forwards	**Swaps** – Zinsswap – Währungsswap – Zins/Währungsswap	OTC–Options (over the counter)
Underlying	Währungen Zinsen Wertpapiere Indizes Warenpreise		

cherung gehandelt wird. Der Vorteil für die Unternehmen ist, dass sie den Ausweis von Risiken in der Bilanz vermeiden können.

Auf der anderen Seite lässt sich eine steigende Tendenz zur Spekulation beobachten, die die Preis- und Kursschwankungen an den Finanzmärkten verstärkt.

Abbildung 56 vermittelt eine Übersicht über die die Möglichkeiten zur Absicherung gegen Währungs- und Zinsänderungsrisiken. Im Folgenden widmen wir uns den Instrumenten en détail.

10.2 Währungsrisiken

10.2.1 Arten von Währungsrisiken

Die Bedeutung von Währungsrisiken hat in Europa seit der Einführung des Euro deutlich abgenommen. Auch bei Transaktionen zwischen Ländern, die ihre Währungen an andere Leitwährungen oder Währungskörbe gekoppelt haben, ist das Währungsrisiko überschaubar. Dennoch existieren insbesondere zwischen der Triade Euro-, Dollar- und Yen-Märkte noch erhebliche Währungsrisiken, und Währungsschwankungen sind immer wieder zu beobachten. Volkswirtschaftlich werden diese Verschiebungen durch ungleichgewichtige Wirtschaftsentwicklungen erklärt. Betriebswirtschaftlich bestehen Währungsrisiken aus Wechselkurs-, Transfer- und Leistungs- bzw. Erfüllungsrisiken.

Beim *Wechselkursrisiko* handelt es sich um die Möglichkeit, dass der Kurs einer Währung auf dem Devisenmarkt schwankt bzw. dass sich Paritäten zwischen zwei Währungssystemen verändern. Das *Transferrisiko* besteht darin, dass insbesondere in Entwicklungs- und Schwellenländern Regierungen Devisenverkehrsregulierungen erlassen, die die freie Ein- und Ausfuhr der Devisen beeinträchtigen oder ausschließen. *Leistungs- und Erfüllungsrisiken* bestehen insofern, als bei Nichterfüllung eines Geschäftes die Einzahlungen ausfallen und damit mit eigenen Mitteln, also in eigener Währung, zu kompensieren sind.

10.2.2 Instrumente zur Absicherung gegen Währungsrisiken

Die Absicherung gegen Währungsrisiken wird im Folgenden mithilfe eines Beispiels verdeutlicht. Die Bezugnahme auf die verschiedenen geläufigen Absicherungsinstrumente erlaubt es, deren Vor- und Nachteile zu erläutern. Zuvor seien die verschiedenen Möglichkeiten der Absicherung gegen Währungsrisiken in einer Übersicht zusammengefasst (siehe Seite 235).

Will ein Importeur bei einem Geschäft, das in der fremder Währung abgerechnet wird, das Wechselkursrisiko ausschalten, so kann er Devisen auf Termin kaufen, das heißt einen Vertrag über die künftige Lieferung von Devisen zu einem fest vereinbarten Kurs schließen.

Betrachten wir dazu ein Beispiel. Ein deutscher Importeur bestelle Ende März Waren im Wert von 500 000 US-Dollar. Die Erfüllung des Geschäfts sei für Ende Mai, also zwei Monate später vereinbart. Der Rechnungsbetrag stellt in diesem Falle eine Fremdwährungsschuld für den deutschen Importeur dar. Er kann sich gegen das Risiko steigender Wechselkurse absichern, indem er folgende Möglichkeiten wahrnimmt: Der Kassakurs stehe heute bei 0,88625 US-Dollar/Euro, das heißt, die Waren haben einen umgerechneten

Absicherungsmöglichkeiten gegen Währungsrisiken

Interne Maßnahmen
1. Fakturierung in Inlandswährung
2. Vereinbarung von Währungsklauseln
3. Matching und Netting (siehe Kapitel 9)

Externe Maßnahmen
1. Bürgschaften/Garantien (z. B. Hermes Kreditversicherung AG)
2. Factoring und Forfaitierung (siehe Kapitel 7)
3. Devisentermingeschäfte
4. Finanz-Hedging mit Kredit- und Devisentermingeschäften
5. Currency Futures
6. Cross-Currency-Swap
7. Währungsoptionen
8. Gemischte Optionen (Spread, Straddle, Strangle und andere »exotische« Optionen)

Wert von 564 175 Euro. Ein erster Ansatz bestünde darin, im Vertrag mit dem amerikanischen Exporteur die *Zahlung in Euro anstatt in US-Dollar* zu vereinbaren. In diesem Falle würde das gesamte Wechselkursrisiko auf den Exporteur abgewälzt; dieser würde die Fakturierung in Euro akzeptieren, wenn er von einem gleich bleibenden oder steigenden Wert des Euro (entsprechend einer Abwertung des US-Dollar) ausgehen könnte. Stiege allerdings der US-Dollar beispielsweise auf 0,85 US-Dollar/Euro, so entsprächen die besagten 564 175 Euro einem Gegenwert von 479 549 US-Dollar, der kursbedingte Verlust des Exporteurs beliefe sich somit auf 20 451 US-Dollar. Diese Art der Absicherung, also die Fakturierung in Inlandswährung, kommt in der Praxis selten vor, da hier eine einseitige Risikoverlagerung stattfindet.

Eine weitere Möglichkeit besteht darin, den vereinbarten Preis an einen *Index* zu binden, wie beispielsweise einen Währungskorb, oder an eine andere von beiden Vertragsparteien akzeptierte Basisgröße (Öl- oder Goldpreis). Auch diese Alternative wird selten genutzt.

Denkbar wäre weiterhin eine *Absicherung im Rahmen der staatlichen Exportförderung*, wie sie in Deutschland beispielsweise über die Hermes Kreditversicherung AG angeboten wird. Da eine solche staatliche Exportförderung jedoch an restriktive Bedingungen geknüpft ist, steht diese Möglichkeit nur wenigen Unternehmen offen.

Beim Kauf der Währung am Devisenkassamarkt erwirbt der Importeur die US-Dollars gegen den entsprechenden Euro-Betrag. In unserem Beispiel beträgt der Wechselkurs 0,88625 US-Dollar/Euro, das heißt, der Importeur muss 564 175 Euro zahlen, um die entsprechenden 500 000 US-Dollar zu erhalten. Es handelt sich um einen reinen Vorratskauf von Devisen, die für die spätere Zahlung verwendet werden sollen. Der Ausschaltung des Kursrisikos stehen entgangene Zinsen gegenüber.

Die sechste Möglichkeit besteht darin, die US-Dollars *auf Termin zu kaufen*. In einem solchen Geschäft verpflichtet sich die Bank des Importeurs, zu einem heute definierten Kurs 500 000 US-Dollar zu verkaufen und zwei Monate später zu liefern. Der Kurs kann beispielsweise auf 0,88 US-Dollar/Euro festgelegt werden und die Bank zieht zwei Monate später 568 182 Euro ein. Der Devisenterminkurs wird dabei nicht direkt durch Angebot und Nachfrage bestimmt, da es sich um ein so genanntes Over-the-Counter-Geschäft (OTC) handelt, sondern er richtet sich nach dem so genannten Swapsatz. Dieser wiederum orientiert sich an der Zinsdifferenz zwischen den jeweiligen Ländern. Je nachdem, ob es sich um einen Terminauf- oder -abschlag handelt, spricht man auch vom Report bzw. Deport. In unserem Beispiel liegt der Terminkurs (1,136 Euro/US-Dollar) über dem Kassakurs (1,128 Euro/US-Dollar), die Zinsen in den USA sollten der Theorie entsprechend höher liegen als in Deutschland.

Ein standardisierter, das heißt bezüglich der Laufzeit, des Fälligkeitstermins sowie der Kontraktgröße normierter Terminkontrakt, auch als *Future* bezeichnet, kann an der Börse gehandelt werden. Beispiele für Devisenterminbörsen sind die Deutsche Terminbörse (DTB), die europäische Terminbörse EUREX oder die London International Financial Futures and Options Exchange (LIFFE). Problematisch bei Futures ist, dass die gewünschte Kontraktgröße für das gerade abzusichernde Geschäft zumeist nicht existiert und somit eine Über- oder Unterdeckung des Währungsrisikos erfolgt. Solche Kontrakte, die häufig beispielsweise nur über 150 000 US-Dollar lauten, sind daher nur für sehr große Unternehmen von Interesse.

Eine weitere Möglichkeit der Absicherung des Währungsrisikos stellt schließlich die *Option,* hier die Devisenoption, dar. Das Optionsgeschäft unterscheidet sich generell insofern von einem Future, als hier das Recht, *nicht* aber die Pflicht gekauft wird, ein bestimmtes Gut – in unserem Beispiel US-Dollar – zu einem bestimmten Zeitpunkt oder während einer gewissen Frist zu verkaufen oder zu kaufen. Das Recht, zu kaufen, wird als »Call«, das Recht zu verkaufen als »Put« bezeichnet. Der Kauf des Rechts heißt im Finanzmarktjargon »Long gehen«, der Verkauf »Short gehen«. Es gibt also vier Varianten von Optionsgeschäften:

> **Varianten von Optionsgeschäften**
>
> - Long Call (Kauf einer Kaufoption)
> - Short Call (Verkauf einer Kaufoption)
> - Long Put (Kauf einer Verkaufsoption)
> - Short Put (Verkauf einer Verkaufsoption)

Der Käufer einer Option erwirbt das Recht, gegen Zahlung einer Prämie (Optionspreis) eine bestimmte Menge des Basistitels zu einem vereinbarten Kurs (Basiskurs) bis zu einem bestimmten Zeitpunkt (amerikanische Option) oder am Ende der Optionslaufzeit (europäische Option) zu kaufen (Call) oder zu verkaufen (Put).

Im Beispiel hat der Importeur Interesse daran, die Währung US-Dollar zu einem bestimmten Termin (in zwei Monaten) zu einem bestimmten Kurs zu kaufen. Er kann daher beispielsweise einen Call mit einer Laufzeit von zwei Monaten und einem Basiskurs von 1,14 Euro/US-Dollar erwerben. Dieser Call habe zudem ein Bezugsverhältnis von 1 zu 1 (ein Call pro US-Dollar) und koste 1,875 Cent/US-Dollar.

Der Vorteil des Calls liegt in der bereits beschriebenen Tatsache, dass dieser das Recht, nicht aber die Pflicht verbrieft, die US-Dollars zu dem Basiskurs zu kaufen. Wertet der US-Dollar beispielsweise um 0,05 Euro auf und entspricht danach 1,19 Euro, so wird der Importeur sein Recht ausüben und zu 1,14 Euro/US-Dollar Dollars kaufen. Sinkt der US-Dollar hingegen um 0,05 Euro auf 1,09 Euro, so kann er seine Option verfallen lassen und den US-Dollar direkt am Kassamarkt zum günstigeren Kurs einkaufen. Diese Flexibilität von Optionen stellt einen wesentlichen Vorteil gegenüber Futures dar.

Im Rahmen einer passiven Strategie könnte natürlich auch auf eine Absicherung verzichtet werden. In diesem Falle müsste dann Ende Mai am Kassamarkt zum jeweiligen Referenzkurs gekauft werden.

Welches Absicherungsinstrument schließlich sinnvoll ist, hängt von der Wechselkurserwartung des Importeurs ab. Wird von einem nahezu gleich bleibendem Wechselkurs ausgegangen, so empfiehlt sich eine passive Strategie. Verläuft die Wechselkursentwicklung für den Importeur günstig, das heißt, wertet der US-Dollar ab, so erweist sich ein Terminkauf als nachteilig. Der Importeur kann nicht von der vorteilhaften Entwicklung der Währungen profitieren. Auch hier ist eine passive Strategie oder der Kauf einer Kaufoption, auf deren Ausübung in diesem Falle verzichtet werden kann, vorteilhaft.

Der Nachteil der passiven Strategie offenbart sich im Falle einer ungünstigen Währungsentwicklung. Steigt der Wechselkurs beispielsweise von 1,14 auf 1,19 Euro/US-Dollar, so muss sich der Importeur zum teureren Dollarkurs am Kassamarkt eindecken.

Schließlich soll noch auf eine letzte Möglichkeit der Absicherung von Währungsrisiken eingegangen werden, den so genannten *Währungsswap*. Unter einem Swap versteht man allgemein den Tausch von Forderungen bzw. Verbindlichkeiten zwischen zwei Partnern. Diese müssen gleiche Bedürfnisse hinsichtlich der Laufzeit und des Kapitalbetrages, aber unterschiedliche Erwartungen bezüglich der Zins- und der Währungsentwicklung haben. Je nachdem, ob Zinszahlungen oder Währungen getauscht werden, spricht man auch von Zins- oder einem Währungsswap. Werden beide Komponenten, also sowohl Zinsverpflichtungen als auch Währungen getauscht, spricht man von einem *Cross-Currency-Swap*.

Auf das oben erwähnte Beispiel bezogen bestünde der einfachste Fall darin, dass der deutsche Importeur einen amerikanischen Importeur findet, der einen seiner Dollarverbindlichkeit entsprechenden Euro-Betrag (564 175 Euro) an einen deutschen Exporteur zu zahlen hat. Die Ausgangssituation sähe demnach wie folgt aus (Abbildung 57):

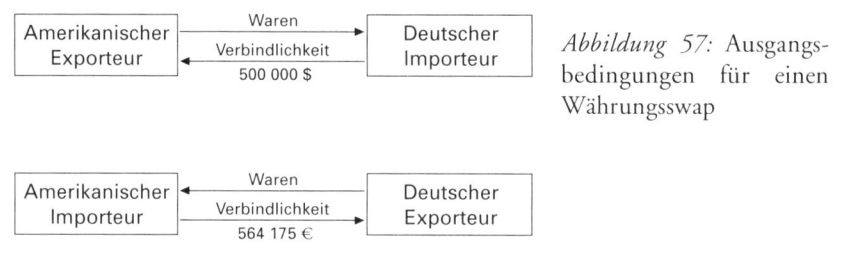

Abbildung 57: Ausgangsbedingungen für einen Währungsswap

Können sich der deutsche und der amerikanische Exporteur auf einen Wechselkurs von 1,128 Euro/US-Dollar einigen (dieser entspricht zufällig dem Kassakurs, kann aber auch anders vereinbart werden), so übernimmt jeder Importeur die Zahlung seines Pendants, und das Wechselkursrisiko entfällt (vgl. Abbildung 58).

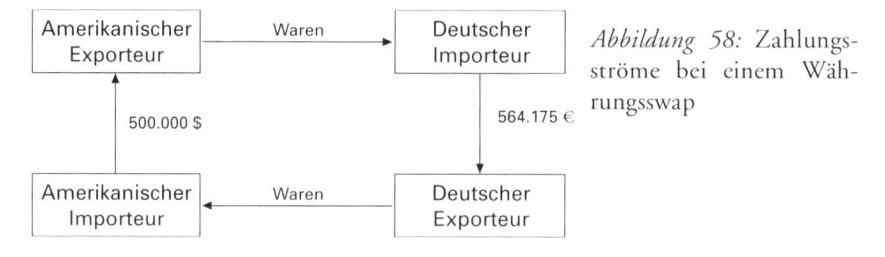

Abbildung 58: Zahlungsströme bei einem Währungsswap

Bei einem Swap muss man jedoch beachten, dass der Ausfall des Swap-Partners ein nicht zu unterschätzendes Risiko darstellt. Deshalb sollte zumindest dessen Bonität genau geprüft werden, zusätzlich sind Bürgschaften oder sonstige Sicherheiten von Vorteil.

10.3 Zinsänderungsrisiken

10.3.1 Arten von Zinsänderungsrisiken

Bei volatilen Finanzmärkten besteht das Risiko, dass sich Zinsen nach oben oder unten verändern. Die Zinsentwicklung wird maßgeblich von der Geldpolitik der Zentralbank beeinflusst. Deren Handeln an den Geldmärkten bestimmt die Zinsen am Geldmarkt unter den Banken und damit auch das Zinsniveau in der Wirtschaft insgesamt.

Man kann verschiedene Arten von Zinsrisiken unterscheiden, Im Folgenden betrachten wir insbesondere das variable Zinsänderungs- und das Marktwertänderungsrisiko.

Das *variable Zinsänderungsrisiko* betrifft Anlagen und Kredite, bei denen kein Festzins vereinbart wurde. Besitzt eine Unternehmung beispielsweise eine Anleihe, deren Verzinsung an einen Referenzzinssatz (etwa den Euribor) gekoppelt ist, so hängt das Zinsänderungsrisiko von der Entwicklung des Euribor ab.

Eine Änderung der Zinssätze betrifft jedoch im Rahmen des *Marktwertänderungsrisikos* auch den Preis der Anleihe. Grundsätzlich gilt, dass bei steigenden Zinsen die Kurse der Anleihen fallen, während sie bei sinkenden Zinsen steigen.

In der Regel sind die Unternehmen bestrebt, sich gegen Zinsänderungsrisiken abzusichern. Zum Beispiel wollen sie sich einen bestimmten Zinssatz (den aktuellen Tageszinssatz) in der Zukunft sichern. Nehmen wir den Fall eines Unternehmers, der überschüssiges Geld in drei Monaten zu einem bestimmten Zinssatz für ein Jahr anlegen möchte. Befürchtet er nun sinkende Zinsen, so wird er versuchen, sich den gewünschten Zinssatz heute schon zu sichern. Dasselbe gilt aus Sicht eines Kreditnehmers bei der Erwartung steigender Zinsen.

Ähnlich wie bei der Frage der Absicherung der Währungsrisiken hängt der Grad der Absicherung letztendlich von den Zinserwartungen (in diesem

Falle von der Zinsprognose) sowie von der Risikoaversion des Unternehmers ab. Analog zum Währungsmanagement spricht man auch beim Zinsmanagement von passivem und aktivem Zinsmanagement.

Je nachdem, ob lediglich einzelne Positionen oder das gesamte Portfolio des Unternehmens abgesichert wird, wählt man auch die Begriffe Mikro- bzw. Makro-Hedging. Theoretisch könnte auf eine Absicherung verzichtet werden, wenn auf der Aktiv- und der Passivseite der Bilanz sowohl Betrags- als auch Fristenkongruenz bestünde. Da jedoch in den seltensten Fällen die Risiken der Anlagen genau den Chancen der Kredite entsprechen, wird im Einzelfall zumindest ein Mikro-Hedging erforderlich sein.

10.3.2 Instrumente zur Absicherung gegen Zinsänderungsrisiken

In der nachfolgenden Übersicht sind die Möglichkeiten zur Absicherung gegen Zinsänderungsrisiken zusammengefasst.

Absicherungsmöglichkeiten bei Zinsänderungsrisiken

1. Forward Rate Agreement
2. Zinsterminkontrakte (Futures)
3. Zins-Cap, Zins-Floor, Collar.
4. Zins-Swap, Forward Swap, Asset Swap und Swaption
5. Partizipations-Zinsoption, Barrier-Zinsoption, Reverse-Barrier-Zinsoption

Ein klassisches und in der Praxis oftmals angewendetes Instrument zur Absicherung von Zinsrisiken stellt der *Zinsswap* dar. Die Grundidee besteht darin, Festzinsverpflichtungen gegen variable Zinsverpflichtungen zu tauschen. Um jedoch einen geeigneten Swap-Partner zu finden, müssen beide Parteien gleiche Bedürfnisse bezüglich des Kapitalbetrages, der Laufzeit des Swaps und der Zahlungstermine haben.

Geht eine Unternehmung B von steigenden Zinsen aus und befürchtet sie dadurch aufgrund ihrer variablen Kreditverpflichtungen Nachteile, so wird sie sich einen Swap-Partner A suchen, mit dem sie die variablen Zinszahlungen gegen Festzinszahlungen tauschen kann (vgl. Abbildung 59).

Nach abgeschlossenem Swap zahlt Unternehmen A die fixen Zinsen an die Bank des B, während Unternehmen B die Ansprüche der Bank des A auf variable Zinszahlungen befriedigt (vgl. Abbildung 60).

Abbildung 59: Ausgangsbedingungen für einen Zinsswap

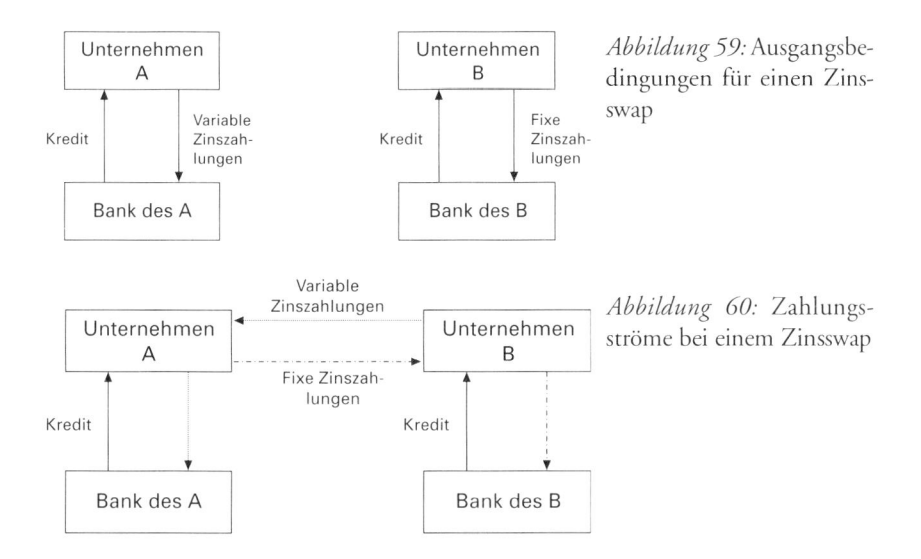

Abbildung 60: Zahlungsströme bei einem Zinsswap

Prinzipiell können auch zwei variable Zinszahlungen gegeneinander getauscht werden, was jedoch nur dann sinnvoll ist, wenn sich die Verzinsung an unterschiedlichen Referenzzinssätzen orientiert (Beispiel: Tausch Euribor + 1 Prozent gegen Libor + 1,25 Prozent).

Ein Zinsswap kann natürlich auch im Fall von Anlagen, zum Beispiel Anleihen, durchgeführt werden. Hier schützt sich der Swap-Partner, der die variablen Zinszahlungen gegen fixe Zinszahlungen tauscht, vor sinkenden Zinsen, während sein Partner von steigenden Zinsen ausgeht und von diesen profitieren möchte.

Den Tausch von Zinszahlungsverpflichtungen bezeichnet man als *Liability Swap*, während der Begriff *Asset Swap* für den Austausch von Zinsforderungen steht. Werden fixe gegen variable Zinszahlungen getauscht, spricht man auch von *Coupon Swap*, während der Tausch variabler Zinsforderungen als *Basis Swap* bezeichnet wird.

Der Flexibilität der Vertragsgestaltung als Hauptvorteil eines solchen Zinsswaps stehen die Ausfallrisiken des Swap-Partners gegenüber. Daher ist auch in diesem Falle die Bonität des Partners genau zu prüfen.

Es existieren viele Sonderformen des Zinsswaps. Hier sei lediglich die Sonderform der *Swaption* erwähnt. Diese verleiht das Recht, nicht aber die Pflicht, zu einem bestimmten Zeitpunkt oder bis zu einer bestimmten Frist ein Swapgeschäft wahrzunehmen. Der Nachteil eines klassischen Zinsswaps, die Irreversibilität, wird durch die Swaption aufgehoben.

Der Zinsswap unterscheidet sich vom Währungs- bzw. Cross Currency Swap dadurch, dass hier nur Zinszahlungen, nicht aber Kapitalbeträge getauscht werden. Der *Cross Currency Swap* stellt die Verbindung zwischen dem Währungs- und Zinsswap dar, denn in diesem Falle werden sowohl Zinszahlungen als auch Währungsbeträge getauscht.

Auch diese Art des Swaps soll anhand eines Beispiels erläutert werden. Die Unternehmen D aus Deutschland und U aus den USA haben einen Bedarf an US-Dollar respektive Euro. Das Unternehmen U hat die Möglichkeit, einen günstigen, variabel verzinslichen Kredit in Euro aufzunehmen, möchte aber lieber fixe Zinszahlungen leisten, da es von steigenden Zinsen ausgeht und eigentlich US-Dollars benötigt. Für Unternehmen D gilt das Umgekehrte: Es braucht Kapital in Euro, kann in den USA jedoch einen günstigen festverzinslichen Kredit aufnehmen. Da das Unternehmen D an Euro interessiert ist und auch keine Einwände gegen variable Zinszahlungen hat, beschließen die beiden Unternehmen, sowohl Währungen als auch Zinszahlungen zu tauschen. Die Ausgangssituation ist aus Abbildung 61 ersichtlich.

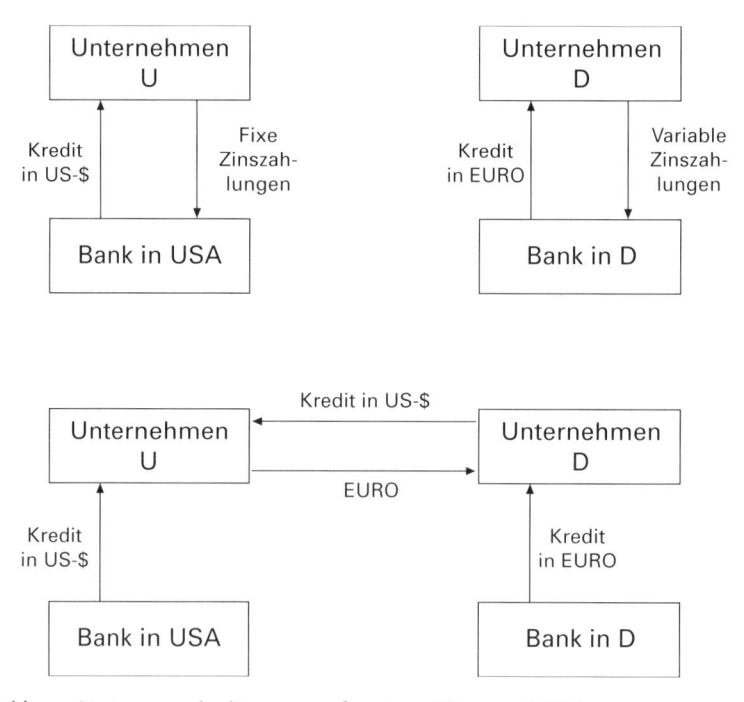

Abbildung 61: Ausgangsbedingungen für einen Zins- und Währungsswap

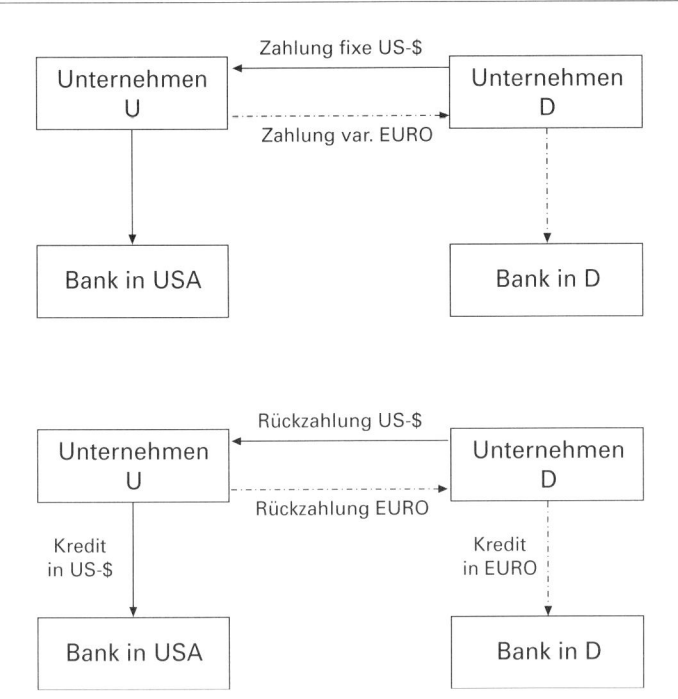

Abbildung 62: Abwicklung eines Zins- und Währungsswaps

Wichtig ist an dieser Stelle, dass sich die benötigten Geldbeträge in den jeweiligen Währungen entsprechen. Diese Bedingung sei im Beispiel gegeben. Die Unternehmen geben in einem ersten Schritt die jeweiligen Geldbeträge an den Swap-Partner weiter. Gleichzeitig vereinbaren die Swap-Partner den Tausch der Zinszahlungen. Dies bedeutet, dass das deutsche Unternehmen D die fixen Zinszahlungen in US-Dollar und das Unternehmen U die variablen Euro-Zinsen zahlen muss. Nachdem die Zinsen die gesamte Zeitdauer des Swaps gemäß der obigen Abbildung gezahlt worden sind, werden zum Schluss des Swapgeschäfts die Geldbeträge wieder zurückgetauscht. Dieser Rücktausch markiert den Abschluss des Swapgeschäfts (vgl. auch Abbildung 62).

Neben den bereits erwähnten Vorteilen eines Swaps ist der Cross Currency Swap dann besonders interessant, wenn ein Unternehmen ausländisches Kapital benötigt, um in dem entsprechenden Land zu expandieren. Will in unserem Beispiel die deutsche Firma in den USA eine Tochtergesellschaft gründen, so bekommt sie das Kapital dazu – unter dem Aspekt komparativer Kostenvorteile – relativ günstig über den amerikanischen Swap-

Partner. Die Zinszahlungen sowie die Rückzahlung des Kredites kann sie im optimalen Falle aus den Gewinnen des operativen Geschäfts der Tochtergesellschaft finanzieren. Hierbei werden alle Währungsrisiken eliminiert.

Nachdem die Funktionsweise und die Absicherungsideen, die dem Swap zugrunde liegen, detailliert besprochen worden sind, soll im Folgenden auf weitere Instrumente eingegangen werden, mit denen Zinsrisiken ausgeschaltet werden können.

Mithilfe eines *Forward Rate Agreements (FRA)* kann sich ein Unternehmen einen bestimmten Zins bereits heute für einen Zeitraum in der Zukunft sichern. Die Geschäftspartner eines Forward Rate Agreements sind in der Regel ein Unternehmen und eine Bank. Der Käufer eines FRA, normalerweise das betroffene Unternehmen, sichert sich das Recht, einen bestimmten Geldbetrag ab einem bestimmten Termin in der Zukunft zu einem vereinbarten Zinssatz und über eine vereinbarte Laufzeit anzulegen oder auszuleihen.

Erwartet ein Unternehmen beispielsweise Einnahmen von 1 Million Euro in drei Monaten, die es dann zinsbringend für ein Jahr anlegen möchte, könnte es in Erwartung sinkender Zinsen daran interessiert sein, sich den Zins für die Anlage dieses Geldes bereits heute zu sichern. Es wird dann mit der Bank die Höhe eines bestimmten Referenzzinses (zum Beispiel Euribor) vereinbaren, den so genannten FRA-Satz. Liegt der tatsächliche Zinssatz zum vereinbarten Termin (im Beispiel: in 3 Monaten) dann unter dem vereinbarten, so wird eine Ausgleichszahlung fällig, die sich nach folgender Formel errechnet:

$$\text{Ausgleichszahlung} = \frac{\text{Kapitalbetrag (vereinbarter Zins} - \text{Istzins)} \times \text{Zeitdauer FRA}}{(360 \times 100) + (\text{Istzins} \times \text{Zeitdauer FRA})}$$

Der Nachteil des Unternehmens, welches das Geld zu einem geringeren Zinssatz anlegen muss, wird durch die Ausgleichszahlung seitens der Bank kompensiert. Liegt der tatsächliche Zins zum vereinbarten Zeitpunkt jedoch über dem vereinbarten, so muss das Unternehmen eine Ausgleichszahlung an die Bank leisten.

Die Tatsache, dass dem Unternehmen die Chancen genommen werden, von einer positiven Zinsentwicklung in voller Höhe zu profitieren, kann als Nachteil eines FRA gewertet werden. Andererseits bieten Forward Rate Agreements – dadurch, dass sie nicht standardisiert sind – den Marktteilnehmern eine große Flexibilität bezüglich des Betrags, der Währung und Laufzeit des Agreements.

Das oben genannte Beispiel kann natürlich auch auf den Falle einer Kapitalaufnahme angemünzt werden. Plant ein Unternehmen beispielsweise, in einem gewissen Zeitraum (etwa in sechs Monaten) eine Anleihe zu begeben, die es mit einem variablen Zinssatz (beispielsweise Euribor + 1,5 Prozent) ausstatten möchte, könnte die Notwendigkeit bestehen, sich vor einem Anstieg des Euribor (und den damit verbundenen höheren Zinszahlungen) zu sichern. In diesem Falle würde das Unternehmen ein Forward Rate Agreement mit seiner Bank vereinbaren, welches eine Ausgleichszahlung im Falle eines steigenden Euribor (über den vereinbarten Zinssatz) vorsieht. Fällt der Euribor hingegen unter die vereinbarte Referenzhöhe, so muss das Unternehmen der Bank den entsprechenden Ausgleichsbetrag gewähren.

Abschließend soll nochmals darauf hingewiesen werden, dass beim FRA keine Kapitalbewegungen stattfinden; es handelt sich vielmehr immer um vereinbarte Ausgleichszahlungen.

Zins-Futures sind standardisierte und börsengehandelte derivative Produkte, die zumeist auf einem fiktiven Basiswert (Underlying) basieren. Bei diesem Underlying kann es sich um eine fiktive Anleihe, ein Geldmarktpapier oder um Termingeld handeln.

Einen Zins-Future, der auf fiktiven Anleihen basiert, stellt beispielsweise der Bund-Future dar. Wie es auch bei der normalen Anleihe der Fall ist, steigt der Kurs des Bund-Future, wenn die Zinsen fallen und umgekehrt. Der Käufer eines Bund-Futures kann sich somit vor fallenden Zinsen schützen. Will ein Unternehmen sein Geld beispielsweise in drei Monaten anlegen, so kann es sich heute einen Bund-Future kaufen. Fallen die Zinsen, so wird das Unternehmen durch den Kursgewinn des Bund-Futures entschädigt. Dementsprechend kann man sich durch den Verkauf des Bund-Futures gegen steigende Zinsen schützen, da dessen Kurs bei steigenden Zinsen fällt und man bei seiner Ausübung billiger liefern kann.

Gleiches gilt für Zins-Futures, deren Underlying Termingeld darstellt. Dies können im konkreten Beispiel der Libor oder der Euribor sein. Ein Termingeld-Future funktioniert demnach spiegelbildlich zum Forward Rate Agreement.

Das Problem bei der Absicherung über Zins-Futures besteht darin, dass eine optimale Absicherung nur dann möglich ist, wenn die abzusichernde Position dem Zinstitel entspricht, der dem Future zugrunde liegt. Da dies in der Realität selten der Fall ist, muss man hier Produkte wählen, die eine ähnliche Preisentwicklung aufweisen.

Wie bereits im Rahmen des Währungsmanagements beschrieben wurde, können auch im Kontext des Zinsmanagements *Optionen* zur Absicherung gegen Zinsrisiken genutzt werden. Der Käufer einer Zins-Kaufoption, der eine Kapitalanlage in der Zukunft plant, sichert sich beispielsweise vor sinkenden Zinsen und den damit verbundenen steigenden Preisen der Anleihen. Wie jede andere Option auch beinhaltet die Zinsoption das Recht, nicht aber die Pflicht, einen bestimmten Titel zu einem bestimmten Basispreis zu kaufen. Steigt der tatsächliche Preis über den Basispreis, so kann der Käufer einer Zins-Kaufoption diese nutzen und den vereinbarten Titel zum vereinbarten Preis beziehen. Fällt der Titel jedoch unter den festgesetzten Preis, kann der Besitzer des Kaufrechts (Call) seine Option verfallen lassen und sich günstiger am Kassamarkt eindecken. Auch hier macht sich wieder die Flexibilität des Optionsgeschäfts bezahlt.

Der Käufer einer Verkaufs-Zinsoption sichert sich analog gegen eine Zinserhöhung und die damit verbundene negative Preisänderung des Basistitels.

Eine letzte Variante der Zinsoptionen stellen die so genannten *Caps*, *Floors* und *Collars* dar. Mit dem Kauf eines *Caps* sichert sich normalerweise ein Kreditnehmer gegen steigende Zinsen. Die abgeschlossene Cap-Vereinbarung sieht vor, dass die Zinsbelastung (zum Beispiel bei variabler Verzinsung) eine bestimmte – in der Cap-Vereinbarung festgelegte – Obergrenze nicht übersteigen darf. Ist dies dennoch der Fall, so erhält der Cap-Käufer vom Cap-Verkäufer eine Ausgleichszahlung, die ihn für den Unterschied zwischen Marktzins und vereinbartem Cap entschädigt.

Andererseits kann der Cap-Käufer von sinkenden Zinsen profitieren; im Gegensatz zum Forward Rate Agreement erfolgt bei gegenläufiger Entwicklung *keine* Ausgleichszahlung an den Cap-Verkäufer.

Der so genannte *Floor* stellt das Spiegelbild des Caps dar. Dementsprechend sind die Käufer eines Floors in der Regel Anleger, die variabel verzinsliche Wertpapiere besitzen und sich gegen sinkende Zinsen schützen wollen. Analog zum Cap erhält der Floor-Käufer vom Floor-Verkäufer eine Ausgleichszahlung, wenn eine bestimmte Zinsuntergrenze unterschritten wird.

Die Kombination beider Elemente, also von Cap und Floor, bezeichnet man als *Collar* (vgl. Abbildung 63).

In diesem Falle wird ein Cap gekauft und gleichzeitig ein Floor verkauft. Der Käufer eines Collars erhält somit bei steigenden Zinsen eine Ausgleichszahlung von der Bank; dies wird durch den gekauften Cap vereinbart.

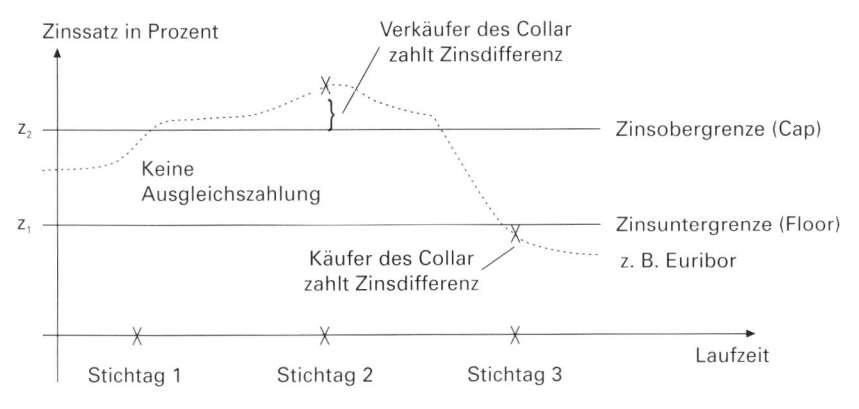

Abbildung 63: Zinsbegrenzungsverträge durch Caps, Floors und Collars

Gleichzeitig muss der Käufer des Collars jedoch auch eine Ausgleichszahlung leisten, wenn der Zinssatz unter den im verkauften Floor vereinbarten Referenzinssatz fällt. Der Collar funktioniert daher im Wesentlichen wie ein gekaufter Cap, mit dem Unterschied, dass er – bedingt durch die Einnahmen aus dem Verkauf des Floors – billiger ist. Der Kauf des Collars lohnt sich so lange, bis der tatsächliche Zinssatz unter den Floor fällt. Bleibt der Referenzinssatz jedoch über dem Floor, ist der Kauf des Collars günstiger als der Kauf des Caps.

10.4 Übersicht über die Vielfalt von Derivaten

Bei den bisher vorgestellten Möglichkeiten derivativer Absicherung gegen Zinsänderungs- und Währungsrisiken sind die Grundformen der Option, des Swaps und des Futures bzw. Forwards besprochen worden. Ausgehend von den Grundformen, existiert auf den Finanzmärkten eine Vielfalt von Produkten, die unter verschiedenen Begriffen erscheinen. Die nachfolgenden Abschnitte vermitteln einen Überblick über die gebräuchlichsten Varianten.

10.4.1 Derivate auf der Basis von Anleihen

Bezeichnung	Besondere Merkmale
Floating Rate Notes (FRN)	Zins variabel, angelehnt an Geldmarktsätze für 3 oder 6 Monate (Libor oder Fibor)
Floorfloater	mit Zinsuntergrenze (Floor = Mindestzins)
Capfloater	mit Zinsobergrenze (Cap = Zinsdeckel)
Collared Floater	Zinsober- und -untergrenze (Collared oder Mini-max-Floater)
Drop lock Floater	wandelt sich wieder in Festzinsanleihe, wenn Zinsuntergrenze unterschritten wird
Mismatch Floater	Zinsanpassung, zum Beispiel monatlich gemäß der Entwicklung des 6-Monats-Libor
Reverse Floater	Differenz aus festem Referenzzins und variablem Geldmarktzins
Roly-poly-Anleihe	Fixierung des Zinssatzes für einen bestimmten Abschnitt der Laufzeit
Step-down-Anleihe	Zinssatz sinkt während der Laufzeit kontinuierlich
Gleitzins-Anleihe	Zinssatz erhöht sich während der Laufzeit kontinuierlich
Step-up-Anleihe	Zinssatz anfangs niedrig und später umso höher
Kombizins-Anleihe	anfangs unverzinslich, Verzinsung später umso höher
Zinsphasen-Anleihe	Zinssatz ändert sich zu vorher festgelegten Terminen
Genussrechtsanleihe	Zins plus Genussrecht auf Gewinn oder Verlust
Zerobond (Nullkupon-Anleihe)	keine Zinszahlung, dafür Abschlag bei Ausgabe
Party-paid-Anleihe	Einzahlung nur eines Teiles mit Bezugsrecht auf den Restbetrag
Flip Flop Floater	Möglichkeit, die langfristige gegen einen Zinsabschlag in eine kurzfristige Anleihe zu tauschen
Perpetual Floater	Unbefristete Anleihe ohne Rückzahlungstermin (ewige Rente); Verkauf auf dem Sekundärmarkt
Indexanleihe	Rückzahlung richtet sich nach dem Stand eines Index (zum Beispiel DAX oder REX)
Aktienanleihe	Rückzahlung gegebenenfalls in Aktien

Bezeichnung	Besondere Merkmale
Going-Public-Optionsanleihe	Option auf späteren Tausch gegen Aktien
Wandelanleihe	Option auf späteren Tausch in bereits emittierte eigene oder fremde Aktien
Put- und Call-Anleihe	Recht auf vorzeitige Kündigung durch Käufer oder Verkäufer
Doppelwährungsanleihe	Emission, Zins, Rückzahlung in unterschiedlichen Währungen
Währungsanleihe	fester Wechselkurs für Rückzahlung vereinbart
Junk-Bonds	Hochverzinsliche Anleihen von Investmentfirmen, die einen Take-over planen oder ramschen
Latino-Anleihen	Anleihen hoch verschuldeter lateinamerikanischer Länder mit hoher Rendite

10.4.2 Warrants

Warrants sind Optionsscheine bzw. mit Optionsscheinen kombinierte Anleihen.

Bezeichnung	Besondere Merkmale
Covered Warrant	Option auf den Kauf einer Aktie zu einem festgelegten Preis
Index-Warrant	Wertentwicklung hängt von Indexentwicklung ab (zum Beispiel DAX, S&P's, Nikkei)
Basket-Warrant	Zusammenstellung eines individuellen Korbes (zum Beispiel nur Umweltaktien)
Straddle	Option zum Kauf oder Verkauf einer bestimmten Aktie (Straddle = Grätsche)
Strangle	Kaufpreis bzw. Verkaufspreis liegen jeweils über/unter Marktpreis
Capped Warrant	begrenzte Gewinnmöglichkeit, aber auch geringeres Risiko (Cap, Floor, Collar)

10.4.3 Swaps

Bezeichnung	Besondere Merkmale
Liability Swap	Tausch von Zinsen oder Währungen auf der Passivseite
Asset Swap	Tausch von Zinsen oder Währungen auf der Aktivseite
Coupon Swap	Tausch von fixen und variablen Zinsen
Cross Currency Swap	Tausch von Kapital oder Zins in verschiedenen Währungen
Amortising Swap, Step-up	Rückzahlungsbetrag wird entsprechend Tilgung reduziert oder erhöht
Extendable Swap, Callable Swap	Veränderungs- oder Kündigungsrecht nach Fristablauf
Forward Swap	Abschluss Swap heute, Zahlung später
Roller Coaster Swap	Zinsvariation während Laufzeit
Swaption	Option auf Kauf eines Swaps

10.4.4 Caps, Floors und Collars

Bezeichnung	Besondere Merkmale
Cap	Verkäufer erstattet dem Käufer Zinsdifferenz, wenn der Markt- den Festzins übersteigt
Floor	Verkäufer erstattet dem Käufer Zinsdifferenz, wenn der Markt- den Festzins unterschreitet
Collar	garantierter Zinskorridor (zum Beispiel höchstens 7 Prozent für Schuldner, mindestens 5 Prozent für Gläubiger)
Caption	Option auf einen Cap (Kauf des Cap möglich, aber nicht bindend)

10.4.5 Forward Rate Agreements

Ein FRA ist eine Zinssicherungsvereinbarung. Dabei wird zwischen zwei Parteien ein Zinssatz festgeschrieben, unabhängig von Quelle der Kapitalaufnahme. Bei Fälligkeit des Geschäfts wird gegebenenfalls die Zinsdifferenz vergütet.

Bezeichnung	Besondere Merkmale
Interest Rate Guarantee	Option auf Forward Rate Note (Zinsdifferenzzahlung) gegen Prämie
Forward-Forward	Vereinbarung über die künftige Anlage eines Kapitalbetrags zu festem Zins

11. Sonderformen der Finanzierung

11.1 Dokumentenakkreditiv und -inkasso im Außenhandel

Finanzierungsströme und Zahlungen im Außenhandel sind mit besonderen Risiken verbunden. Neben den im vorhergehenden Kapitel dargestellten Währungs- und Zinsänderungsrisiken sind hier besonders Zahlungs- und Finanzierungsrisiken zu beachten, da zahlungsunwillige oder unfähige Schuldner im Ausland oft schwerer zu belangen sind.

Neben ungesicherten Zahlungen vom oder ins Ausland mittels der Reisezahlungsmittel wie Schecks und Wechsel auf dem Postweg sind spezielle Auslandsüberweisungen im Zahlungsverkehr gebräuchlich. Mithilfe der Swift (Society for Worldwide Interbank Financial Telecommunication) werden solche Zahlungsaufträge weltweit zwischen Korrespondenzbanken abgewickelt.

Besondere Sicherheit bieten dokumentäre Zahlungsformen; Ex- oder Importdokumente dienen hier als Sicherheit für den Exporteur, dass er die Zahlung erhält, oder für den Importeur, dass er in den Besitz der Ware gelangt. Als Sicherungsdokumente kommen infrage: die Handelsrechnung (Commercial Invoice), die Zollfaktura (Customs Invoice), Konsulatsfaktura (Consular Invoice), das Ursprungszeugnis (Certificate of Origin), Versicherungspolicen (Insurance Policy), Konnossemente und Ladescheine (Bill of Loading) oder Frachtbriefe (Railway Consignment).

Um die Finanzierung eines Außenhandelsgeschäftes abzuwickeln, werden in der betrieblichen Praxis vornehmlich das Dokumenteninkasso oder das Dokumentenakkreditiv angewandt.

Beim *Dokumenteninkasso* vereinbaren ein Zahlungspflichtiger (Importeur) und ein Zahlungsempfänger (Exporteur), dass die Zahlung durch eine

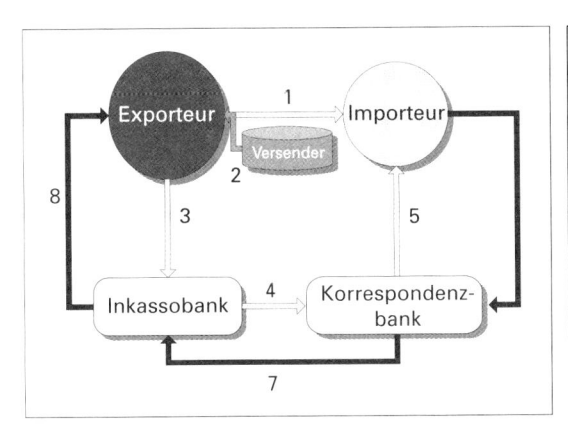

Abbildung 64: Grundschema eines Dokumenteninkassos

Bank bei Vorlage bestimmter Dokumente eingezogen werden kann. Der Zahlungsberechtigte erteilt dann einen Auftrag an seine Bank – zum Zahlungseinzug (Inkasso). Für die Legitimation des Einzugs übergibt der Exporteur seiner Bank die Dokumente, die oben aufgeführt wurden und die dann gegen Zahlung von der Bank oder deren Korrespondenzbank an den Importeur ausgehändigt werden. Mithilfe der Dokumente kommt schließlich der Importeur an die Waren. In Abbildung 64 wird der Ablauf des Geschäfts veranschaulicht.

Es lassen sich zwei Arten von Dokumenteninkassi (englisch: collection, französisch: encaissement) unterscheiden. Die Abkürzung d/p steht für Documents against Payment, also »Dokumente gegen Zahlung«. Der Exporteur verlangt hier von seiner Inkasso- bzw. der beauftragten Korrespondenzbank den Einzug der fälligen Zahlung sofort bei Dokumentenübergabe. Im Fall des Kürzels d/a (Documents against Acceptance) handelt es sich um die Vereinbarung »Dokumente gegen Akzept«, der Exporteur gewährt dem Importeur also ein Zahlungsziel, indem er statt sofortiger Zahlung einen akzeptierten Wechsel annimmt. Sofern zusätzlich zum Zahlungsversprechen des Importeurs auf einem Wechsel eine Bank als Bürge eintritt, wird dies als Aval- bzw. Wechselbürgschaft seitens einer Bank bezeichnet.

Für die Wirksamkeit der international gebräuchlichen Zahlungsform wurden von der französischen Handelskammer so genannte einheitliche Richtlinien für Inkasso (ERI) aufgestellt, die inzwischen weltweite Bedeutung erlangt haben. So ist ein Hinweis auf die ERI neben den d/p- und d/a-Klauseln bereits im Kaufvertrag üblich.

Sofern der Importeur mittels eines Wechsels bezahlt, kann statt Weiterleitung dieser Urkunde über die Banken an den Exporteur auch die Verwahrung des Wechsels bei der Auslandsbank vereinbart werden. Diese hat dann bei Fälligkeit die Aufgabe, die Forderung einzutreiben. Individuell zu vereinbaren sind: die Verteilung der Inkassospesen, Zinsen bei Zahlungsaufschub, der Inkassoweg sowie Ausschlüsse und Bedenkzeiten respektive Regelungen für Problemfälle (beispielsweise Warenuntergang).

Das Dokumenteninkasso stellt aus Sicht des Exporteurs eine gewisse Sicherheit dar, da die Ware so lange in seinem Besitz verbleibt, bis Zahlung gegen Dokumente erfolgt ist. Aus Sicht des Importeurs besteht die Sicherheit, dass die Ware hergestellt und auf dem Weg oder im Zielhafen angekommen ist, sobald er die Versanddokumente vorliegen hat.

Das *Dokumentenakkreditiv* ist eine Vereinbarung zwischen einem Zahlungspflichtigen (Importeurs) und einem Zahlungsempfänger (Exporteur), dass die Bank des Zahlungspflichtigen in seinem Auftrag und nach seinen Weisungen gegen Übergabe vorgeschriebener Dokumente eine Zahlung an einen Begünstigten leisten darf. Ein eröffnetes Akkreditiv stellt somit ein Zahlungsversprechen einer Bank (Akkreditivbank, eröffnende Bank) dar. Im Gegensatz zum vorhin dargestellten Dokumenteninkasso haftet somit zusätzlich eine Bank gegenüber dem Begünstigten. Als Rechtsgrundlage wird häufig § 87 BGB (abstraktes Schuldversprechen) herangezogen. Da-

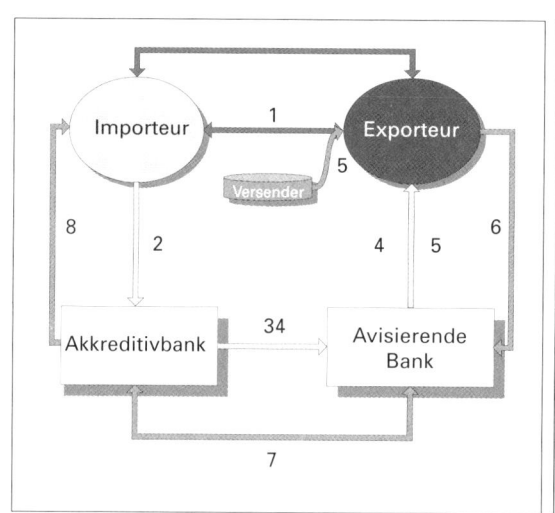

1. Kaufvertrag mit Akkreditivvereinbarung
2. Akkreditivauftrag
3. Akkreditivstellung an Korrespondenzbank (bedingtes u. abstraktes Zahlungsversprechen)
4. Avisierung (Eröffnung) des Akkreditivs
5. Dokumente vom Versand
6. Einreichung der Dokumente
7. Übersendung der Dokumente, dafür Zahlung
8. Aushändigung der Dokumente und Kontobelastung
9. Warenempfang gegen Dokumente

Abbildung 65: Grundschema eines Dokumentenakkreditivs

rüber hinaus existieren auch hier einheitliche Richtlinien und Gebräuche für Dokumentenakkreditive (ERA) von der Internationalen Handelskammer in Paris, die inzwischen weltweit üblich sind und auf die in den Kaufverträgen, die den Geschäften zugrunde liegen, ebenfalls verwiesen werden sollte. Der Ablauf eines Akkreditivs in seiner Grundform wird in Abbildung 65 zusammengefasst.

Um diese Zahlungsart in Gang zu setzen, muss also grundsätzlich im Kaufvertrag eine Akkreditivklausel existieren. Das Zahlungsversprechen der Bank gegenüber dem Exporteur wird als bedingt und abstrakt bezeichnet. Die Zahlung ist deshalb bedingt, weil sie nur gegen die Aushändigung eindeutig bestimmter Dokumente zu einem eindeutig bestimmten Zeitpunkt der Vorlage geleistet wird. Das Versprechen ist abstrakt, da es vom zugrunde liegenden Kaufvertrag losgelöst ist, das heißt die Bank auch ohne die Erfüllung des Warengeschäftes für die Zahlung bei Dokumentenvorlage haftet. Häufig schaltet die vom Importeur beauftragte Akkreditivbank eine Korrespondenzbank ein, die dann als avisierende Bank bezeichnet wird. Im Zeitpunkt der Vorlage des Dokumentenakkreditivs beim Exporteur wird das Akkreditiv eröffnet. Übergibt der Exporteur die vereinbarten Dokumente, so wird die avisierende Bank zahlen oder, was selten vorkommt, ihm zum Beispiel in Form eines Wechsels ein Zahlungsversprechen für einen späteren Zeitpunkt abgeben.

Die vom Exporteur vorgelegten Dokumente müssen von der avisierenden Bank sehr sorgfältig geprüft werden, da nur bei lückenloser Aufzeichnung aller vereinbarten Bedingungen das Rechtsgeschäft Bestand hat. Die Dokumentenübergabe wird im Bankjargon als Auskehren und die Zahlung als Honorierung bezeichnet.

In Abhängigkeit von der Widerruflichkeit, der Sicherheit und den Zahlungsarten lassen sich vielerlei Formen des Akkreditivs unterscheiden. Ein *unwiderrufliches Dokumentenakkreditiv* kann weder geändert noch annulliert werden; die Akkreditiv- bzw. avisierende Bank muss unabhängig von der Bonität des Importeurs haften oder an den Exporteur Zahlung leisten. Beim *widerruflichen Akkreditiv* kann die eröffnende Bank jederzeit bis zur Eröffnung (Phase 4 in der Abbildung) das Zahlungsversprechen zurücknehmen. Man bezeichnet ein Akkreditiv als *bestätigt*, wenn die avisierende, also eigentlich die die Akkreditiveröffnung nur übermittelnde Bank als zusätzlicher Haftender eintritt. Dies wird häufig bei Geschäften mit Osteuropa vereinbart. Beim *unbestätigten* Akkreditiv haftet neben dem Importeur lediglich die Akkreditivbank. Bei einem *Sichtakkreditiv* (payable after sight) hat die avisierende Bank ohne verzögernde Dokumentenprüfung eine sofortige Zahlung, allerdings unter Vorbehalt, zu leisten. Die Dokumentenprüfung erfolgt erst später. Bei einer hinausgeschobenen Zahlung *(default payment)* wird eine Zahlung in Raten oder eine spätere Zahlung vereinbart. Bei einem *Remboursakkreditiv* erfolgt die Zahlung durch Akzeptierung eines Wechsels.

Das Akkreditiv wird im angloamerikanischen Raum als Commercial Letter of Credit (bei sofortiger Zahlung) oder auch als Standby Letter of Credit (im Sinne einer Garantie) bezeichnet. Bei einem übertragbaren Akkreditiv handelt es sich um die vertraglich vereinbarte Möglichkeit der Zahlung von der avisierenden Bank an einen Dritten statt an den Exporteur.

11.2 Projektfinanzierung

Projekte sind Vorgaben, die im Wesentlichen durch die Einmaligkeit der Bedingungen in ihrer Gesamtheit gekennzeichnet sind. Sie sind damit komplex, neuartig und zeitlich befristet. Die Befristung führt häufig zu zeitlichen Engpässen und die Komplexität zu Unsicherheiten in der Realisierung. Insbesondere Großprojekte bedürfen zunehmend einer eigenständigen Entscheidung über die Projektfinanzierung bzw. häufig einer eigenständigen Projektfinanzierungsgesellschaft. Beispiele für solche Großprojekte sind der Bau eines Flughafens oder Freizeitparks. Aber auch bei kleineren Projekten sind die Finanzplanung und die Sicherstellung der Finanzierung dieser zeitlich befristeten Aufgaben ein wesentlicher Erfolgsfaktor.

Das Besondere an einer Projektfinanzierung besteht darin, dass der Finanzier seine Kapitalvergabeentscheidung primär an dem prognostizierten Cashflow des Projekts orientiert (cash flow related lending) und als Bedingung setzt, dass keine Belastung der Bilanzstruktur der Projektträger eintreten soll; diese wollen für das Projekt nicht mit ihren Sicherheiten eintreten (off balance sheet financing), und die Risiken, die mit dem Projekt verbunden sind, sollen auf die Beteiligten verteilt werden (risk sharing).

Bei großen Projekten werden häufig Projektgesellschaften gegründet, deren Geschäftszweck ausschließlich in der Abwicklung und Realisierung der Projektziele besteht. Nach Projektabschluss wird diese Gesellschaft wieder aufgelöst, sodass auch ein Unternehmen als Rechtsträger nicht dauerhaft für Haftungszwecke zur Verfügung steht.

Weiterhin stehen zu Beginn eines Projektes keine klassischen Kreditsicherheiten zur Verfügung, da die Projektbeteiligten meist nicht bereit sind, Vermögensteile als Sicherheiten in die Projektgesellschaft einzubringen. Die Projektgesellschaft ist damit nur eine Managementgesellschaft mit Abwicklungs- und Finanzierungsfunktion.

Um die Vorteilhaftigkeit oder Rentabilität des Projektes zu ermitteln, wird der Projekt-Cashflow nach Steuern und vor Finanzierungskosten berechnet, der für den Schuldendienst (Zins- und Tilgungszahlungen) bereitsteht. Auf Grundlage des so berechneten Cashflows kann bei vorgegebenen Kreditvolumina sowie bei festgesetzten Kreditkonditionen unmittelbar die Frage nach der Schuldendienstfähigkeit beantwortet werden. Diese wird als *Deckungsrelation* aus dem Barwert des künftigen Projekt-Cashflows (Net Present Value Cash Flow) und dem aktuellen Kreditstand (Coverage) berechnet (Net Present Value Coverage Ratio NPVCR):

$$NPVCR_t = (NPVCF/Kreditstand)$$

Diese Kennzahl gibt an, um wie viel die zukünftig erwartete Ertragskraft des Projektes (gemessen im Barwert des künftigen Cashflows) den aktuell im Zeitpunkt t vorhandenen Kreditstand übersteigt oder unterschreitet. Der NPVCF gilt gleichzeitig für einen Investor als Ausdruck des maximal durch die Ertragskraft des Projektes einzubringenden Kreditvolumens.

Die *Schuldendeckungsfähigkeit in den einzelnen Jahren* lässt sich durch den Quotienten aus dem Cashflow des betreffenden Jahres und der Zins- und Tilgungszahlungen dieses Jahres ermitteln (Debt Service Coverage Ratio):

$$DSCR_t = Cash\ Flow_t/(Zins\ und\ Tilgung\ in\ t)$$

Dieser Quotient gibt an, wie oft mit dem erzeugten Cashflow der Schuldendienst getätigt werden kann. Dabei fordern Kreditgeber oft Werte über 1,5, um das Risiko eines zu hoch prognostizierten Cashflows aufzufangen. Projektkosten, Nutzungsbeginn, Errichtungsdauer, Bauzeiten, zu erwartende Einnahmen und so weiter stellen die Grundlagen für den Projekt-Cashflow dar.

Durch die Ausgliederung einer befristeten Projektgesellschaft wird nicht nur die Haftung und Finanzierung aus der Sphäre der Projektträger herausgelöst und verselbstständigt, sondern auch eine eigenständige rechts- und kreditfähige Gesellschaft begründet. Nimmt diese Gesellschaft Kredite oder andere Fremdkapitalien auf, so tauchen diese, sofern keine Konsolidierungspflicht besteht, nicht als Verschuldung bei den einzelnen Projektträgern auf. Da außer der Cashflow-Erwartung keine Vermögenswerte zur klassischen Kreditabsicherung zur Verfügung stehen (non resource financing), gehen Banken ein solches Risiko meist nur ein, wenn sie als Gegenleistung auch einen Anspruch auf den Erfolg haben. Dadurch entstehen Mischformen zwischen Eigen- und Fremdfinanzierung (Mezzanine-Finanzierung), die als Genussscheine oder Partizipationsrechte vertraglich geregelt werden. Die Kombination verschiedener Kapitalarten mit den unterschiedlichen Rechtsansprüchen wird im Zusammenhang mit der Projektfinanzierung auch als Financial Engineering bezeichnet.

Wie beim Venture-Capital können auch hier entlang der Projektabschnitte unterschiedliche Finanzierungsphasen differenziert werden. Bereits zur Erstellung einer Machbarkeitsstudie (Feasibility-Studie) sind Finanzmittel notwendig, da eine ausführliche Marktforschung erhebliche Kosten verursachen kann. In der Startphase des Projektes werden die höchsten Kosten zu erwarten sein, da Personal, Produktionsanlagen und Material organisiert werden müssen, um das Vorhaben zu realisieren. Häufig wird erst nach Projektabschluss und erst in späteren Nutzungsphasen der Einnahmenfluss generiert, der als Cashflow-Sicherheit dient, sodass auch Überbrückungsfinanzierungen notwendig sein können. Um diese oft ungewissen Vorlaufzeiten bis zum Break-even zu finanzieren, werden von Gläubigern häufig so genannte Roll-over-Kredite eingeräumt. Dies sind Kredite mit verlängerbarer Laufzeit, bei denen auch die übrigen Konditionen nach vorab festgelegten Schemata oder durch Neuverhandlungen angepasst werden.

Literatur und weiterführende Quellen

Bücher

Achleitner Th. (Hg).: Handbuch Corporate Finance, Köln 2001.
Becker, H.: Internationale Finanzmärkte im Wandel, Stuttgart 1999.
Beike, R.: Schlütz, J.: Finanznachrichten lesen – verstehen – nutzen, Stuttgart 2001.
Betsch, O.: Corporate Finance, München 2000.
Betsch, O.: Gründungs- und Wachstumsfinanzierung, Oldenburg 2000.
Besser, A.: Funktion und Dynamik von Finanzinnovationen, Wiesbaden 1996.
Bette, K.: Factoring, Frankfurt 2001.
Brühwiler, B.: Innovative Risikofinanzierung, Wiesbaden 1999.
Büschgen, H.: Handbuch Rating, Wiesbaden 1996.
Caprano, E.: Wimmer, K.: Finanzmathematik, München 1999.
Conrad, Chr. (Hg.): Risikomanagement an internationalen Finanzmärkten, Stuttgart 2000.
Copeland, L.: Exchange Rates and International Finance, London 2000.
Copeland, T.: Unternehmenswert, Frankfurt 1998.
Cuthbertson, K.: Financial Engineering, Wiles 2001.
Damodoran A.: Applied Corporate Finance, New York 1994.
Damodaran, A.: Corporate Finance, Theory and Practice, New York 1997.
Diewald, H.: Zinsfutures und Zinsoptionen, München 1999.
Däumler, K.: Betriebliche Finanzwirtschaft, Berlin 1997.
Drukarczyk, J.: Finanzierung, Stuttgart 1999.
Dürr, M.: Investor Relations, München 1995.
Eckstein, W.: Leasing, Handbuch für die betriebliche Praxis, Frankfurt 2000.
Ehlers, H., Jurchert, M.: Börsengang von Mittelstandsunternehmen, München 1999.
Eilenberger, G.: Betriebliche Finanzwirtschaft, München 1998.
Eller, R.: Alles über Finanzinnovationen, München 1995.
Engelmann, A. et al.: Moderne Unternehmensfinanzierung, Frankfurt 2000.
Factoring-Handbuch, Frankfurt 1997.
Geigenberger, I.: Risikokapital für Unternehmensgründer, München 1999.
Gildeggen, R.: Internationale Handelsgeschäfte, München 2000.
Gerke, G. et al. (Hg.): Handbuch des Finanzmanagements, München 1993.
Gerke, W., Bank, M.: Finanzierung, Stuttgart 1998.
Gräfer, H.: Finanzierung, Berlin 2001.

Haarmeyer, H.: Handbuch Insolvenzordnung, München 2001.
Häberle, G.: Einführung in die Exportfinanzierung, München 1995.
Handbuch Projektfinanzierung, München 2001.
Hennerkes, B.: Familienunternehmen sichern und optimieren, Frankfurt 1998.
Jorion, P.: Value at Risk, McGraw-Hill 2001.
Kettel, B.: Economics of Financial Markets, Prentice 2001.
Kratzer, J.: Leasing in Theorie und Praxis, Wiesbaden 2001.
Kreis, J.: Integriertes Finanzmanagement, München 1994.
Kruschwitz, L.: Finanzierung und Investition, Berlin 1999.
Kruschwitz, L.: Finanzmathematik. Berlin 2001.
Loderer, C. et al.: Handbuch der Bewertung, Frankfurt 2001.
Keitsch, D.: Risikomanagement, Stuttgart 2000.
Kendall, R.: Risikomanagement, Wiesbaden 1998.
Koch, W.: Praktikerhandbuch Börseneinführung, Stuttgart 2000.
Koch, W.: Praktikerhandbuch Due Diligence, Stuttgart 2001.
Löhr, A.: Börsengang, Stuttgart 2001.
Manz, K.; Dahmen, A.: Finanzierung, München 1998.
Marotzke, W.: Das Unternehmen in der Insolvenz, Frankfurt 2001.
Menkoff, L.; Finanzmärkte in der Krise, Stuttgart 1999.
Nittka, J.: Informelles Venture-Capital am Beispiel von Business Angels, Stuttgart 2000.
Obst, G., Hintner, O.: Geld-, Bank- und Börsenwesen, hrsg. v. J. von Hagen und J. H. von Stein, Stuttgart 2000.
Oehler, A.: Finanzwirtschaftliches Risikomanagement, Berlin 2001.
Perridon, L.; Steiner, M.: Finanzwirtschaft der Unternehmung, München 2000.
Reuter, A.: Projektfinanzierung, Stuttgart 2001.
Sattler, R.: Aktienkursprognosen, München 1999.
Schmidt, A.: Corporate Governance in Germany, Baden-Baden 1997.
Schneider, J.: Erfolgsfaktoren der Unternehmensüberwachung, Berlin 2000.
Schumacher, C.: Investor Relations Management und Ad hoc-Publizität, München 2001.
Scott, C.: Due Diligence in der Praxis, Wiesbaden 2001.
Scorr, M.; Keown, P.: Basic Financial Management, New Jersey 1999.
Sprink, J.: Finanzierung, Stuttgart 2000.
Stocker, K.: Internationales Finanzrisikomanagement, Wiesbaden 1997.
Stutely, R.: Der Professionelle Business Plan, Pearson 2001.
Süchting, J.: Finanzmanagement, Wiesbaden 1995.
Szesny, K.: Handbuch Finanzmarkt, Wiesbaden 2001.
Terstege, U.: Bezugsrecht bei Kapitalerhöhungen, Wiesbaden 2001.
Thomas, F.: Der neue Übernahmekodex der Börsensachverständigenkommission, Wiesbaden 1996.
Van Horne, J.: Financial Management and Policy, New Jersey 1997.
Van Horne, J.: Financial Market Rates and Flows, Prentice 2001.
Von Ditzhysen, K.: Finanzmathematik, München 1995.
Weitnauer, W.: Handbuch Venture-Capital, München 2000.
Wimmer, K.: So rechnen Banken, München 2000.

Zahn, E.: Handlexikon zu Futures, Optionen und innovativen Finanzinstrumenten, Hemsbach 2000.

Internet-Links

Bank for International Settlement	http://www.bis.org
Bundesaufsichtsamt für das Kreditwesen	http://www.bakred.de
Bundesministerium für Wirtschaft	http://www.bmwi.de
Deutsche Ausgleichsbank	http://www.dta.de
Deutsche Börse AG	http://www.exchange.de
European Private Equity & Venture Capital Association EVCA	http://www.evca.com
International Swap and Derivatives Association	http://www.isda.org
Kreditanstalt für Wiederaufbau	http://www.kfw.de
Moody's Investor Service	http://www.moodys.com
Standard & Poor's	http://www.standardandpoors.com

Software

Brink, U.: Factoringvertrag auf Diskette, Kommunikationsforum 1998.
Deutsch, H.: Derivate und Interne Modelle. Modernes Risikomanagement, Stuttgart 2001.
Dieckmann, H.: Öffentliche Finanzhilfen auf Diskette, Baden 1999.
Ertl, M.: Finanzmanagement in der Unternehmenspraxis auf CD-ROM, München 2000.
Existenzgründungssoftware auf CD-ROM, Bodlee Consultants 2000.
Finanz Planer inkl. TelDaInfo, DTP Neue Medien 2000.
Franchise-CD, Forbys Guide 2001.
Handbuch Risikomanagement mit Diskette, Stuttgart 2001.
Leasing oder Kauf mobiler Investitionsobjekte, NWB 2001.
Planbilanz auf CD-ROM, NWB 2000.
Schneck, O.: Lexikon der BWL auf CD-ROM, München 2000.
Walz, H.: Investitions- und Finanzplanung mit Diskette, Wiesbaden 1997.
WISO Geld-Tipp Finanz-Profi, Buhl Data Service 2000.

Verzeichnis der Abbildungen

1. Die Interessengruppen eines Betriebes 14
2. Grundbegriffe der Finanzierung 16
3. Überblick über die Finanzierungsarten 19
4. Ansätze der Finanzierung 21
5. Mögliche Liquiditätsgrade 23
6. ROI-Kennzahlenbaum 25
7. Finanzkennzahlen nach angelsächsischen und deutschen Rechenstandards . 28
8. Zusammenhang zwischen Mengenrelationen und Finanzzielen 32
9. Finanzierung als Vergleich von Zahlungsströmen 35
10. Ermittlung des internen Zinsfußes 41
11. Ableitung verschiedener Cashflow-Begriffe 48
12. VAR-Berechnung bei Zinsänderungsrisiken 55
13. Übersicht über die Bewertungsverfahren 59
14. Arten von Finanzmärkten in Deutschland 67
15. Das deutsche Bankensystem 69
16. Ablauf eines Euromarktgeschäftes 76
17. Überblick über die Anlässe der Finanzierung 78
18. Überblick über die Rechtsformen 88
19. Formen der Kapitalerhöhung 96
20. Kapitalzufluss bei der Kapitalerhöhung 101
21. Formen der Kapitalherabsetzung 103
22. Arten der Umwandlung 108
23. Das Insolvenzverfahren 109
24. Ablauf eines Börsenganges 120
25. Einbezug eines VC-Fonds bei der Beteiligungsfinanzierung 121
26. Phasen der VC-Finanzierung 122
27. Arten von Risikokapitalgebern 124
28. Die Bürgschaft 134
29. Die Forderungsabtretung 138
30. Stille und offene Zession 138
31. Das Pfandrecht 138
32. Die Sicherungsübereignung 139
33. Grundmodell einer Schuldverschreibung 151
34. Wechselformular mit den acht gesetzlichen Bestandteilen 159

Verzeichnis der Abbildungen

35. Ablauf des Diskontkredites	161
36. Schematische Darstellung eines Lieferantenkredites	164
37. Überblick über Kreditsubstitute	168
38. Ablauf eines Factorings	169
39. Direktes und indirektes Leasing	171
40. Asset Backed Securities	175
41. Ablauf der Forfaitierung	177
42. Systemmerkmale des Franchising	178
43. Vor- und Nachteile, Risiken und Chancen von Franchising	179
44. Rücklagearten gemäß § 266 HGB	182
45. Abschreibungsarten	188
46. Budgetierung im Rahmen der Finanzplanung	201
47. Finanzplanung mit kumulierten Ein- und Auszahlungen	203
48. Das Dean-Modell	204
49. Grundschema einer Balanced Scorecard nach Kaplan/Norton	210
50. Beispiel einer Kennzahlenverbindung in einer Balanced Scorecard	211
51. Aufgabenfelder des Treasury-Managements	220
52. Möglichkeiten der Organisation des Finanzmanagements	221
53. Klassische Zahlungen und Netting	225
54. Rendite-Risikoprofil eines Unternehmens	231
55. Schaden-Risikoprofil	231
56. Derivative Finanzinstrumente	233
57. Ausgangsbedingungen für einen Währungsswap	238
58. Zahlungsströme bei einem Währungsswap	238
59. Ausgangsbedingungen für einen Zinsswap	241
60. Zahlungsströme bei einem Zinsswap	241
61. Ausgangsbedingungen für einen Zins- und Währungsswap	242
62. Abwicklung eines Zins- und Währungsswaps	243
63. Zinsbegrenzungsverträge durch Caps, Floors und Collars	247
64. Grundschema eines Dokumenteninkassos	253
65. Grundschema eines Dokumentenakkreditivs	254

Verzeichnis der Tabellen

1. Die finanziellen Interessen der Stakeholder 15
2. Gegenüberstellung Eigen- und Fremdfinanzierung 20
3. Cashflow nach DVFA/SG 49
4. Positionen des Finanzteils eines Businessplans 81
5. Ratingklassen von Standard & Poor's und Moody's 131
6. Öffentlich geförderte langfristige Kredite 143
7. Leasing versus Kauf 174
8. Abschreibungsplan mit Kapitalfreisetzungseffekt 193
9. Abschreibungsplan mit Kapazitätserweiterungseffekt 193
10. Langfristiger Finanzplan (Kapitalbedarf- und Kapitaldeckungsplan) 206
11. Kurzfristiger Liquiditätsplan 207
12. Beispiel für einen Leverage-Effekt 214
13. Leverage-Chance und Leverage-Risiko 215
14. Verschuldungsgrad und Ansprüche der Kapitalgeber 217
15. Verschuldungsgrad und Marktwert der Unternehmung 217
16. Verschuldungsgrad und Gesamtkapitalkosten 218
17. Verrechnungsmatrix beim Netting 225
18. Leading und Lagging bei Währungs- und Zinsänderungsrisiken 232

Register

Abschreibung 63, 184–192, 194 f., 197
Abschreibung, degressive 185 f., 189
Abschreibung, leistungsbezogene 190
Abschreibung, lineare 61, 185 f., 189, 191
Abtretung 116, 136 f., 141, 169
Abzinsung 35, 37 ff., 41, 43 f., 50 f., 153, 198
Ad-hoc-Mitteilung 72
Agent 14 f., 167
Agio 181 f.
Akkreditiv 155, 254 ff.
Aktie 24, 27, 60, 92, 98 f., 103 ff., 117, 232
Aktien, eigene 105 f., 116 f., 183
Aktieneinziehung 105 f.
Aktienerwerb 105 f., 151
Aktiengesellschaft (AG) 30, 68, 85, 91 f., 100, 113, 116, 118, 151, 182 f.
Aktiengesetz (AktG) 99 f.
Aktienoptionsprogramm 125
Akzeptkredit 162 f.
Anleihe 12, 66, 69, 147–154, 174 f., 239, 241, 245 f., 248 f.
Annuität 42–45, 145
Anstalt 94
Arranger 167
Asset Allocation 127, 220
Asset Backed Securities (ABS) 168, 174

Audit Committee 13, 228
Aufwand 16 ff., 113, 186 f., 191
Aufwandsrückstellungen 196
Aufzinsung 35, 37 ff., 42, 153
Auktionsverfahren 119
Ausgabe 16 f., 20, 63, 113, 150, 173, 205, 211
Ausschüttungssperre 61, 102, 104, 124
Außenfinanzierung 18 f., 96, 112, 114, 118, 125 f., 128, 181, 186
Auszahlung 16, 35, 39 f., 47 ff., 104, 145, 147, 173, 187, 197 f., 200–203, 206 f., 212 f., 223 f., 227, 232
Avalkredit 155, 162 f.

Balance Reporting 222
Balanced Scorecard 210 ff.
Bankensystem 68 f., 74 f.
Barwert 38 ff., 42 f., 48, 145, 257
Beteiligungsfinanzierung 19, 95, 112–115, 117–128, 155, 192
Beteiligungsmarkt, grauer 113
Betriebskapitalrendite 24
BGB-Gesellschaft 89 f., 94, 113
Bond 69, 74 f., 131, 147 f., 152 f.
Bonitätsprüfung 175
Bookbuilding-Verfahren 119 f.
Bookrunner 120
Börse 19, 53, 66 f., 91 f., 97 f., 113, 115, 118, 121, 125, 152, 157, 236

Börsenbewertung, direkte 59
Börsengang 119 f., 123
Börsenkapitalisierung 59
Break-even 258
Bridge Financing 123
Bruttoausweis 201
Bürgschaft 58, 134 f., 137, 150, 155, 163, 166, 176, 235, 239, 253
Business Angel 120, 123
Businessplan 79, 83

Call 236 f., 246
Cap 240, 246 f., 250
Capital Asset Pricing Model (CAPM) 47, 50 ff., 133
Cashflow-Rendite 24
CEO (Chief Executive Officer) 229
Certificate of Deposit 167
CFO (Chief Financial Officer) 229
Clearing 224 ff.
Collar 240, 246 f., 260
Computerhandel 66
Corporate Finance 11 f.
Corporate Governance 13, 228
Coverage Ratio 257

Darlehen 12, 19 f., 30, 43, 45, 69, 87, 89, 112, 142, 144–148, 153, 212
Daytrading 66
Dealer 167
Dean-Modell 204
Delkrederefunktion 169, 176
Derivat 232, 245, 247 f., 251
Derivative Finanzinstrumente 230, 233
Desinvestition 48, 78, 121, 202
Devisenkassageschäft 235
Devisentermingeschäft 235 f.
DFCF (Discounted Free Cash Flow) 47
Discounted Cash Flow 48 f., 59
Disintermediation 69, 71, 167
Diskontkredit 155, 157, 160 ff.

Dokumentenakkreditiv 252, 254
Dokumenteninkasso 252 ff.
Drittorganschaft 229
Due Diligence 57, 59 f., 118 f.
DVFA/SG-Ergebnis 26 f., 49, 60
DVFA (Deutsche Vereinigung für Finanzanalyse und Anlageberatung) 26, 48 f., 127

Early-Stage-Phase 122 f.
EBITDA (Earnings before Interest, Tax, Depreciation and Amortisation) 26
E-Commerce 227
Economic Value Added (EVA) 47, 52 f., 59 f., 64
Eigenfinanzierung 12, 19, 29, 90 f., 96, 112
Eigenkapitalquote 13, 34, 46
Eigenkapitalrendite 24, 50 ff., 64, 214 f.
Eigentumsvorbehalt 136 f., 140, 164
Einlagenfinanzierung 113
Einnahme 16 f., 70, 78, 87, 122, 173, 211, 244, 247, 257 f.
Einzahlung 16, 35, 40, 47 ff., 57, 83, 100, 154, 203, 207, 212, 224, 232, 234
Einzelrechtsnachfolge 108
Einzelunternehmen 89, 103, 113
Emissionsfähigkeit 107, 115
Emissionsrating 132
Endwert 38 ff., 42
Entity-Methode 49
Equity-Methode 49 f.
Ertrag 16 f., 191
Ertragswert 59
Ertragswertverfahren 59
EUREX 236
Euribor 77, 144, 153, 239, 241, 244 f.
Euro 35
Euromarkt 75 ff., 167

Europäische Wirtschaftliche Interessenvereinigung (EWIV) 93
EVA (Economic Value Added) 47, 52 f., 59 f., 64
EWIV (Europäische Wirtschaftliche Interessenvereinigung) 93
Executive-Summary 60, 80
Exposure 231

Factoring 61, 63, 128, 168–171, 176, 212, 235
Fazilität 222
Festpreisverfahren 119
FIBOR (Frankfurt Interbank Offered Rate) 155, 167
Finanzierungsarten 18 f., 35
Finanzmanagement, internationales 200, 202, 219, 221, 223
Finanzmarkt 18, 26, 65, 68 ff., 72 f., 75, 87, 133, 220, 236
Finanzplanung 128, 200 ff., 204 ff., 210, 212 f., 219, 256
Floating Rate Note 148, 153
Floor 240, 246 f., 250
FMaR (Financial Mobility at Risk) 54
Forfaitierung 168, 176 f., 235
Forward 240, 250
FRA (Forward Rate Agreement) 240, 244 ff., 251
Franchising 177 f., 180
Free Cash Flow 47 f., 50, 60, 63, 69, 211
Fremdfinanzierung 11 f., 18 ff., 29, 90, 96, 128, 147 f., 155, 165, 173, 195, 214, 258
Future 235 ff., 240, 245, 247

Garantie 15, 58, 134 ff., 155, 163, 166, 176, 197, 235, 256
Gesamtrechtsnachfolge 108
Gesellschaft bürgerlichen Rechts 89
Gesellschaft mit beschränkter Haftung (GmbH) 85, 87, 91, 93 f., 112 f., 115, 121
Gewinnrücklage 182 f.
Gratisaktie 103
Grundkosten 18
Grundschuld 30, 57, 140, 142, 144, 149
GuV (Gewinn-und-Verlust-Rechnung) 12, 48, 58, 62, 79 f., 181, 185 ff., 191, 202 f.

Hypothek 30, 57, 87, 140 ff., 144

IAS (International Accounting Standards) 172 f.
Inhaberaktien 116 f.
Inhousebanking 71
Initial Public Offering (IPO) 123
Inkasso 170, 212, 252–255
Innenfinanzierung 18 f., 96, 181
InsO (Insolvenzordnung) 107, 110 f.
Insolvenz 89, 107, 128, 173, 200, 202
Insolvenzplan 111
Insolvenztatbestand 108
Insolvenzverfahren 107 f., 110 f., 136
Investor Relations 117, 126 f.
IPO (Initial Public Offering) 123

Jahresüberschuss 48 f., 182 f.

Kapazitätserweiterungseffekt 27, 192, 194 f.
Kapital, gezeichnetes 27, 98–102, 106, 181 f.
Kapitalaufnahmeerleichterungsgesetz 251
Kapitalerhöhung 27, 78, 95 ff., 99, 101–104, 124 f., 183
Kapitalerhöhung aus Gesellschaftsmitteln 101
Kapitalerhöhung, bedingte 100 f., 152
Kapitalerhöhung, genehmigte 100

Kapitalerhöhung, ordentliche 96, 98, 100
Kapitalgesellschaft 20, 46, 84–87, 92 ff., 103, 108, 115, 181, 197
Kapitalherabsetzung durch Einzug von Aktien 105
Kapitalherabsetzung, ordentliche 78, 104 f.
Kapitalherabsetzung, vereinfachte 104 f.
Kapitalkosten 12, 22, 47, 49 ff., 53, 134, 144 f., 157, 161 ff., 187, 198, 204, 214 ff., 218 f.
Kapitalrücklagen 98, 102, 181 f.
Kapitalverminderung 102 ff.
KGV (Kurs-Gewinn-Verhältnis) 60
KO (Konkursordnung) 107
Kommanditgesellschaft (KG) 90, 93, 113 ff., 121
Kommanditgesellschaft auf Aktien (KGaA) 92
Konfidenzintervall 56
Konto 181
Kontokorrentkredit 155 ff.
KonTraG (Gesetz zur Kontrolle und Transparenz im Unternehmensbereich) 54, 230
Körperschaft 84, 92, 94
Kosten 17 f.
Kosten, kalkulatorische 17 f., 63, 185
Kreditauftrag 135
Kreditderivat 248
Kreditfähigkeit 129
Kreditsubstitut 19, 128, 168, 171, 174
Kreditwürdigkeit 89, 129–132, 134, 144, 160, 162 f., 166, 170
Kundenkredit 163, 166
Kursberechnung 27, 44 f.

Lagging 223 f., 226 f., 232
Leading 223 f., 226 f., 232
Leasing 128, 168, 171 ff., 213
Leistung 16, 137, 166
Lemmon-Problem 114 f.
Leverage-Effekt 214 ff., 219
LIBOR (London Interbank Offered Rate) 155, 167, 241, 245
Lieferantenkredit 128, 136, 155, 163–166, 213
Liquidität 13, 15, 18, 22 f., 28, 32, 60, 62, 65, 71, 76, 83, 97 f., 107, 110, 149, 155, 166–170, 173, 175 f., 186, 198 f., 201 ff., 209, 211 ff., 219 f., 222 ff., 226 f.
Liquiditätsdisposition 18, 202 f., 205 ff., 209
Lohmann-Ruchti-Effekt 192

Management Buy Out (MBO) 126
Market Value Added (MVA) 47, 52 f., 60, 64
Massegläubiger 110
Matching 224, 235
Mergers & Akquisitions 11
Modigliani-Miller-Theorem 216, 218 f.
Moral Hazard 15
Multiplikator-Methode 60
MVA (Market Value Added) 47, 52 f., 60, 64

Namensaktien 116 f.
Negoziierungskredit 155
Netting 222–226, 235
Netto-Cashflow 48 f.
Neuer Markt 66, 68, 91, 113

Offene Handelsgesellschaft (OHG) 90 f., 93, 113 ff., 129
Offering 123
Off-Shore-Zentrum 72
Operating Cash Flow 48
Option 100 f., 125 f., 148, 152, 154,

172 f., 181, 232, 235 ff., 240, 246 f., 249 f.
OTC (Over the Counter) 19, 66, 236

Partnerschaftsgesellschaft (PartG) 93
Personengesellschaft 83 ff., 87, 90, 93, 103, 112, 129, 182
Pfand 136, 139
Pfandbrief 142, 147 ff.
PIBOR (Paris Interbank Offered Rate) 155
Pooling 222 f., 226
Präsenzbörse 66
Prepayment Risk 174
Principal-Agent-Beziehung 14 f.
Private Equity 123
Projektfinanzierung 256, 258
Put 236 f.

Quotenaktien 116 f.

Rechtsform 12, 67, 78 ff., 83, 85 ff., 89–94, 107 f., 113 f., 118, 149, 154
Regress 160, 205
Remboursekredit 155, 256
Rentabilität 13, 18, 24, 26, 28–32, 60, 64, 71 f., 186, 204, 211 f., 220, 222 f., 227, 257
Rente 39, 43
Rentenbarwertfaktor 38 f.
Return on Capital Employment (ROCE) 24, 211
Return on Equity (ROE) 24
Return on Investment (ROI) 24 f., 64
Risikofaktor 47, 54 f.
Risikofrüherkennungssystem 230
Risikomanagement 53, 219, 223, 230, 232
Risikoposition 56, 230
Risikoprämie 47, 51, 60
Risk Map 54
Risk Sharing 256

Roadshow 127
ROCE (Return on Capital Employment) 24, 211
ROE (Return on Equity) 24
ROI (Return on Investment) 24 f., 64
Roll-over-Kredit 258
RoRaC (Return on Risk adjusted Capital) 54
Rücklage, gesetzliche 104 ff., 182 f.
Rücklage, satzungsmäßige 183
Rücklagen, andere 181, 183, 185 f.
Rückstellungen 49, 183, 185 f.

Sanierung 18, 27, 78, 103 ff., 107 f., 110 f., 200
Schaden-Risiko-Profil 230 f.
Schadensmatrix 230
Schuldbeitritt 134, 136
Schuldrückstellungen 195 f.
Schuldverschreibung 45, 69 f., 73, 147–152, 181
Secondary Purchase 123
Securization 69, 71, 177
Selbstfinanzierung 19, 85, 124, 181 ff., 185 ff., 197
Shareholder-Value 12–15, 30, 46, 50, 52, 216
Sicherheiten 12, 30, 128, 132 f., 136, 140, 144, 156, 165, 167, 239, 256 f.
Sicherungsübereignung 139 f.
SMAX (Small Cap Exchange) 66
Solawechsel 158
Sonderposten mit Rücklagenanteil 49
Spread 47, 52, 64, 235
Stakeholder-Value 13
Stammaktien 92, 116 ff.
Start-up-Phase 79, 122 f.
Stiftung 89, 94
Stock Options 125
Stückaktien 116 f.
Substanzwert 60

Substanzwertverfahren 59
Swap 148, 235 f., 238–244, 247, 250

Technizität 31
Terms of Trade 32 f.
Tilgung 15, 19, 35, 42–45, 48, 55, 63, 83, 107, 128, 130 f., 134, 137, 145–149, 153, 173 ff., 226, 250, 257
Track Record 123
Tracking Stock 118, 125
Treasuring 219, 222
Turnaround 107

Überschuldung 107, 110
Umsatzrendite 24, 60, 64
Umwandlung 78, 102, 107 f., 111, 118
Unabhängigkeit 18, 29 f., 79
Underlying 245
US-GAAP (United States General Accepted Accounting Principles) 172

Value at Risk (VAR) 53–57, 230
VC-Fond 121 ff.
Venture Capital 120, 122 f., 258
Verein 93 f.
Vergleich 40, 63, 74, 107, 111, 200
Verschuldungsanalyse 216, 218
Verschuldungsgrad 34, 198, 214–219

Versicherungsverein auf Gegenseitigkeit (VvaG) 87, 93
vinkulierte Aktien 92, 117
Vorzugsaktien 92, 116 f.

WACC (Weighted Average Cost of Capital) 47, 50 f., 53, 64, 214
Wachstumsfinanzierung 18, 95
Währungsrisiko 53, 220, 223, 226, 233 f., 236, 238 f., 244, 247
Warrant 148, 249
Wechsel 91, 97, 157–162, 167, 176, 242 f.
Wechsel, eigener 158
Weighted Average Cost of Capital (WACC) 47, 50 f., 53, 64, 214
Wertorientierte Unternehmensbetrachtung (-führung) 13, 46, 53, 57, 59, 201, 214
Wiedergewinnungsfaktor 38 f.
Wirtschaftlichkeit 13, 30–34, 60, 63

Zahlungsunfähigkeit, drohende 110, 128, 131, 135 f., 200
Zession 137
Zinsänderungsrisiko 55, 132, 154, 220, 232 f., 239 f., 247, 252
Zinsformel 36 f.
Zinsfuß 36, 40 ff., 59
Zinsfuß, interner 41 f., 173
Zinssatz, risikofreier 47, 51
Zuschreibung 17, 49, 184

Schneck
Lexikon der Betriebswirtschaft

Über 3000 grundlegende und aktuelle Begriffe für Studium und Beruf

Herausgegeben von Prof. Dr. Ottmar Schneck.
Mit Beiträgen von Prof. Dr. Ottmar Schneck, Prof. Dr. Klaus Hahn, Prof. Dr. Uwe Schramm und Dr. Matthias Stelzer

4., völlig überarbeitete und erweiterte Auflage. 2000
LVII, 1055 Seiten. Kartoniert
DM 36,50/ab 1.1.2002 € 18,50
dtv-Band 5810

Kompetent und aktuell

Was ist Strategische Planung, welche Steueränderungen gibt es, was versteht man unter Break-Even-Analyse, Cash-flow, Prozeßkostenrechnung oder Balanced Scorecard und wo liegen die Besonderheiten der Konzernrechnungslegung?

Über 3000 Stichwörter und mehr als 200 Abbildungen erklären kompetent, präzise und verständlich das Wichtigste aus • Personal- und Unternehmensführung • Investition und Finanzierung • Marketing • Produktion • Beschaffung und Logistik • Kostenrechnung und Controlling • Rechnungslegung und Wirtschaftsprüfung • Steuern • Informationsmanagement.

Ein aktuelles Nachschlagewerk mit zahlreichen Verweisen für Studenten und Praktiker.

Autoren:
Prof. Dr. **Ottmar Schneck** lehrt am ESB (European School of Business) an der Fachhochschule Reutlingen International Finance and Banking. Prof. Dr. **Klaus Hahn** und StB Prof. Dr. **Uwe Schramm** sind Leiter des Fachbereichs Steuern und Prüfungswesen der Berufsakademie Stuttgart und lehren Besteuerung, Rechnungslegung und Wirtschaftsprüfung. Dr. **Matthias Stelzer** ist im Bereich Unternehmensentwicklung in der Industrie tätig.

Beck Wirtschaftsberater im dtv